U0924204

★ 《建宁县革命老区发展史》编纂委员会

主　任：陈一龙　徐水泉

副主任：陈忠奋　陈宝发　肖建泰

委　员：邱树青　邹金良　邓万明
　　　　刘火根　揭重阳　宁学宏

主　　编：陈宝发

副 主 编：陈忠奋　肖建泰

编　　审：徐水泉　陈宝发

摄　　影：余剑光　牛少刚　刘　玲　陈森强
　　　　　卞贞华　江春增　邓英强　陈晓星
　　　　　陈冬秀　张建明

全国革命老区县发展史丛书——福建卷

建宁县革命老区发展史

建宁县老区建设促进会 编

厦门大学出版社
XIAMEN UNIVERSITY PRESS
国家一级出版社
全国百佳图书出版单位

图书在版编目(CIP)数据

建宁县革命老区发展史/建宁县老区建设促进会编.—厦门:厦门大学出版社,2019.9
(全国革命老区县发展史丛书.福建卷)
ISBN 978-7-5615-7629-8

Ⅰ.①建… Ⅱ.①建… Ⅲ.①建宁县—地方史 Ⅳ.①K295.74

中国版本图书馆 CIP 数据核字(2019)第 198977 号

出 版 人 郑文礼
责任编辑 韩轲轲
美术编辑 张雨秋
技术编辑 朱 楷

出版发行 厦门大学出版社
社　　址 厦门市软件园二期望海路 39 号
邮政编码 361008
总　　机 0592-2181111 0592-2181406(传真)
营销中心 0592-2184458 0592-2181365
网　　址 http://www.xmupress.com
邮　　箱 xmup@xmupress.com
印　　刷 厦门兴立通印刷设计有限公司

开本 720 mm×1 000 mm 1/16
印张 17
插页 22
字数 229 千字
版次 2019 年 9 月第 1 版
印次 2019 年 9 月第 1 次印刷
定价 98.00 元

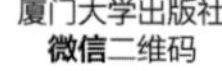

厦门大学出版社
微博二维码

图 1　建宁县城鸟瞰

图 2 建宁中央苏区反“围剿”纪念园——全国百个红色旅游经典景区之一

图3　毛泽东、朱德同志旧居

图4　红一方面军总政治部旧址、周恩来旧居

图 5　1933 年 11 月，红一方面军部分领导人在福建建宁合影

左起：叶剑英、杨尚昆、彭德怀、刘伯坚、张纯清、李克农、周恩来、滕代远、袁国平

图 6　第二次反“围剿”建宁战斗旧址——万安桥

图 7　革命烈士纪念碑

图 8　红一方面军总部电台旧址

图 9　闽赣省军区司令部旧址，叶剑英旧居(建宁城内下丁家屋)

图 10　闽赣省苏维埃政府旧址（原建宁华美小学礼堂）

图 11　建宁溪口将军庙，陈毅旧居

图 12　2015 年 1 月 5 日，建宁县领导陪同毛泽东女儿李敏参观毛泽东、朱德同志旧居

图 13　吴静焘烈士墓

（时任建宁中心县委宣传部长，系建宁中心县委书记余泽鸿妻子）

图 14　2017 年 9 月 30 日，建宁县党政领导参加烈士公祭日活动

图 15　在建宁从事过革命活动的开国元勋后代合影

图 16　客坊乡水尾：红军医院旧址

图 17　客坊乡水尾：县苏维埃政府旧址

图 18 建宁城区夜景

图 19　建宁县行政服务综合楼

图 20　濉溪河畔

图 21　西门莲塘公园

图 22　东山公园

图 23　濉溪河畔步道

图 24　建宁县体育中心全貌

图 25　万星首府小区全貌

图 26　建宁一中

图 27　建宁县实验幼儿园

图 28　建宁县均口镇：修竹荷苑鸟瞰

图 29　坪上荷风

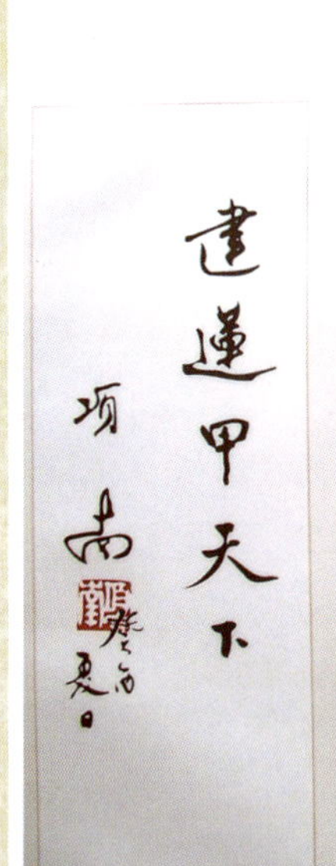

图 30　莲子

图 31　建宁名果——黄花梨

图 32　建宁名果——黄桃

图 33　建宁名果——猕猴桃

图 34　杂交水稻种子

图 35　无患子

图 36　机收

图 37　圳头新村

图 38　艾阳新村

图 39　福建建宁经济开发区办公大楼

图 40　福建建宁经济开发区

图 41　明一国际高新生态科技园

图 42　源容生物厂区鸟瞰图

图 43　福建铙山纸业集团有限公司

图 44　铙山纸业生产车间

图 45　福建闽江源绿田实业投资发展有限公司

图 46　绿田公司生产车间

图 47　莆炎高速公路明溪枫溪至建宁里心路段开工

图 48　高速公路建宁互通口

图 49　建宁县北站

图 50　建设中的建宁南站(效果图)，将于 2021 年上半年建成通车

图 51　莲乡走进新时代

图 52　20 世纪 70 年代活跃在金溪流域（闽江上游建宁至顺昌河段）的“建宁女子水运队”

图 53　艰险航程从这里开始

图 54　女儿不减男儿勇

图 55　金铙云海

图 56　八闽第一峰

图 57　金铙山顶峰仙人池

图 58　金铙山雪漫樱桃岭

图 59　溪流杜鹃

图 60　建莲文化展示馆

图 61　金针花观赏园

图 62　梨花

图 63　在那桃花盛开的小山村

图 64　2016 中国建莲文化旅游嘉年华开幕式暨世瑜会启动仪式在建宁县修竹荷苑举行

图 65　2017 年 7 月 11 日，“苏区胜地 红色之约”——庆祝建军 90 周年走进建宁文化之旅晚会

图 66　“为荷而来”文艺演出

图 67　建宁县在修竹荷苑举办“为荷而来”世界瑜伽大赛

图 68　追美建宁

图 69　“花海骑行 · 追美建宁” 2016 中国 · 建宁国际自行车公开赛

总　序

在举国欢庆新中国成立70周年前夕，中国老区建设促进会王健会长请我为“全国革命老区县发展史丛书”作序，作为一名在老区战斗过并得到老区人民生死相助的老兵，回首往事，心潮澎湃，感慨万千，深感义不容辞，欣然应允。

中国革命老区，是以毛泽东为代表的中国共产党人在领导人民推翻帝国主义、封建主义和官僚资本主义三座大山，争取民族独立和人民解放伟大斗争中建立的革命根据地。在这片红色的土地上，诞生了无数可歌可泣的革命英雄儿女，为后人树起了一座不朽的丰碑，她是新中国的摇篮，是党和军队的根。

在艰苦卓绝的战争年代，老区人民把自己的命运与中华民族的命运紧紧地联系在一起，与中国共产党和人民军队的命运紧紧地联系在一起，他们生死相依，患难与共。我曾亲历过战争年代，并得到过老区红哥红嫂的救助，切身感受到发生在身边的一幕幕撼天动地的革命故事，在那极其艰难的条件下，老区人民倾其所有、破家支前，不怕艰难困苦，不怕流血牺牲。“最后一碗米送去做军粮，最后一尺布送去做军装，最后一件老棉袄盖在担架上，最后一个亲骨肉送去上战场”，这是当时伟大的老区人民为建立新中国做出巨大牺牲的真实写照，它将永远镌刻在中国共产党、中国人民解放军、中华人民共和国的历史丰碑上。他们的光辉业绩永载史册，他们的革命精神必将影响一代又一代的革命新人，造就一代又一代的民族脊梁。

在社会主义革命和建设时期，革命老区和老区人民响应党的号召，面对落后的面貌、脆弱的经济、恶劣的生态环境，他们本色不变，精神不丢，自力更生，艰苦奋斗，干一行爱一行。始终坚持“革命理想高于天”，自觉做共产主义远大理想的坚定信仰者和忠实实践者，勇于向恶劣的自然环境和贫穷落后宣战。他们在各条战线上为国建功立业，用平凡的双手创造了一个又一个不平凡的奇迹，彰显了老区人民的崇高精神和人格力量。

在改革开放的伟大进程中，老区人民解放思想，勇于创新，发奋图强，攻坚克难，老区的经济社会建设取得了辉煌成就。特别是在改变中国的面貌、中华民族的面貌、中国人民的面貌、中国共产党的面貌的伟大实践中发挥了至关重要的作用。老区人民既是改革开放的参与者，也是改革开放的推动者。

艰苦炼意志，危难见精神。老区人民在近百年的革命战争、社会主义建设和改革开放的伟大实践中，孕育形成了伟大的老区精神：爱党信党、坚定不移的理想信念；舍生忘死、无私奉献的博大胸怀；不屈不挠、敢于胜利的英雄气概；自强不息、艰苦奋斗的顽强斗志；求真务实、开拓创新的科学态度；鱼水情深、生死相依的光荣传统。这是党和人民宝贵的精神财富、丰厚的政治资源，是凝心聚力、振奋民族精神的重要法宝，也是社会主义核心价值观的重要内容。

中国老区建设促进会怀着强烈的政治责任感和历史使命感，组织全国各地老促会人员克服困难，尽心竭力编纂“全国革命老区县发展史丛书”，记录老区的光辉历史和辉煌成就，传承红色基因，弘扬老区精神，是功在当代、利及千秋的一件大事。手捧这部丛书的部分书稿，读着书中的故事，我倍感亲切，深感这部丛书具有资政、育人、存史的社会功能，有着重要的时代和历史价值。它是不忘初心、牢记使命的源头活水，是赞颂共产党、讴歌老区人民的一部精品力作，是弘扬老区精神、传承红色记忆的丰厚载体，是一项继承优秀传统文化、弘扬革命文化、发展社会主义先进文化、坚定“四个自信”的宏大文化工程。它必将成为一种文化品牌，为各界人士了解老区、宣传老区、支持老区提供一部有价值的研究史料。希望读者朋友们能从中了解并牢记这些为党和民族的利益不断奉献的老区人民，从中得到教益，汲取人生奋斗的精神动力。

新时代赋予新使命，新起点开启新征程。让我们更加紧密地团结在以习近平同志为核心的党中央周围，坚持以习近平新时代中国特色社会主义思想为指导，增强“四个意识”，坚定“四个自信”，做到“两个维护”，弘扬老区精神，铭记苦难辉煌。为实现“两个一百年”奋斗目标，实现中华民族伟大复兴的中国梦做出新的更大的贡献！

迟浩田

2019年4月11日

序

习近平总书记在福建工作时曾指出，老区苏区的红土地孕育了革命，也孕育了革命老前辈，为中国人民解放事业做出了巨大贡献；忘记老区，就是忘本，忘记历史，就是背叛。中国老区建设促进会牵头编纂全国革命老区县发展史丛书，不仅是贯彻落实习近平总书记重要指示精神的实际行动，也有利于进一步弘扬老区苏区精神、提升老区苏区形象、打造老区苏区品牌、促进老区苏区发展。

建宁是全国著名的革命老区县，是中央苏区的核心区、红旗不倒的革命根据地、伟人革命的重要实践地。曾为红一方面军总前委、总司令部、总政治部和苏区闽赣省机关驻地，是闽西北和闽赣省革命根据地中心，也是红一方面军无线电总队和红一、红三军团山炮连诞生地，中央苏区五次反“围剿”均与建宁有关；毛泽东、周恩来等老一辈无产阶级革命家，十大开国元帅中有8位、10位开国大将中有5位都曾在这里战斗生活过；红一方面军领导机关曾三度进驻建宁，驻扎总时长累计近9个月。苏区时期，建宁有7000多名优秀儿女参加红军，他们大多数在反“围剿”战役、长征与三年游击战中捐躯沙场。苏区沦陷后，许多苏区干部、革命群众遭国民党反动派杀害，大量财物被国民党军队抢劫、损毁，3300余栋房屋被烧毁，建宁县革命老区人民为中国革命做出了巨大牺牲和重大贡献。

《建宁县革命老区发展史》系统记述了中央苏区时期建宁苏区的创建发展历程及其历史地位、作用与贡献，全面展现了党的十一届三中全会特别是十八大以来建宁县经济社会所取得的巨大成就。今日之建宁县，实现了经济发展由单纯农业经济向现代产业体系转型的大跨越，交通区位从全省边远闭塞的“省尾”到“三高三铁”区域性交通枢纽的大飞跃，群众生活由纯粹温饱向全面小康迈进的大变化，城市形象由“小散乱”向宜居宜业宜游的大转变。2014年起连续四年在三明市对县绩效考评位居全市前二，其中2015年、2016年连续两年获得第一名；2017年、2018年连续两年获评福建省县域经济发展十佳县。

《建宁县革命老区发展史》的编纂出版，不仅可为社会各界了解建宁老区、宣传建宁老区、支持建宁老区建设提供较为翔实、生动、完整的史料支撑，同时也将更好地激励全县干部群众在更高的起点上建设机制活、产业优、百姓富、生态美的新建宁。我们坚信，在省、市党委、政府的正确领导下，富有光荣传统的建宁县革命老区人民，在新时代一定能够抢抓机遇、乘势而上、砥砺前行、奋发争先，努力为建设新福建新三明做出更大贡献。

借此机会，我们谨代表中共建宁县委、建宁县人民政府，对关心支持参与书稿编纂的所有同志，对奋战在全县各条战线上的广大干部群众，对关心支持参与建宁改革发展的各界人士，致以诚挚的敬意和衷心的感谢。

是以为序。

中共建宁县委书记　郑剑波

建宁县人民政府县长　陈显卿

2019年5月

编纂说明

2017年6月，中国老区建设促进会组织全国各地老促会启动编纂“全国革命老区县发展史丛书”，按照“建立中国共产党、成立中华人民共和国、推进改革开放和中国特色社会主义事业”三大里程碑的历史脉络，系统书写革命老区百年历史，深入挖掘革命老区红色文化资源。这对于充实丰富中国革命史籍宝库、在新时代传承红色基因、弘扬革命精神、强固根本，对于激励人们在新的历史条件下夺取中国特色社会主义伟大胜利，实现中华民族伟大复兴的中国梦具有重要意义。

丛书编纂以习近平新时代中国特色社会主义思想为指导，以《中国共产党历史》《中国共产党的九十年》等重要文献为基本依据，以党的领导为核心，以老区人民为主体，以老区发展为主线，体现历史进程特征，突出时代发展特色，坚持辩证唯物主义和历史唯物主义相统一、历史真实性与内容可读性相统一的原则，书写革命老区从站起来、富起来到强起来的光辉革命史、不懈奋斗史、辉煌成就史，把老区人民的伟大贡献、伟大创造、伟大成就、伟大精神充分展示出来，形成一部具有厚重历史特征和鲜明时代特色的精品力作。这是一部培根铸魂、守正创新，既为历史立言，又为时代服务，字里行间流淌着红色血脉、催生着革命激情的传世之作。丛书的编纂出版将成为讴歌党、讴歌人民、讴歌时代、传播红色文化、为革命老区和老区人民树碑立传的重要载体。

丛书按照编年体与纪事本末体相结合、以编年体为主的编写体例确定框架结构；运用时经事纬、点面结合的方式记述史实；坚持人事结合、以事带人的原则处理人与事的关系；采取夹叙夹议、叙论结合、以叙为主的方法展开内容。做到了史料与史论、历史与现实、政治与学术统一，文献性、学术性、知识性相兼容。

为编纂好“全国革命老区县发展史丛书”，打造红色文化品牌，中国老区建设促进会认真组织积极协调，提出政治立场鲜明、史料真实准确、思想论述深刻、历史维度厚重、时代特色突出、编写体例规范、篇目布局合理、审读把关严格、出版制作精良的编纂出版总要求，力求达到革命史籍精品的精神高度、思想深度、知识广度、语言力度，增强丛书的权威性和社会影响力。各省(区、市)、市(州、盟)、县(市、区、旗)老促会的同志，以强烈的使命感、责任感和紧迫感，勇于担当，积极作为，认真实施，组织由老促会成员、专家学者等参加的十余万人编纂队伍。编纂工作主体责任在县(市、区、旗)，省(区、市)、市(州、盟)组织协调、有力指导、审读把关。各方面人员以高度负责的精神和科学严谨的态度，满腔热情地投入工作，为丛书编纂出版做出了重要贡献。丛书编纂工作还得到了党和国家有关部委、地方各级党委政府及有关部门的大力支持和积极参与，社会各界也给予了热情帮助。中共中央政治局原委员、中央军委原副主席、国务委员兼国防部长迟浩田首长，对革命老区建设发展十分关注，对老区人民怀有深厚情感，欣然为“全国革命老区县发展史丛书”作总序。

丛书由总册和1599部分册(每个革命老区县编纂1部分册)组成，共1600册。鉴于丛书所记述的史实内容多、时间跨度长和编纂时间紧，不妥之处，敬请批评指正。

中国老区建设促进会

目　录

下　篇

附　录

县情概况

建宁县地处闽赣边界、武夷山麓中段，地质结构形成于26亿年前，是八闽大地的起源地，海拔1858米的金铙山是福建省境内最高峰，福建“母亲河”闽江发源于此，素有“闽地之母、闽山之巅、闽水之源”之称，也是著名的中国建莲之乡、中国黄花梨（水果）之乡、中国无患子之乡、中国梨产业龙头县和全国最大的杂交水稻种子生产基地县。全县辖4镇5乡、92个建制村、7个社区，县域面积1718平方公里，总人口15.59万人。

建宁县是千年古郡、人文福地。古为绥安县，公元958年置县。全县现有“历史文化名村”上坪古村等数十处古迹，傩舞、宜黄戏等民俗保存完好。建宁历代名人辈出，如唐末工部尚书陈岩、晚清爱国诗人张际亮等，也是台湾首尊肉身菩萨慈航法师的故里。

建宁县是中央苏区、红色土地。曾为红一方面军总司令部、总前委、总政治部和闽赣省委、省苏维埃政府驻地，是闽西北和闽赣省革命根据地中心，中央苏区五次反“围剿”均与建宁有关。毛泽东、周恩来等老一辈无产阶级革命家，十大开国元帅中有8位、10位开国大将中有5位在这里战斗生活过。第二次国内革命战争时期，毛主席在建宁西门同百姓一起挖莲塘，留下了“百口莲塘吐清香”的佳话。

建宁县是灵秀之城、生态胜地。境内金铙山是泰宁世界地质公园的重要组成部分，设有闽江源国家级自然保护区和国家森林公园，全县森林覆盖率达76.88%，空气质量常年保持国家一级标准，被评为国家级生态县，连续四届入围全国“百佳深呼吸小城”榜，是休闲安养的“天然氧吧”；交界断面水质达到国家二类标准，集中式饮用水源地水质达标率达100%，正在申报创建国家生态文明建设示范县。

建宁县是花果之乡、美富大地。年种植莲子5万亩、种子14万亩、“两桃一梨”（黄桃、猕猴桃、黄花梨）14万亩，已形成莲子、种子、梨子、桃子、无患子等“五子”特色产业体系，特别是杂交水稻制种面积和产量均占全国10%左右，形成“北张掖、南建宁”种业格局。一年中桃花、梨花、杜鹃花、金针花、荷花“五朵金花”依次竞相绽放，形成了“春看桃梨夏观荷，秋览红叶冬品梅，五月云端杜鹃红，九月黄玉金针香”的赏花景观，开展的“为荷而来”“花海跑”等主题活动被央视和省市主流媒体广泛报道，形成了“清新花乡·福源建宁”旅游品牌形象，是福建省十大新兴旅游县、全国知名乡村旅游目的地，正在创建国家全域旅游示范县。

建宁县是边贸重镇、集散之地。古为闽盐赣米贸易中心，今为闽赣省际交通枢纽之地。建泰高速和向莆铁路建成通车，浦梅铁路建宁至冠豸山段、莆炎高速建宁段在建，建宁至长汀高速、江西鹰潭至建宁铁路列入省中长期规划，“三高三铁”路网即将形成，建宁县已逐步成为闽赣边界区域性交通枢纽和福建挺进中西部的“桥头堡”。围绕打造“闽赣省际生态产业集聚区”发展定位，发挥省际区位和生态良好的优势，依托已有的产业基础，加快推动一产接二连三发展，入选国家农村产业融合发展试点示范县和全国100个农村创业创新典型县范例，走出了一条后发赶超、绿色崛起、经济发展与生态文明相辅相成的新路子。

上篇

建宁县自南唐中兴元年(958年)建县以来，已有千年历史。千百年来，勤劳勇敢的建宁人民，在这片充满希望的热土，建设美好家园，开创幸福生活，历经了岁月沧桑与变迁。

早在苏区时期，建宁有7000多名优秀儿女参加红军，他们大多在反“围剿”战役、长征与三年游击战中捐躯沙场。另在苏区沦陷后，有许多苏区干部、革命群众遭国民党反动派杀害，大量财物被国民党军队抢劫、损毁，3300余栋房屋被烧毁。本书上篇主要记载在第二次国内革命战争时期建宁人民在中国共产党的领导下为中国革命胜利付出的巨大牺牲与贡献。

第一章　建宁苏区史略

第一节　红军首入建宁

1927 年 8 月 7 日，中共中央在湖北汉口召开中央紧急会议（史称“八七会议”），确定了武装起义和实行土地革命的总方针。“八七会议”后，党在湖南、湖北、江西、广东等省领导农民进行武装起义。其中由毛泽东领导的湘赣边秋收起义队伍，在湘赣边界的井冈山地区建立了党领导的全国第一块农村革命根据地——井冈山革命根据地，并在 1928 年 4 月与由湘南转来的朱德、陈毅率领的南昌起义军余部会合组建成立了全国第一支正式红军——中国工农红军第四军。

1929 年 1 月，为打破湘赣两省敌军对井冈山根据地的第二次“会剿”，毛泽东、朱德率红四军主力离开井冈山出击赣南。同年 3 月和 5 月，红四军两次进入闽西，先后歼灭闽西地方军阀郭凤鸣旅和陈国辉旅，促进了闽西革命形势的发展，扩大了闽西红色区域，形成了包括龙岩、永定、上杭、武平、长汀、连城等县的闽西革命根据地。

红四军第二次入闽后，为解决红四军内存在的单纯军事观点、流寇思想、军阀主义残余、个人主义、极端民主化、绝对平均主义等非无产阶级思想，确立党对红军的绝对领导，于 1929 年 12 月下旬由红四军前委书记毛泽东在上杭县古田镇主持召开红四军第九次党代表大会（即古田会议）。会议通过了毛泽东主持起草的《中国共产党第四军第九次代表大会决议案》(即古田会议决议案),改组了前委,毛泽东当选为前委书记。古田会议决议案,着重强调了党的思想建设的原则和方法,规定了红军的性质、宗旨和任务,确立了军队政治工作的地位、作用和政治工作的原则、方法,奠定了党对红军绝对领导的原则、制度,是思想建党、政治建军的纲领性文献。古田会议后,决议案所确定的基本原则,很快在红四军中得到实施,并在其他根据地红军中逐步推行。

古田会议期间,蒋介石调集闽粤赣三省军队对闽西革命根据地发动第二次"三省会剿"。1930 年 1 月初,红四军前委召开军事会议。会议认为:闽西土地革命已大体完成,红色区域已基本巩固。敌人攻击的目标,主要是红四军。若红军主力转移江西,既可实现"争取江西"的计划,又可调动赣敌以解闽西苏区之围。会议决定:由军长朱德率主力第一、三、四纵队先行向北挺进赣南;毛泽东率领红四军前委和第二纵队暂留古田,向东线阻击敌刘和鼎部,掩护主力北进。

1930 年 1 月 3 日,朱德率红军主力第一、三、四纵队从上杭县古田镇向赣南转移。后经连城、清流、宁化翻越武夷山,进入江西广昌,16 日攻占广昌县城,21 日抵达宁都县东韶。

朱德率部出发后,毛泽东率第二纵队东进至龙岩县小池地区阻敌,掩护主力转移。1 月 7 日,第二纵队完成阻敌任务后,按预定计划离开古田向连城、清流、归化、宁化、广昌挺进。17 日进抵宁化县的水茜村。18 日,第二纵队从水茜分两路向江西广昌进发。一路由毛泽东率领,经宁化的安远、肖坊、营上、吴家,19 日进入广昌;另一路从水茜经建宁的半寮、洋坑、龙头、伊家湾、笔架、高岭、山下、白沙塘、中畲,在中畲翻越邱坊隘进入广昌。24 日,毛泽东率第二纵队抵达宁都县东韶,与朱德率领的第一、三、四纵队会合。

红四军第二纵队分兵过境建宁期间,军中贯彻执行了古田会议精神,沿途宣传了党和红军的政策,初步调查了建宁的自然、交通、经济社会状况,并以不拿群众一针一线、买卖公平、说话和气、纪律严明的军风军貌,给建宁人民留下了迥别于过去其他部队的深刻印象，为以后红军创建建宁苏区奠定了地情资料基础和群众基础。

第二节　第一次反“围剿”胜利与建宁西北游击区的开辟

一、红一方面军第一次反“围剿”的胜利

1930 年 10 月，国民党新军阀的蒋（介石）冯（玉祥）阎（锡山）桂（李宗仁）中原大战结束后，蒋介石在国民党内获得绝对优势地位，便立即调集全国反革命军事力量，同时或交叉对各革命根据地和红军发起了一轮又一轮的大规模军事“围剿”。从此，红一方面军和中央革命根据地开始进入大规模反“围剿”战争的新阶段。

1930 年 10 月，中原大战甫一结束，蒋介石便立即调集 11 个师、3 个旅和 3 个航空队计 10 万兵力，以江西省主席、第九路军总指挥鲁涤平为海陆空军总司令南昌行营主任，采取“长驱直入”“分进合击”战法，兵分八路，由北向南对红一方面军和中央革命根据地发动第一次大规模的军事“围剿”。

当时，红一方面军第一、三军团共 4 万余人，在赣江以西的袁水流域扩大根据地。10 月底，红一方面军总前敌委员会在罗坊召开会议，确定了“诱敌深入赤色区域，待其疲惫而歼灭之”的作战方针。11 月，红一方面军主力红一军团和红三军团第五、第八军转移至赣江以东地区，深入动员准备，广泛发动、组织、武装群众。当敌人逼近时，红军主力全部退至根据地中心的东固、龙冈地区。12 月底，敌兵力分散在西起江西万安、泰和，东至福建建宁的 800 里战线上，兵力分散，其主力张辉瓒第十八师冒进至东固。红军决定以“中间突破”战术，分敌为东、西两个远距离难以相顾的群，以便各个击破，遂将主力秘密西移埋伏于龙冈附近山中。30 日，张辉瓒率师部及 2 个旅进入红军包围圈，红军发动猛烈攻击，一举歼灭第十八师近万人，活捉师长张辉瓒。接着，红军乘胜追击，挥戈东进，又于 1931 年 1 月 3 日在东韶歼灭谭道源第五十师半个师。这时，其他各路敌军

纷纷撤退。红军五天连打两个胜仗,共毙伤俘敌15000余人,缴获各种武器12000余件,取得第一次反"围剿"胜利。

二、建宁西北游击区的开辟

1931年1月,第一次反"围剿"胜利后,红一方面军乘胜转入战略进攻,挥师东进扩大战果,并在闽赣边界筹粮筹款、扩大红军和根据地。

1月18日,红军总部在宁都小布发出胜字第5号命令《继续移师建宁南丰广昌一带筹款的命令》,指出红军当前的主要任务是"用最大的力量继续筹足3个月的给养,准备敌人再次向我们移动时大举消灭它",命令部队移师建宁、南丰、广昌一带筹款。命令划定:红四军以南丰康都为军指挥中心,以第十师进至康都圩通黎川县大道至距康都圩40里地为止的两侧筹款,以第十一师布置于康都通建宁之大道向建宁方向延伸至距康都圩50里地为止的道路两旁各15里以内筹款,以第十二师布置广昌石咀市通建宁之大道延伸到离石咀60里地为止的道路两旁各10里筹款;红十二军以广昌为指挥中心,以第三十四师位置于由广昌经大村、尖峰、茱萸陂、新街、豪岭通建宁的大道距广昌100里地为止的道路两旁各15里地,以第六十四师及军政治部位置于由广昌经长桥、水南圩、癸阳(桂阳)圩通建宁的大道上,延伸至距广昌100里之地为止。

2月21日,红军总部又在小布发出胜字第6号命令《继续东移加紧筹款的命令》。命令第四军以广昌为指挥中心,派一师进至闽边之康都圩附近,沿大道一带在道路左右各30里以内(距广昌120里以内)分散筹款;另一师沿大道往水南圩、船顶隘向建宁工作,在距广昌120里以内的路旁各30里处筹款。工作至3月6日止,须筹现洋12万元以上。

1—3月,红四军第十师三十团、二十八团和第十二师一部,分别从南丰的傅坊和广昌的陈庄翻越甘家隘、松仔隘、船顶隘进入建宁西北地区,击溃各乡地主武装保卫团,宣传党和红军的纲领政策,开展打土豪分浮财、筹粮筹款、扩大红军、发展革命积极分子等工作，相继成立桂阳、陈家排、贤河、岩上、靖安、水南桥、宁家源、溪头坑、芦田、里心、渠村、排前等乡村的红色政权乡人民革命委员会及农会、贫农团等组织，组建桂阳、宁源 2 支共 50 多人的游击队，扩大红军 100 多人，开辟了建宁西北游击区。

桂阳游击队是建宁县首支由中国共产党领导的红色地方革命武装，队长张国维，指导员夏小喜孙，队员 30 余人，设 3 个班。为扩大影响，桂阳游击队利用桂阳街墟日，于 2 月 21 日（农历正月初五）在桂阳街中心的张王庙前举行成立大会。成立大会结束后，游击队立即冲进其时躲在县城的大豪绅、县上校保卫团总张秉刚在桂阳的家里，开仓分粮分浮财给穷苦群众。游击队还从张秉刚哥哥的挑夫张泥猴那里得知张秉刚不久前曾从县城运回一批枪支并埋藏起来的消息，又于深夜包围张秉刚的家进行搜查，在灰粪窑地下挖出 10 支崭新的步枪。游击队有了武器后，接着打了张作霖、张青圃、唐普主等家的土豪，将没收的浮财和罚款，部分留作农会和游击队的活动经费，大部上缴红军工作团。

宁源游击队有队员 20 余人，队长李细阔，先后在宁家源、芦田乡打了黄成才、宁广怀、潘盛芳、翟赵钱等大土豪，没收土豪的粮食，宰杀他们的大猪，挖出他们埋在地下的光洋和田契、借据，召开工农群众大会，将田契、借据当众烧毁，并用没收土豪的酒肉请农友会餐。

4 月初，国民党军第五十六师（师长刘和鼎）进驻建宁，派出 1 个团进攻里心游击区。红军在游击队的配合下，在里心至戴家的猪牯岭一线将敌击溃，击毙敌连长 1 名。不久，红军奉命开赴江西参加第二次反“围剿”。红军转移后，国民党军队和地方反动势力趁机反扑。张秉刚带着反动民团扑进桂阳，妄图消灭桂阳游击队。桂阳游击队避其锋芒，将武器埋藏在清明窠山上，队员疏散到广昌、南丰一带做工或做小贩，到第二次反“围剿”红军进攻建宁时，队员全部归队，协助红军攻打建宁县城；宁源游击队则以土铳、梭镖、大刀为武器，坚持在宁家源、芦田、排前等地打游击，遭受重创，队长李细阔受伤后被敌杀害在鹿山下。

第三节　第二次反“围剿”在建宁取得完全胜利

一、第二次反“围剿”战略方针的确定

1931 年 1 月 29 日，蒋介石在距第一次“围剿”失败不到一个月，就任命军政部长何应钦为陆海空军代理总司令，赴赣主持武汉、南昌两行营一切事宜，准备发动对中央革命根据地和红军的第二次“围剿”，并亲自确定了“厚集兵力、严密包围”的缓进战略和“稳扎稳打、步步为营”的战术。2 月 4 日，何应钦由南京抵达南昌，改组南昌行营，兼任南昌行营主任，并立即召开军事会议，调集“围剿”军，制定“围剿”计划，部署第二次“围剿”。至 3 月下旬，敌“围剿”部署完毕，共调集 18 个师又 3 个旅计 20 万兵力集结在中央苏区周围，并以主力置于中央苏区北面，构筑了西起赣江、东至建宁的不完全连接的 800 里弧形阵线，企图由北往南向根据地中心推进，包围并消灭红一方面军于赣南。4 月 1 日，何应钦下达总攻击令，向中央苏区腹地大举进攻，“限各路于月内克复各县，会师广昌，于国民会议前肃清朱毛”。其部署是：以王金钰第五路军 5 个师为右路军，由吉安、吉水、永丰向东固、藤田方向进攻；以孙连仲第二十六路军 3 个师为中路军，由乐安、宜黄向南团、东韶、小布进攻；以朱绍良第六路军 4 个师为左路军，由南丰、八都向广昌、黄陂进攻；以右路军南侧的蒋光鼐第十九路军的 2 个师又 1 个旅为南路军，由兴国向龙冈头、宁都进攻；另由韩德勤第五十二师负责维护赣江交通和当地“清剿”，由福建刘和鼎第五十六师（驻建宁，归第六路军指挥）出安远（属宁化县）、周志群新编第四旅出宁化、卢兴邦独立第三旅出连城和长汀、张贞第四十九师出上杭和武平、广东香翰屏第六十二师出蕉岭，防堵红军向东南转移。

早在 1931 年 1 月红一方面军第一次反“围剿”胜利后，方面军总部充分估计到蒋介石方面定会组织发动新的更大规模的“围剿”，

就命令部队在根据地和敌占区之间消灭地主武装，拔除敌人的“土围子”，巩固和扩大根据地；发动群众，深入土地革命，恢复和建立党团组织、群众组织，建立独立营、赤卫队、游击队等群众武装；并在闽赣边界的南丰、广昌、建宁一带，“以最大的力量继续筹足3个月的给养，准备敌人再次向我们移动时大举消灭它”。到4月蒋介石方面发动第二次“围剿”时，根据地的党政军民，从政治动员、创造战场、征集资材、扩大和训练地方武装等各方面做好了反“围剿”的准备。这时，红一方面军虽然仍是第一、第三军团3万余人，人数较第一次反“围剿”时有所减少，但经过第一次反“围剿”的锻炼和胜利后的养精蓄锐，斗志旺盛；主力部队为诱敌轻进，准备战场，已逐渐从苏区北面边缘的南丰、广昌等地南移到苏区中心；毛泽东提出的诱敌深入的战略方针，已为广大军民所认识和接受。这些都是取得第二次反“围剿”胜利的有利条件。

但由于这次敌人“围剿”的兵力多达20万，与第一次反“围剿”相比，敌我数量对比由2.5∶1扩大到6∶1。面对敌20万大军，苏区中央局和红军领导内部在反“围剿”的战略方针上，对是否留在苏区内打、是集中兵力打歼灭战还是分兵退敌、先打哪路敌人、开战后是向西打还是向东打等问题的认识不一致。为了统一思想，确定反“围剿”的战略方针，中共苏区中央局于3月18至21日和4月17、18、30日四次召开中央局扩大会议反复讨论，接受了毛泽东的意见，决定红军继续留在苏区内反“围剿”，继续采取诱敌深入各个击破的作战方针；对于先打哪一路敌军，向哪个方向发展问题，鉴于由东向西打，西面为赣江所限，空间狭小，战后发展余地不大，决定先打苏区西部兵力虽多但战斗力较弱的敌第五路王金钰部，然后由西向东打到建宁，在反“围剿”胜利后，在闽赣交界之建宁、泰宁、黎川地区扩大根据地、征集资材，便于打破敌人的下一次“围剿”。这一战略方针的确定，为第二次反“围剿”胜利奠定了基础。

二、从富田打到建宁取得第二次反“围剿”胜利

在确定反“围剿”战略方针的过程中，为进一步诱敌深入，暴露

其弱点，创造有利于我、不利于敌的作战条件，红一方面军主力进一步转移到苏区内地的东固及其以东地区，隐蔽集结，待机歼敌。与此同时，苏区军民开展赤色戒严、坚壁清野、袭敌扰敌、破坏敌前敌后交通、截断敌后方补给线等游击活动，使敌前进极为迟缓，敌原计划的于4月内“克复各县，会师广昌，于国民会议前肃清朱毛”的目标已不可能实现。

5月初，蒋介石欲以“围剿”红军的胜利来庆祝即将于5月5日在南京召开的国民会议，多次电令何应钦“火速进剿”。11日，何应钦电令第五路军于15日攻下东固，以“树各路之先声”。第五路军遂令其右翼公秉藩第二十八师和第四十七师一个旅从富田向东固攻击前进，留四十七师另一旅驻守富田。14日，红军从电台侦知敌二十八师已脱离富田阵地向东固出发的消息。14、15日，红一方面军首长相继下达《歼击由富田出犯之敌的命令》和补充指示，以红三军团为左路迂回富田侧后攻击富田之敌；以红三、红四军为中路，红十二军为右路，分别伏击向东固攻击前进之敌，之后再向富田之敌进歼。

5月16日，当敌二十八师进到中洞地区与红军总部特务队相遇后，红三、红四军即向敌发起猛烈攻击，将敌二十八师大部歼灭，并向富田攻击前进，敌二十八师残部与四十七师的一个旅向白沙逃窜。同日午夜，红三军团向富田发起攻击，17日结束战斗，歼灭敌四十七师一个旅大部，并与红三、红四军在富田会师，第二次反“围剿”首战告捷。之后，红军按原定计划，由西向东横扫，至27日又相继取得白沙、中村、广昌三场战斗的胜利。

广昌战斗后，在敌人“围剿”败局已定的情况下，红一方面军总前委于28日上午在广昌县城召开总前委第三次会议，认为“在战略上和形势上我们都应……夺得建宁城以便以后的筹款”，决定以红三军团和红十二军继续向东攻打驻福建建宁县城的敌刘和鼎第五十六师，占领建宁后，分散在建宁、泰宁、黎川进行筹款工作。会后，红三军团和红十二军即刻向建宁运动，抵达广昌水南宿营。

建宁县，地处闽赣交界山区，县城依山傍水，城西有龙堡山高地，东、南、北三面是城墙，城墙外三面濉溪环绕，城西、城北设有工事和女墙，东门外的万安石拱桥和南门外的木板船浮桥是县城通往泰宁、宁化、归化的必经之路，另在北门外的下坊和青云岭的联云桥原址各有一个渡口。敌驻守建宁城的部队是刘和鼎第五十六师师部及一个旅共 4 个团，其部署是：三三二团和三三四团布防于县城北门外溪口的百尺台至西门外的龙堡山一带，防阻红军来自广昌方向的进攻；三三六团在三三二团和三三四团左侧，占领五里村、马鞍山一带高地，阻拦红军由石城、宁化方向的进攻；三三三团布防在城外东南河对岸的水南高地，作为预备队；师部驻城内，特务营留城内作为机动队。为阻止红军攻城，刘和鼎还收缴、烧毁了城区及附近船只。

29 日，红三军团、红十二军和毛泽东、朱德所率的红一方面军总部陆续经广昌与建宁交界的船顶隘进入建宁抵达里心。红军到达桂阳村时，桂阳游击队队长张国维火速通知游击队员到桂阳集中，配合红军行动。30 日，红十二军三十四师在里心恢复芦田乡工作，成立乡苏维埃政府，红三军团在里心与建宁县城之间的枧头村歼敌一部，占领枧头，在枧头设立前线指挥所。

30 日晚，总前委在里心召开第四次会议，认为“在我们要筹划第三期战费（即第三次反‘围剿’作战经费，编者注）和整个作战形势之下，是很需要夺取建宁城，才能扩展到（建宁）黎川泰宁三县筹款”。会议具体研究部署了攻打建宁县城的作战方案，决定以红三军团为攻城主力，以红十二军为总预备队。会后，红三军团军团长彭德怀星夜赶到枧头，以桂阳游击队为向导，率红三军团和红十二军（欠第三十四师）星夜从枧头出发突袭建宁城，红三军团兵分两路插向建宁城西门外的龙堡山和左翼北门外的溪口；红十二军从右翼插到南门，控制水车岭以南山头，并派出一部兵力在南门抢渡濉溪，占领水南以东山头，切断通往宁化、归化的道路。

31 日拂晓，红军从城南、城西、城北三个方向向建宁城发起总攻。红三军团的左翼攻击部队，经半天激烈战斗，从北坡冲上溪口百尺台主峰，居高临下，使塔下山、濉溪下游的道路和溪口村都置于机枪火力网中，青云岭的敌军顿时全线溃乱，纷纷向下坊街、北门逃窜。守在将军庙的敌军，企图凭借工事和火力死守，并掩护青云岭之敌退却，阻拦红军追击。两军对峙后，红军不顾弹雨，趁隙向将军庙冲击。敌军抵挡不住，纷纷撬下庙内板壁渡河逃跑。红军趁势占领青云岭，用火力控制溪口联云桥渡口和县城北门。

攻打西门龙堡山高地的红军，从正面攻击龙堡山主峰。其中一部避开敌人火力冲上2号高地，夺取敌军重机枪，调转枪口，对准敌军阵地猛射。左翼红军解决溪口战斗占领青云岭后，从青云岭沿山梁增援龙堡山作战。龙堡山之敌在红军的两面夹攻下，向西门溃退。这时，红一方面军总部机关人员也已到达青云岭后山，与红三军团指挥部会合，毛泽东、朱德与彭德怀一面交谈，一面观察战斗情况。

红军占领青云岭、龙堡山后，尾随敌军追杀到城下，与敌激战，给敌很大杀伤。15时，红三军团第四师奉命从溪口塔下渡河，迂回到濉溪河对岸的黄舟坊、河东包抄，并迅速占领万安桥东面的东山头，缴获山炮2门，利用敌人原有阵地，调转炮口，架起机枪，封锁城内敌人出城逃往泰宁的唯一大道万安桥。红十二军一部则从南门冲入城内逼向东门。此时，城内敌人纷纷从东门涌上万安桥企图逃命，在东山头红军密集火力射击下，拥挤在桥上无法通过，被击毙或跌落溪河者甚多。下坊街的敌人也争相跳河泅渡，多数被对岸红军击毙或溺死。敌师长刘和鼎则脱下军官制服，着普通士兵服装扮成士兵，带着两个马弁，在下坊街抢了一只木制“禾格”(禾格是一种人力稻谷脱粒农具)为船渡河，遭红军阻击，禾格撞碎在岩滩上落水，被其马弁拉上岸仓皇逃向泰宁。18时，红军结束战斗，攻克建宁城，取得第二次反“围剿”最后一仗的胜利。此役，红军共歼敌第五十六师3个多团，击毙团长1名，俘敌3000多人，其中旅长、团长各1名，缴获长短枪2500多支，手提机关枪11支，轻重机枪12挺，山炮2门，无线电台1部，以及大批的药品、粮食、被服、布匹、光洋等军需物资和电报、文件、军事地图等，敌无线电台人员全部投诚。其中药品可供红军半年之用，光洋十几驮，被服、布匹后加工成红军服装1万多套。

至此，进攻苏区之敌全线败退，被迫转入战略防御，红一方面军以“横扫千军如卷席”之势，15天横扫700里，五战五捷连打5个胜仗，累计歼敌3万余人，缴获枪支2万余支、电台六七部，痛快淋漓地粉碎了20万国民党军对中央苏区和红一方面军的第二次大“围剿”。

建宁城战斗结束当晚，毛泽东和朱德率红一方面军总前委、总司令部进驻建宁城北溪口天主教堂。这次红一方面军总部进驻建宁，也是红一方面军1930年8月在湖南浏阳永和市成立后，方面军总部首次进入并驻扎福建。红一方面军总部进驻建宁后，即按原定计划，指挥红军以建宁为中心，分散在闽赣边界的建宁、黎川、泰宁等地扩红筹款、扩大苏区、准备第三次反“围剿”。在建宁期间，毛泽东满怀豪情地写下《渔家傲·反第二次大“围剿”》光辉诗篇：“白云山头云欲立，白云山下呼声急，枯木朽株齐努力。枪林逼，飞将军自重霄入。七百里驱十五日，赣水苍茫闽山碧，横扫千军如卷席。有人泣，为营步步嗟何及！”

第四节　第三次反“围剿”的准备与建宁苏区的形成

一、第三次反“围剿”的准备

毛泽东在确定第二次反“围剿”作战方向时，决定由西向东打，战后在闽赣交界的建宁、黎川、泰宁地区扩大根据地、征集资材，以便打破敌人的下次“围剿”。这一决定充分考虑了反“围剿”胜利后红军由战略反攻转入战略进攻、准备第三次反“围剿”的问题。

第二次反“围剿”胜利后，红一方面军总部即在建宁指挥红军以建宁为中心，先分散在闽赣边界的南丰、建宁、黎川、泰宁地区，6月下旬扩展到闽西北的宁化、清流、归化、将乐、顺昌、沙县等地，开展以筹款为中心的扩红筹款、扩大苏区和第三次反“围剿”准备工作。

1931年5月31日21时，毛泽东在建宁城西红三军团司令部驻地主持召开红一方面军总前委第五次会议。会议依次讨论研究了敌情估量与红军近远期行动、西药收集处置、伤兵医治、俘虏兵处置、枪械及战利品处置、成立山炮连、成立无线电总队、后方医院、作战中违反战场纪律问题的处置等问题。其中：

关于敌情估量与红军下步行动方向，“我们应以大部兵力进占黎川向南城游击，威逼敌人放弃南丰以至宜黄、南城，如此我们就可得到建宁、黎川、南丰、南城、宜黄以及乐安、永丰、吉水等县城，河西的西路军直向峡江前进，夺取峡江”，还有夺取吉安的可能。

关于行动决定：“明天（六月一日）起在此地休息两天，六月三号第三军团以第六师推进至太[泰]宁工作筹款，其余进黎川，十二军仍位置于建宁、桂羊（桂阳）之线筹款工作并处理在建宁之后方事情（如伤兵、战利品等等），在三十五师到达建宁后，十二军应派队进到建宁接第六师工作。如敌人退出南丰后，我们拟以红三军团布置于黎川、资溪、硝石等处即黎川到南城河以东地区，第四军则在南城到黎川河和南城到南丰河之间（南丰城在内），三军在南城至南丰河以西地区筹款，十三军[原文如此，疑为十二军，编者注]在建宁太[泰]宁之线。”“工作的任务对地方的是：①分田；②组织赤卫队游击队；③建立政权；④建立党。对本身的是：①筹款；②加紧政治军事和党的训练；③扩大红军。”

关于俘虏兵处置：为了扩大红军，“这回的俘虏兵一个也不放走，留红军中补充，大约人数有3000左右，除三军团（补充）1500人外，以1500人补充四、十二两军，这些俘虏就即编到各师去训练，在训练中再去挑出坏的送走”。

关于炮兵组织问题：决定以建宁战斗所得的两门山炮，三军团留一门连原有的一门编成第三军团山炮连，另一门送后方，和九层[寸]岭白沙所得的再配两门编成第一军团山炮连。

关于成立无线电队：决定成立方面军总司令部无线电队，下分4个分队，队员电报机等一律照分，但第一重要的总部电台，其次三军团的，再次后方，再次分一个给河西红七军，人员器具的分配和筹办第二期无线电训练班的计划由参谋处再拟定提出。

6月初，红一方面军在建宁组建成立无线电总队和红一、红三军团2个山炮连。无线电总队设1个总队和5个分队，5个分队配属红三军、红四军、红十二军、红三军团和后方使用，另组建1个监察台。

6月2日，红一方面军总前委直属委员会在建宁城的南门广场召开庆祝第二次反"围剿"胜利军民大会。同日，在建宁的总部电台收到了兴国总后方办事处发来的电报，实现了红军第一次无线电通信。

6月2日21时，毛泽东在总部驻地建宁城北溪口天主教堂主持召开总前委第六次会议。会议认为：两广军阀于5月28日在广州另立国民政府，积极部署进攻湖南，并联合北方的阎锡山、冯玉祥等军阀共同反蒋。在这种形势下，蒋介石有先解决两广之必要，对红军必暂取守势，其在苏区周边的部队可能后撤，新的"围剿"不会马上到来。据此，会议研究部署了下一步三期行动计划与目标：

第一期向北筹款，发动群众，扩大苏区，争取南丰、南城、宜黄等县城。敌如退出南丰，第三军团全部进黎川，威逼南城，第四军进占南丰城，第三军进向宜黄及南丰以西地区，第十二军仍在泰宁、建宁。如敌守南丰、南城、抚州以至宜黄，三军团应留一师于泰宁，其余在黎川，泰宁之一师应以一团位于泰宁间，一团位于泰宁、建宁间，余在城内，总指挥部应在黎川城。如敌守南丰、南城不进，三军团应向右靠向光泽、邵武、泰宁；第十二军直属队位于建宁城西北，三十四师在建宁西乡，三十六师位于建宁东乡；第四军在南丰、黎川、建宁间。如敌进，以不打为原则，向右靠（集中后再打），第三军在敌未退时布置于南丰、白舍、南丰东陂之直角内专牵制朱（绍良）孙（连仲）两路，并且在此地区内工作筹款。总部和第四军在一起……

第二期各军工作区域：三军团——大余、遂川、上犹、崇义、泰和（河西）、万安（河西）；第四军——会昌、寻邬、安远、信丰；第三军——于都、泰和（河东）、南康、赣县；第十二军——建宁、宁化、汀州、瑞金、石城、广昌。

第十二军即刻可派一团到新区域去布置工作，三军团在敌退出南丰后可派一师到新区域布置，三军、四军同样的在相当时期即派一部队伍到新区域布置。

三个期间的工作，第一期向北，第二期向南，第三期向西。

第一期工作最多不过两个月，对外四项工作：(1)迅速建立游击队；(2)迅速分田；(3)建立苏维埃；(4)建立党和团。对内工作三项：(1)筹款除本身食用外要筹足 100 万元作第三期作战费用；(2)加强军事技术训练、政治训练、党和团的训练；(3)扩大红军数量 3 万。

整个三期工作的中心任务是准备第三期作战(即第三次反“围剿”)，以赣南为工作中心地。

6 月 3 日，红三军团按照总司令部和总前委的部署，军团长彭德怀率军团主力即第一、三、四师从建宁进攻黎川，第六师由师长郭炳生、政委彭雪枫率领进攻泰宁。4 日、6 日分别占取泰宁城和黎川城后，红三军团即在黎川、泰宁开展发动群众、建立红色政权、打土豪筹款、扩大红军等工作。红三军、红四军分别在宜黄、南丰及其附近，红十二军在建宁及建宁与泰宁之间开展工作。

在红三军团进攻泰宁、黎川的同时，毛泽东等率红一方面军总部由建宁城移驻南丰县康都镇。6 月 10 日，毛泽东在康都主持召开总前委第八次会议，研究了福建工作等问题。对福建工作，会议决定由总前委写信给闽西，指示“闽西红军发展主要方面不要向漳州、东江，要向汀州、连城、归化、宁化、清流等县，才能与赣东南联系起来而扩大十二军(即闽西新十二军，编者注)”。

总前委第六次会议部署的三期工作计划，原计划工作数月。但计划实施不久，敌方形势没有按照总前委意料的方向发展，相反，两广军阀因内部矛盾未向湖南进兵，蒋介石则对北方军阀实行妥协，对两广军阀暂取防御，积极部署对中央苏区的第三次“围剿”，其在苏区周边的部队仍据守据点没有后撤。6 月 6 日，蒋介石就在南京发表了《为“剿匪”告全国将士书》，宣称他即日亲赴江西“剿共”。6 月 10 日，国民党中央做出在南昌设立“陆海空军总司令南昌行营”

决定。6月15日，蒋介石派人征用南昌百花洲的江西省图书馆，设立“南昌行营”。

根据形势的变化，6月20—22日，总前委在南丰康都召开总前委第一次扩大会议和总前委第九次会议，史称“康都会议”。会议判定“蒋介石准备三次进攻革命已是事实”，着重讨论了第三次反“围剿”的准备工作，初步决定把第三次反“围剿”的战场设在赣南，并修订了原来的三期工作计划，决定不再向北威逼抚州、南昌，也不去威逼两广，“只在蒋介石的边避地方”（即南丰以南的闽赣边界和闽西北）扩大苏区、筹款，红四军、红三军团和红十二军立即移动到闽西北开展发动群众和筹款工作。红四军（缺十二师）以全力进沙县筹款，然后分到归化、永安两县筹款，筹款40万；其十二师以一个团驻荷田、康都之线，一个团在西城桥、石沟圩之线，一个团随总部在建宁。第三军团先以全部向将乐逼近，驱逐周志群，占领将乐、顺昌两县，筹款60万。红十二军分散于宁化、清流、汀州三县筹款15万，并派人到汀州缝被服、买西药，打通闽西交通，派一个连在建宁里心至广昌维持交通，派一个团到宁化的安远司；先以三十四师在建宁河以西一线，包括建宁的里心、客坊、店前、黄泥铺，广昌的水南、长桥、尖峰，并向宁化方向发展；以三十六师在建宁的均口、伊家湾至宁化的安远司。

会议还决定：红三军主力开往兴国、宁都一带，在红三军军委和赣南特委之上成立以陈毅为书记的南路工作委员会，指挥红三军与赣南红三十五军肃清兴国、宁都一带白色据点，发动群众，巩固红色政权，为将来作战预备战场；另在闽赣边界成立以周以栗为书记的闽赣边界工作委员会，负责在长汀、连城、石城、瑞金一带发动群众，分田分地，建立红色政权，使这一区域成为将来作战的战略支点与后方。

会议还就建宁地方工作做了部署：全县划设城市、桂阳、里心、黄泥铺、渠村5个中心区，成立区革命委员会，6月底改为苏维埃政府，同时组建5个连的地方游击队，并按照“原耕为主、抽多补少、抽肥补瘦”原则开展分田工作；加紧筹款，在已筹到5万元的基础上，月底筹足8万元。

康都会议后，毛泽东、朱德等率红一方面军总部返回建宁，居中指挥第三次反“围剿”的准备工作；红四军、红三军团和红十二军迅速移动到闽西北各自工作区域开展工作。

6月下旬，蒋介石从南京抵达南昌，亲任“围剿”军总司令兼南昌行营党政委员会委员长，任命何应钦为“围剿”军前敌总指挥兼右翼集团军总指挥，任命陈诚为左翼集团军总指挥，完成了30万“围剿”军的战斗序列编制，准备对中央苏区和红军发动第三次“围剿”。

毛泽东返回建宁总部后，根据无线电台截获的敌情，进一步调整部署，指示各路红军加紧筹款和建立政权扩大苏区等反“围剿”准备工作。

6月28日，毛泽东在建宁发出给周以栗转闽赣边界工作委员会及谭震林转十二军军委指示信。指示信指出：“此次（即康都会议，编者注）十二军工作区域分得不妥当，清流、连城应让第十二军作第二步工作区，十二军中心任务不是筹款，而是建立深入宁化、石城、长汀三县的工作。十二军担任这三县，卅五军担任瑞金一县，三军担任于都、会昌二县，均以两个月（七八两月）为限期，分完田，建立地方武装、地方临时政权和临时党部，把这四个问题真正的解决，使于、瑞、石、宁、会、汀六县连成一片，这是我们的中心任务。”“因此，须变更康都决议，把卅四师迅速调返来，使他们担任宁化全县，卅五师担任石城全县，卅六师担任长汀全县，军直属队在三县之间。望坚决照此布置。”指示信还论证了“只有东方（即闽赣边界与闽西北地区，编者注）是好区域”，“最适宜造成新战场”，“有款可筹”，“可以扩大红军”，并设想在这一区域可做二至六个月的工作，“敌人来了集中起来就在这个附近打，敌人不来我们就在这块工作下去”。指示信还指出：“依大局看来，过去所拟三军团去上崇（即江西的上犹县、崇义县，编者注）、四军去寻安（即江西的寻邬县、安远县，编者注）的计划，不但客观上帮助蒋介石打击两广，为蒋介石所大愿，并且要很快引起两广的对共行动，乃由我们一身遮断两广反蒋视线，使之集注于我们自己，必然要促进蒋粤妥协对共进程。我们不应如此蠢。去南丰以北，目前事实上既不许，整个策略上亦不宜。因一则无巩固政权可能，二则威胁长江太甚。西南北三面都不可，便只有东方是好区域。第一，蒋系地盘，无直接威胁两广之弊；第二，地势偏僻，即不受威胁，若较之我们出南丰、宜黄者为小；第三，有山地纵横，无河川阻隔，最适宜造成新战场；第四，有款可筹，一年以内不愁给养；第五，群众很多，可以出兵扩大红军。因有这些条件，我们应该在这区域作长期计划。三军团应以建宁、泰宁、将乐为工作区域，以顺昌、邵武、光泽为筹款区域。四军应以归化、清流、连城为工作区域，以沙县、永安、宁洋为筹款区域，即在三县筹款自给。卅五军以瑞金为工作区域，筹款自给。三军以于都、会昌为工作区域，筹款自给。赣东独立师中心工作区是广昌，使之联系建宁与石城。所谓工作区都是要分配土地，建立政权的。筹款区只打土豪，做宣传，而不分田地，不建立政权。工作时期暂定两个月，延长下去可到三个月。敌人来了集中起来就在这个附近打，敌人不来我们就在这块工作下去。”

6月30日晚，毛泽东根据电台截获的何应钦由南昌进到抚州督战的消息后，即在建宁写信给十二军军委并转以栗同志及边界工作委员、三十五军军委。毛泽东在信中指出：“根据各方面情况判断，敌军定很迅速的向我们进攻已毫无疑义，在此形势决不能容我们此时期做准备工作，大概下月内准备作战，已电令四军及三军团去（疑为‘不去’，编者注）顺昌沙县，立即摆在将乐归化筹款，以十天为筹款时期，自然要以敌情为转移，敌不进不集中，五天为集中时期，集中地点在宁化、石城。昨信说二十二军（应为‘十二军’，编者注）筹款不是主要任务，宁化、石城、长汀三县群众工作才是主要任务。现在看来，筹款和群众工作同样是主要任务，并且做群众工作若布置得多，只对筹款有帮助，决不会妨碍筹款的。大约此信到宁化时，卅四师已在清流筹款五天左右，已经筹得相当款子了，应该去信要他们迅速结束清流筹款，开回宁化，布置（在）宁化（的）重要地点，一面筹款，一面把群众大大发动做到分配田地。卅五师之一团，应在安远，其另一团及师部应去石城，白水（即今广昌县赤水，编者注）工作暂时放弃，因为石城是很要紧的，军直属队在宁化境内，卅六师在长汀（注意做石瑞、汀宁县交界工作），这样以主力在宁化石城两县各有一部，筹款与群众工作两具顾及。要达此目的，卅四师必须从清流连城撤宁化，并须迅速撤回，才不妨碍宁化工作。即使清流筹款很有希望，亦不宜超过一星期至十天，就要把他撤回，因一星期十天之久，已经把款子筹得相当的多了。宁、石、长汀三县工作，在目前形势之下，只能计划做一个月（一个月后敌容许再延长就是），即是在七月内把三县工作做个大大的多（原文如此，编者注），中心点是要把田地分配。如因地域太宽，部队分配不来，即择重要地点分配，如宁化之安远、中沙、县城、禾口、石牛五点，石城之小松、丰山、县城、坪山、龙岗、大猷坪六点，长汀县之县城、馆前、古城及四县交界四点。每处须有一个阶级认识明确、领导（能）力强的人去指导，如震林、炳辉、谭政，三同志应不在一块，每人专任指导一处，同时兼任巡视一处或二处，每隔十天集合各军委机关开会一次，震林同志一人，普遍的出去巡视、不专任一处亦可。……你们接到此信，须根据上述原则重新来个布置。”“卅五军在瑞金工作，应该注重九堡、铅坝、武阳围、西岗四处，使在一个月内真正的分配土地，而不要去占会昌。西岗市虽属会昌境内，但介瑞（金）西于（都）东之间，为于、瑞、会交界之要地，这处群众工作起来了，影响三县交界很大。所以，卅五军应把西岗市的工作放在自己范围内，并使工作迅速收效。井泉同志、昭良同志应亲往各处巡视。”

7月1日，毛泽东在建宁收到6月29日红十二军军委从宁化的来信后，又给谭震林及十二军军委去信，指示十二军：“一星期至十天满，卅四师在清流、连城的部队，即行撤回宁化，布置在中沙到长汀界上的线及宁化与石城两县交界的线，多多工作起来。（三十五师）百〇四团仍在都上、安远到中沙的一线上，但工作要向江西边界推进，便于工作与江西赤区连接；百〇三团及卅五师师部，十天后应去石城，布置在（安远、石城、白水）三个重要地点工作起来，白水如顾不及，应暂时放弃，第二步再去工作。工作区重新划分，你们只管宁、石、长三县。……瑞金为卅五军专管，广昌归赣东独立师专管

（赣东特委直接指导）。”

同日，蒋介石在南昌行营向“围剿”军下达总攻击密令，以左右翼集团军分从抚州、吉安两路同时进攻中央苏区，进攻重点放在左翼的闽赣边界的建宁、黎川、泰宁地区。7 月 2 日，蒋介石从南昌赴抚州、南城督战。这些消息，均被红军无线电台截获。

由于敌人的第三次“围剿”来得比预料的急，毛泽东在 6 月 28 日指示信中预想在闽赣边界与闽西北地区工作两到三个月，在此创造新战场的设想，因群众工作还不充分、红色政权还不稳固而无法实现。7 月初，毛泽东在建宁主持召开红一方面军师以上干部军事会议和江西、福建、闽赣边苏区负责人会议，做出了放弃在闽赣边设置战场，回师到赣南的兴国、宁都一带打破敌人新的“围剿”的决定，命令各路红军迅速结束所在地区的工作，准备适时回师赣南。

7 月 10 日前后，在闽西北的各路红军基本筹足了 115 万元作战经费，各自从所在地区回师赣南。毛泽东与朱德率红一方面军总部，于 7 月 10 日从建宁城启程，经建宁的太平坊、汪家铺、澜溪、沙洲、竹薮等地，午后至建宁、广昌边界的建宁桂阳村宿营，11 日夜从桂阳翻越船顶隘进入广昌向兴国回师。

二、建宁苏区的形成

1931 年夏红一方面军总部驻建宁期间，6 月 2 日在建宁召开的第二次反“围剿”胜利军民祝捷大会上，宣布成立建宁县红色临时政权——县人民革命委员会，并任命聂景祥为建宁县人民革命委员会主席。之后，在中共红一方面军总前委直属委员会的领导下，红军抽调大批指战员组成工作团，分赴全县各乡、村开展群众工作，帮助建立各级红色政权，开展土地革命。县城的三民中学、大成小学的教师和学生，也组织宣传队配合红军工作团下乡开展宣传工作，利用各地圩日，上街演唱《第二次革命战争胜利歌》《告白军士兵歌》等革命歌曲，宣讲共产党十大政纲、红军三大纪律八项注意等政策，刷写张贴革命标语。6 月中旬，全县划设城市、渠村、里心、桂阳、黄泥铺 5 个中心区，成立各区革命委员会，并在各乡、村普遍组织农会、贫农团、妇女会、赤卫军、少年先锋队等革命群众组织，选举成立70个乡苏维埃政府；开展了打土豪、斗地主、没收土豪浮财、烧毁土豪田契借据、分田分地等土地革命运动，初步按“原耕不动，抽多补少，抽肥补瘦”和按人口分配的原则分配了田地。另外，全县还组建了中共地方组织5个中心区委员会及部分乡村、工业支部；建立了城区工会组织；从各乡赤卫军、少年先锋队中选调贫苦出身的勇敢分子组织了5支中心区游击队，编为5个连。6月下旬，建宁各中心区革命委员会改为中心区苏维埃政府；建宁各中心区游击队与广昌、南丰的游击队合编为中国工农红军南广建独立团，由红军干部余福生任团长，李立民任政治委员，全团设7个连，建宁游击队编成5个连。至此，建宁苏区基本形成。

7月中旬，主力红军从建宁等地“千里回师”赣南参加第三次反“围剿”，建宁组织千余人的运输队、担架队随军出发；南广建独立团在县境西南、西北和闽赣边界开展游击活动掩护主力红军转移。主力红军转移后不久，国民党周志群新编第四旅第二团胡廷扬部占领建宁城，在全县进行“清剿”，全县大部分地区被敌占领。建宁县革命委员会及各中心区干部、游击队退出县城和各中心区，在闽赣边界乡村坚持斗争。主力红军回到赣南后，8月至9月在赣南取得第三次反“围剿”胜利。

第五节　第四次反“围剿”与建宁苏区的恢复巩固

一、准备第四次反“围剿”的曲折过程

第三次反“围剿”后，1931年9月18日日军发动全面侵占我国东北的九一八事变和1932年1月28日日军发动侵略上海的一二八事变，迫使蒋介石延缓了对红军和各革命根据地新的“围剿”，但没有改变其以剿灭红军作为重点的“攘外必先安内”的基本政策。

早在1931年7月23日，蒋介石发表《告全国同胞一致安内攘

外书》，提出“攘外应先安内”方针，把剿灭红军、削平两广叛乱作为“攘外”的先决条件，声称“不先消灭赤匪，恢复民族之元气，则不能御侮；不先削平粤逆，完成国家之统一，则不能攘外”，表示“赤匪一日未灭，则中正之责任一日未尽，叛乱一日未平，即中正之职务一日未了”。后随着形势变化，这一方针发展为以“剿共”为主的“攘外必先安内”方针。

九一八事变发生后，广州国民政府与蒋介石南京国民政府之间为谋求妥协统一，经多轮谈判，迫使蒋介石宣布下野，辞去国民政府主席、行政院院长及陆海空军总司令等职，由粤方主持改组了南京国民政府，改组后孙科任行政院院长。但下野的蒋介石，仍是国民党中央政治会议常委，并通过下野前布置亲信，仍然控制着军权财权。1932 年 1 月初，孙科因难以应对内外困局提出辞职，亲蒋派乘机提出“请蒋介石到南京主持中央政治会议”。1 月下旬，蒋介石复出，主持召开国民党中央政治会议，接受孙科辞职，再度改组南京国民政府。1 月 28 日晚，一二八事变爆发，南京和长江流域受到日军威胁。29 日，国民党中央政治会议任命蒋介石为军事委员会委员，负责调动军队，指挥淞沪战争。不久，蒋介石又担任军事委员会委员长兼军事参谋部总参谋长，地位和权力进一步巩固。复出后的蒋介石，一方面请英、美、法与国际联盟出面“调停”开展对日外交交涉，另一方面在一定限度内组织抵抗，一俟上海战事稍停，就开始准备对红军和各根据地新的“围剿”。5 月，《淞沪停战协定》在上海签订后不久，蒋介石立即成立“鄂豫皖三省剿匪总司令部”和“赣粤闽边区剿匪总司令部”，部署对红军和各革命根据地的第四次“围剿”，计划先重点“围剿”鄂豫皖苏区和湘鄂西苏区，对中央苏区暂取守势，待解决鄂豫皖苏区和湘鄂西苏区后，再全力“围剿”中央苏区。7、8 月间，蒋介石以 60 余万兵力，发动对湘鄂西苏区和鄂豫皖苏区的“围剿”。9 月，蒋介石对湘鄂西苏区和鄂豫皖苏区的“围剿”基本得手，遂于 9 月下旬在庐山召开驻赣将领会议，商讨第二步“剿共”计划。10 月，蒋介石结束对湘鄂西苏区和鄂豫皖苏区的“围剿”，将主要兵力转移到江西，部署对中央苏区和红一方面军的第四次“围剿”。

这一时期，因上海中共临时中央“左”倾冒险“进攻路线”影响不断加大，中央苏区和红一方面军在如何应对或早或迟必定要到来的第四次“围剿”问题上，出现了较大的波折。

1931 年 9 月第三次反“围剿”胜利后，毛泽东估计蒋介石将很快发动对中央苏区的第四次“围剿”，即计划在罗霄山脉、五岭山脉和武夷山脉三山之间的闽粤湘赣四省边界，包括于都、石城、会昌、长汀、武平、宁化、清流、归化、建宁、泰宁、寻邬、安远、信丰、南康、赣州、大余、上犹、崇义、遂川、万安等 20 余县，消灭反动武装盘踞的白色据点，巩固和扩大苏区和红军，并准备下次反“围剿”的战场，其中闽赣边界的建宁、泰宁、黎川等县，是第二次反“围剿”后开辟的新苏区，第三次反“围剿”红军回师赣南后，相继被国民党军占领。毛泽东的这一计划，先做了于都、石城、会昌、长汀 4 县及其周边各县的工作，巩固了以瑞金为中心的闽赣边界苏区。11 月，中华苏维埃第一次全国代表大会在瑞金召开，成立了中华苏维埃共和国及其中央临时政府。12 月，国民党“围剿军”第二十六路军 17000 多官兵在宁都起义参加红军，部队改编成立红军第五军团，红一方面军由两个军团 3 万多人扩大到三个军团 5 万余人。

宁都起义后，毛泽东得悉蒋介石已在南京下野，认为蒋介石即使能很快东山再起，也要用相当一段时间收拾残局，不可能马上组织大规模的“围剿”，苏区红军应在消灭苏区内部白色据点后，主动向赣东北出击，尽快打通与方志敏领导的赣东北苏区联系，向外扩大苏区。但这时的共产国际和在上海的中共临时中央，对红军的力量和革命形势做了不切实际的夸大估计，急于夺取中心城市，急于把中华苏维埃共和国中央临时政府从“瑞金一隅”搬迁到赣州等中心城市，并指令红军应“改向西进，首取赣州”。周恩来到中央苏区后，就攻打赣州一事征求毛泽东意见。毛泽东因赣州城防坚固，反对攻打赣州，这一意见没有得到苏区中央局大多数同志的认同。1932 年 2、3 月间，红军攻打赣州不克，反遭重大损失。

赣州撤围后，为总结攻打赣州的经验教训，确定红军下步行动方针，苏区中央局在赣县江口召开中央局扩大会议。毛泽东严厉批评了盲目攻打赣州的军事错误，并再次提出向赣东北方向发展，但大多数同志不承认错误，仍坚持主张红军应夹赣江而下，包围并夺取赣州、吉安等城市，争取江西的首先胜利。会议决定红一、红五军团编为中路军，在赣江以东向北推进，伺机攻占吉安、抚州；红三军团与湘赣军区所属地方武装编为西路军，先在湘赣边界的上犹、崇义、遂川、泰和等县活动，然后向北推进，与中路军夹江而下，夺取吉安、南昌。中、西路红军分开行动后，随中路军活动的毛泽东，为避免红军再受损失，提议中路军应东进打击福建之敌，继续巩固发展赣南闽西苏区。3 月底，苏区中央局研究决定，中路军改称东路军，先入闽活动一个时期，巩固发展闽西苏区，并筹集红军所需资金，待完成任务后，仍继续执行“夹江而下”夺取吉安、抚州、南昌任务。4 月，东路军先后攻克福建的龙岩城和漳州城，巩固扩大了闽西苏区，建立了闽南龙溪苏区，筹得了军中所需经费和物资。5 月，蒋介石在部署对鄂豫皖、湘鄂西苏区第四次“围剿”的同时，趁红军东、西路军分离作战，调集湘粤赣 40 个团的兵力围攻在赣江以西活动的红军西路军，其中粤军的 19 个团大举向赣南苏区进犯，对赣南苏区和红军西路军构成极大威胁。5 月底 6 月初，中革军委和中共临时中央，命令东路军回师赣南，先与西路军解决入赣粤敌，而后沿江北上，占领赣州、吉安、樟树，争取南昌。6 月中旬，东路军回到赣南，中共临时中央和苏区中央局决定取消红军东路军、西路军名称，恢复红一方面军番号。7 月上旬，红一方面军在南雄水口战役中击溃粤敌 15 个团，给敌以沉重打击，稳定了中央苏区南翼。南雄水口战役后，在后方代理苏区中央局书记的任弼时以苏区中央局名义提议红军应迅速在赣州上游西渡章水，沿赣江西岸北进打击蒋介石的主力部队。毛泽东等方面军前方领导人认为，“赣州上游敌军密接，在任何一点渡河出击赣敌，都有被敌人截断的危险”，在征得苏区中央局同意后，部队改由赣江东侧北上，准备在赣江下游“先取万安，求得渡河”，再“取吉安等城市”。8 月初，部队到达兴国，毛泽东在苏区中央局会议上反对西渡赣江攻打吉安，认为红军到外线作战，要在有胜利把握的情况下才能进行，因为赣江以西赣州至吉安驻有敌军七八个师，且互相之间相距不远，联系紧密，红军难有取胜把握，并建议红军攻打敌军较弱的乐安、宜黄，再打赣江以西或南丰、南城等地前来增援的敌军，进而威逼和夺取吉安或抚州。毛泽东的意见得到周恩来和苏区中央局前方领导人的赞同。8月中下旬，红军发起乐安、宜黄战役，先后攻克乐安、宜黄、南丰县城。之后，毛泽东计划攻打南城县城，因敌军已增强兵力和防守，没有取胜把握，遂将部队撤至南城、南丰、宜黄之间发动群众并筹款，准备歼灭西来增援之敌。这时，鄂豫皖和湘鄂西苏区的反“围剿”连连失利，中共临时中央和苏区中央局后方同志，一再致电前方，催促红一方面军向北出击，威胁南昌，以减轻敌人对鄂豫皖和湘鄂西苏区的压力。前方领导人则因敌据守不出，捕捉不到战机，将部队进一步后撤至宁都县休整，随后将部队分散在南丰河两岸开展赤化工作。前方的这一军事部署，不符合临时中央的冒险进攻路线，引起了苏区中央局后方同志的极大不满，并断言这“可以演成严重错误”。

10月上旬，苏区中央局为贯彻执行中央“进攻路线”，解决前后方的意见分歧，在宁都召开中央局全体会议（史称“宁都会议”）。会议贯彻“左”倾冒险主义进攻路线，要求红军在敌人新的“围剿”开始前，就以自己的积极进攻去粉碎敌人的进攻，夺取中心城市，实现江西首先胜利，并集中对毛泽东自赣州战役以来反对不顾红军实力冒险攻打敌军防守坚固城市和毛泽东实行的战略战术进行了错误的批评。后方同志坚持把毛泽东调离前方，周恩来以毛泽东“积多年的经验偏于作战，他的兴趣亦在主持战争”为由，提出折中办法，力图把毛泽东挽留在前方，但因毛泽东不肯妥协迁就，会议批准毛泽东回后方主持临时中央政府工作，并请病假休养，由周恩来代理红一方面军总政治委员一职。

二、建黎泰战役与第四次反“围剿”的胜利

宁都会议期间，蒋介石已开始把“围剿”的重点转向中央苏区，开始从鄂豫皖抽调部队到江西，准备对中央苏区发动第四次“围剿”。这时，其在苏区周围集中的兵力已有近20个师40余万人，具

体分布情况如下：闽北方面，第五十六师在建瓯、顺昌、建阳等地；新编第二师主力在沙县，一部在永安、尤溪；新编第四旅主力在泰宁，一部在邵武，一部在建宁。赣东方面，赵观涛第八路第五、六、五十三、七十九师分布在上饶、弋阳、余江、铅山等地。赣中方面，朱绍良第六路第八、二十三师及二十四师主力在南丰、南城，二十四师一部在黎川；孙连仲第九路第二十五师、第二十七师残部和骑兵第四师在宜黄、崇仁、抚州地区；陈诚第二路第十一、十四、三十四、五十二、五十九师在吉安、吉水、永丰等地，第九十师在乐安。赣南和闽西北地区，仍由粤军余汉谋第二路、李扬敬第三路和蔡廷锴第十九路军驻守。其中，在建宁、黎川、泰宁的兵力较为空虚，仅有新编第四旅和第二十四师一部。

1932 年 10 月 12 日，为准备第四次反“围剿”，红一方面军总司令部在广昌召开军事会议，由代总政委周恩来、总司令朱德主持制定红一方面军战役计划，决定乘敌部署未完成、对红军暂取守势之际，集中兵力向敌人兵力较弱的建宁、黎川、泰宁地区发起攻击。

10 月 14 日，红一方面军总司令部以总司令朱德、总政委毛泽东、代总政委周恩来的名义下达《建黎泰战役计划》。计划指出：“本方面军为要策应各苏区红军互相呼应作战，乘敌人上述部署未完成的时候，击破敌人一方和联系东北红军起见，拟出敌不意迅速而同时地消灭建宁、泰宁、黎川的敌人而占领其地域。占领泰宁的兵团，并于占领泰宁时即刻发出一个相当的兵团直趋邵武，沟通崇安红军。该兵团任务完毕，即归还建制，其余各兵团在达成以上这些任务后，应赤化所在地域及征集红军所需的资材，以利于此后的战役，但须集结主力，常作战斗准备和集中姿势。”同日，周恩来、朱德、王稼祥致电中共苏区中央局：我主力红军遵照中央电示及中央局决定的方针，决以广昌之东北为出击点，首先打击周志群部，进占黎川、建宁、泰宁三城，赤化宁化、建宁、广昌之间的一片地区，打通与赣东北的交通，附带解决给养棉衣问题，并集结兵力，准备战争。

建黎泰战役计划的作战方向，与赣州战役前后毛泽东所提出的出击赣东北的设想极为接近，又因毛泽东已不在前方回到后方主持临时中央政府工作，周恩来在向苏区中央局报送计划时，一并报送中央临时政府，并特别注明："如有便，请送给毛主席一阅。"

建黎泰战役计划的具体部署为：(1)第二十二军为右纵队，从广昌城南的巴口桥出发，取道尖峰、客坊、均口、梅口铺向泰宁前进，消灭梅口铺、泰宁敌人，并出一部兵力直趋邵武，取得与崇安红军的联系。(2)第一军团为中央纵队，从广昌西的头陂分两路出发，一路经广昌、水南、里心向建宁前进，一路经白水、尖峰、客坊、黄泥铺、双溪口向建宁前进，消灭建宁、里心敌人，并派一部兵力到康都向南丰警戒掩护。(3)第三军团为左纵队，从广昌县城附近出发，取道千善、康都、西城桥、横村向黎川前进，消灭黎川敌人。(4)第五军团为战役预备队，从广昌北面的甘竹出发，取道千善、傅坊、蛟洋(即建宁溪口杨林巧洋，编者注)、建宁、楮树下，援助一军团和第二十二军消灭建宁、泰宁敌人，并于19日到达梅口铺以西地区，策应二十二军行动。(5)总司令部从广昌城出发，随第一军团取道水南、里心道路前进，占领建宁后，拟移建宁北之安仁(即建宁安寅，编者注)。

计划要求，各部在战役达到主要任务后，应以一部实行赤化所在地域和征集红军所需之资材的工作，而主力应集结备战：一军团向康都、傅坊、桂阳、客坊、安远市地域派工作部队，而以其主力集结于建宁附近；三军团向黎川及黎川东北和西北地域派工作部队，而以其主力集结于横村附近；五军团向官仓(疑为建宁均口官常，编者注)、均口、楮树下地域派工作部队，其主力集结于梅口铺附近；二十二军向泰宁东北和东南地域派工作部队，其主力集结于泰宁附近。

16日，红一方面军从广昌出发，发起建黎泰战役。17日，林彪和聂荣臻分别率领中央纵队红一军团之第四、第三军分途进入建宁西北部。当晚，红四军在客坊宿营，红三军在桂阳宿营，军团直属队在里心宿营，方面军总部在桂阳后15里宿营。

18日下午，红一军团击溃建宁守敌周志群新编第四旅之胡廷扬第二团，歼敌500余人，缴获枪支500余支，占领建宁城。余敌逃向泰宁，红二十二军在泰宁梅口截住其一部，击毙建宁县国民政府县长，俘敌眷属多人。同日，红三军团占领了黎川县城。

18日晚，朱德、周恩来、王稼祥等率红一方面军总司令部、总政治部、中革军委进驻建宁城北溪口天主堂。之后，他们在建宁发出了一系列重要文件和命令，指挥红军继续完成建黎泰战役，又于11月16日发起金溪资溪战役，并在占领地域开展赤化、筹款和第四次反"围剿"的准备工作。

10月19日，红二十二军占领泰宁城，22日占领邵武，23日与闽北红军在邵武会师，24日再占光泽。11月3日，红一、三军团重占黎川城，结束建黎泰战役。

11月16日，红一方面军总部在建宁指挥红军从黎川、邵武地区北上发起金溪资溪战役，17日占领资溪，19日占领金溪城，截断了敌军贵溪至南城的交通线。之后，敌为夺回金溪，以驻南丰、南城、临川的第二十三、二十四、二十七师，又从长江流域陈诚部抽调第五、十四、九十师，多次向金溪发起进攻，一度占领金溪。1933年1月4日至8日，红军集中优势兵力在黄狮渡和浒湾将进攻之敌打退，重占金溪城，迫敌退回抚州和南城，结束金溪资溪战役。这时，中共临时中央于1933年1月7日从上海迁抵瑞金与苏区中央局合并，以博古为总负责人，对外仍称苏区中央局，后改称中共中央局。

红一方面军建黎泰战役和金资战役，前后历时3个月，在闽赣边界先后占领建宁、黎川、泰宁、邵武、光泽、金溪、资溪等县城及其邻近地域，恢复发展了大片新苏区，并在这一地区筹集了给养和经费，打通了中央苏区与闽北苏区、赣东北苏区的联系，为红军第四次反"围剿"创造了有利条件，为苏区闽赣省的建立奠定了基础。

建黎泰战役和金资战役期间，蒋介石陆续调集约30个师计50万人兵力，准备发动对中央苏区的第四次"围剿"。1933年1月初，日军侵占山海关，伺机进占热河与长城一线。日军侵占山海关后，蒋介石继续执行"攘外必先安内"方针，仍以"剿共"为先为重，压制参加"围剿"部队的抗日请缨，欲先剿灭红军，再集中力量抗日。

1933年1月底，蒋介石亲自到南昌指挥"围剿"，计划分左、中、右三路"围剿"中央苏区和红一方面军：以陈诚指挥的蒋介石嫡系12个师约16万人为中路，担任主攻任务，采取分进合击的方针，企图在黎川地区与红军决战。1月底2月初，以博古为总负责人的苏区中央局，强令红一方面军攻打敌重兵据守的坚城南丰城。2月9日，红军向南丰移动，准备围攻南丰城。敌陈诚闻讯后，一面令南丰驻军固守，一面令第二十四、十一、五十二、五十九师增援，企图将红军合围歼灭在南丰城下。12、13日，红军连续攻打南丰不克，反有被敌援军包围城下、内外夹击的危险。周恩来、朱德毅然令红军主力撤围南丰，秘密西移隐蔽待机。2月27日至3月1日，红军在宜黄南部的黄陂地区设伏，歼灭由乐安向广昌、宁都进攻之敌第五十二、五十九师两师大部，俘敌师长李明、陈时骥及其以下官兵1万多人。3月21日，红军又在黄陂南部的草台冈地区设伏截击由黄陂向广昌进攻之敌后部，歼灭敌王牌师第十一师大部和第五十九师残部，俘敌6000余人。草台冈战斗后，敌“进剿军”主力中路军即退向抚州等地，红军取得第四次反“围剿”胜利。

三、建宁苏区的恢复巩固

建黎泰战役、金资战役和第四次反“围剿”期间，在中央苏区的东北部恢复和建立了建黎泰、金资光邵等苏区。建宁县是这一区域的核心县之一。

1931年夏第二次反“围剿”胜利后，建宁就建立了县、中心区和乡三级革命政权，由中共红一方面军总前委直属委员会领导。同年7月，红军为粉碎国民党军的第三次“围剿”离开建宁回师赣南后，建宁被国民党新编第四旅占领。

1932年10月红一方面军建黎泰战役恢复建黎泰地区后，建宁的红色政权遍及全县，东有泰宁等苏区拱卫，西北背靠中央苏区腹地，是建黎泰地区的巩固苏区和建黎泰苏区的核心县份，局势相对稳定，进入鼎盛时期，各项工作发展迅速。1932年10月下旬，在红五军团第十五军的帮助下，建宁建立中共建宁县委和县苏维埃政府，划归苏区江西省管辖，全县划设城市、铺前、枧头（后改称巧洋）、里心、黄泥铺（后改称升东）、客坊、安寅、陈岭（后改称溪口，即楚上溪口）、均口、澜溪10个区72个乡（1934年增设黄岭、桂阳2个区），县委书记由中共南(丰)广(昌)中心县委书记余泽鸿兼任,在余泽鸿到任前,县委工作由十五军军委宣传部代行。12月,红一方面军在建宁组建了建黎泰警备区司令部,司令部驻建宁县城。1933年1月,余泽鸿带领一批地方干部到建宁任职,中共建宁县委升格为中共建宁中心县委(亦称建黎泰中心县委),余泽鸿任中心县委书记,中心县委驻建宁县城后衙,领导黎川县委、泰宁县委和建宁各区委。同月,从广昌军分区分设组建成立中国工农红军建黎泰军分区,建黎泰军分区驻建宁县城,军分区在建宁先后组建了建黎泰独立师、建宁模范少先师和建宁独立团、建泰独立团等地方武装部队。2、3月第四次反"围剿"期间,建宁动员组织了4000余人的担架队、运输队到前方支援红军作战,并将所属的溪口区(即楚上溪口区,现溪源乡地域,编者注)划归泰宁管辖,为泰宁县城失守后退守泰宁大田区的中共泰宁县委、县苏维埃坚持斗争提供条件,发挥了建宁在第四次反"围剿"中的重要战略支点和后方基地作用。

1933年,全县在春季完成土地分配后,农民生产积极性高涨,立即掀起春耕热潮,党和政府采取各种措施帮助解决生产生活中的各种问题,引导农民发展粮食和农副产品生产,粮食收获增长二成,农副产品大量增加,手工业和小工业、集市贸易和对白区贸易也有一定发展,对保障军需民用发挥了重要作用。同年,全县各级党团组织、苏维埃政府、地方武装和广大群众,积极响应中共中央局关于在全国各苏区"创造一百万铁的红军"的号召,在春季扩红冲锋季、红五月扩红、创立少共国际师、创立红七军团等扩红运动中,大力组织和动员青壮年参加地方武装和红军,并号召地方武装和团支部整营整连或整个团支部加入红军,为主力红军输送了大量兵员,全县累计参加红军7000余人,其中红一军团1000余人,红三军团700余人,红五军团1000余人,少共国际师1000余人,红七军团1500余人,红九军团1800余人。

1933年1月,随着建黎泰、金资光邵等苏区的恢复发展,中共中央局决定划建宁、黎川、泰宁、邵武(西南部)、光泽、南城、南丰、金溪、资溪、贵溪(南部)、抚州为闽赣边省(后改称闽赣省),成立省委。

随后从中央局和闽浙赣省抽调干部组建省领导班子，开展筹建工作。4 月下旬初，正式成立闽赣省委。4 月 26 日，中华苏维埃共和国中央人民委员会第四十次常会，讨论了建立闽赣省有关事项，决定"将建黎泰、金资光邵、闽北苏区，以至信抚两河间一带地区划为闽赣省，立即成立闽赣省革命委员会"，并决定邵式平、顾作霖等 25 人为省革命委员会委员，邵式平为主席。5 月上旬，闽赣省工农兵临时代表大会在黎川县湖坊圩召开，正式选举成立了以邵式平为主席的闽赣省革命委员会。省革命委员会驻湖坊，7 月迁驻黎川县城。

第六节　第五次反"围剿"与闽赣省机关迁驻建宁及建宁系列保卫战

一、第五次反"围剿"

第四次"围剿"失败后，蒋介石不得不将"围剿"部队撤到中央苏区以北转入防御状态，同时加紧准备第五次"围剿"。在此之前，日军于 1933 年 3 月初侵占热河，随即向长城一线发动进攻，威胁华北和北平、天津，中国长城一线驻军奋起抵抗。之后，蒋介石虽一度北上组织长城抗战，但仍执行"攘外必先安内"方针，只想将日军阻止在长城以外，以战求和，以便集中力量"剿共"，故只投入北方部队，绝不抽调在江西"剿共"的部队北上抗日，致使后来长城抗战失败，被迫于 5 月 31 日与日方签定丧权辱国的《塘沽协定》。1933 年 4 月 5 日，蒋介石不顾正在进行的长城抗战，由华北返抵南昌督促"剿匪"，继续压制在赣部队的抗日请缨，先后训诫官兵："外寇不足为患，内匪实为心腹之患，如不先清内匪，则决不能御外侮。……今兹中正来赣督剿，实示有我无匪之决心"，"抗日必先剿匪……安内始能攘外，在匪未清前绝不能言抗日，违者即予最严厉处罚"，开始了长达半年的第五次"围剿"准备工作：成立国民政府军事委员会委员长南昌行营，由蒋介石坐镇策划"围剿"；确定"三分军事，七分政治"

的“围剿”总方针，在军事“围剿”同时，在政治上实行保甲制度和连坐法，严密控制民众言行，在经济、邮政、交通上对苏区实行严密封锁；确定实行持久战、堡垒主义的新军事战略和“步步为营，堡垒推进”新战术，即战术上取守势，以守为攻，战略上取攻势，以攻为守，不主动寻求红军作战，而以密筑的碉堡和封锁线，节节进逼层层巩固，“对峙则守，得隙则攻”，稳步压缩合围苏区和红军；为贯彻新的“围剿”方针和战略战术，在庐山举办军官训练团，训练排以上军官7600余名，另在星子县举办党政人员训练所，训练各师党部和政训处工作人员；整编和扩充部队，调集部队共调集60多个师50多万军队用于中央苏区“围剿”，将“围剿”军编成北、南、西3路军，以北路军33个师又3个旅及税警总团为主攻。

从红一方面军来说，第四次反“围剿”胜利后，本应进行休整和训练，准备粉碎敌人新的“围剿”。但以博古为总负责人的中共临时中央（即改组后的苏区中央局，后称中共中央局），被第四次反“围剿”的胜利冲昏了头脑，在红军中执行向北发展以夺取中心城市的“左”倾冒险主义路线，要求红军连续作战，向北线防守之敌进攻。1933年3月22日，即第四次反“围剿”草台冈战斗结束的第二天，在战场尚未清理、红军未及休整的情况下，就命令红军攻打敌军重兵防守且易得援军的乐安城。25日至29日，红军强攻乐安不克，而敌5个师的援军将至，红军不得不撤围乐安。乐安撤围后，至6月上旬，红军又先后攻打永丰、宜黄两城，以图打击增援之敌，但因敌固守不出或有防备而未果。这样，红军在北线乐安、永丰、宜黄地域徘徊两个多月，毫无战果。在乐、永、宜作战期间，为贯彻执行“左”倾军事路线，中共临时中央于5月8日以苏维埃中央人民委员会名义委加博古、项英为中革军委委员，并决定把中革军委机关从前方迁回瑞金后方，由项英代理中革军委主席，从而把控了战争最高指挥权，实行上削弱乃至剥夺了在前方的红军首长朱德、周恩来的战争指挥权。“左”倾主义者的军事指挥，是后来第五次反“围剿”失利的最主要原因。红军北线进攻受阻后，中共临时中央未能正确总结其经验教训，反而错误地认为，进攻失利是因为红一方面军主力部队集中在一个作战单元，不能从各方面配合作战造成的，并提出将红一方面军分编为以红一、红五军团组成的中央军和以红三军团为主组成的东方军两个作战兵团的“分离作战”计划，以东方军入闽作战扩大苏区，以中央军在苏区北线抚河、赣江之间牵制敌军、配合东方军作战，待东方军取得战果后，北上抚河地区与中央军会合，会攻抚州、南昌。7月初，分离作战计划开始实施。东方军入闽后，先攻打宁化泉上，解放了清流、归化两座县城及宁化、清流、归化之间的大片地区，继而收复连城县城。8月中旬，东方军自连城北上将乐、顺昌地区，执行入闽第二阶段作战任务，至9月下旬，围攻将乐、顺昌两座县城一个多月，解放了沙县、将乐、顺昌、延平之间的大片地区。东方军入闽期间，打得非常艰苦，而留在抚河、赣江之间的中央军，则因敌固守防线，基本无仗可打。红一方面军的北线出击和分离作战，严重影响了第五次反“围剿”的作战准备工作。自9月12日起，鉴于蒋介石即将发动第五次“围剿”，周恩来屡次电告中央和项英，建议及早结束东方军在福建的作战，迅速北上与中央军会合，准备反“围剿”作战。但项英等坚持要东方军攻克将乐与顺昌城，致使蒋介石发动第五次“围剿”进攻黎川时，红一方面军尚处于分离状态，东方军滞留福建，中央军还在永丰、乐安地区，第五次反“围剿”一开始就陷入不利态势。

1933年9月25日，蒋介石乘红军主力分离作战，发动对中央苏区的第五次“围剿”，先以北路军第八纵队3个师由南城、硝石进攻红军守备薄弱的闽赣省机关驻地黎川县，以切断中央苏区与赣东北苏区以及红一方面军之中央军与东方军的联系。当时，闽赣军区主力在福建配合东方军作战，中央军在江西的永丰、乐安地区作战，守备黎川县城的只有闽赣军区70余人的教导队和一些地方武装。闽赣省委和省革命委员会奉中央命令从黎川城撤至黎川西南与泰宁交界的德胜关。27日，中革军委仓促命令在福建的东方军北上就敌。28日，东方军尚未启程，敌3个师占领黎川城。东方军北上黎川后，10月上旬至11月中旬，中共临时中央“左”倾冒险主义者为收复黎川、拒敌于国门之外，命令东方军进攻敌重兵防守且筑有坚固碉堡的硝石、资溪桥、浒湾等地，不仅未能收复黎川、拒敌国门之外，反使红军遭受损失，黎川大部被敌占领，中央苏区与赣东北苏区的联系被阻断，反"围剿"陷入被动局面。此间，共产国际远东局和彭德怀、毛泽东等，建议红军脱离敌堡垒地带，向东北方向突击，依托赣东北苏区，进而威胁苏、浙、皖等敌之心脏地区，调动敌军北进，在无堡垒地带与敌作战。这些正确的建议被博古、项英等说成是脱离中央苏区根据地的冒险主义而拒绝。

1933年11月20日，国民党驻福建的第十九路军，因不满蒋介石对外卖国投降和对内排除异己的政策，在与中共中央和苏维埃中央政府谈判的基础上，在福州发动"福建事变"，宣布同蒋介石决裂，成立"中华共和国人民革命政府"(史称"福建人民政府")，与红军签订停战协定，实行联共抗日反蒋政策。福建事变发生后，蒋介石对红军暂取守势，抽调北路军9个师和沪杭地区的2个师组成"讨逆军"，分路从光泽、邵武等地进入福建镇压十九路军。福建事变是红军打破第五次"围剿"的绝佳机会，红军如能截击入闽"讨逆军"，并以主力突入敌苏浙皖赣无堡垒地区作战，既能支援十九路军，又有可能调动蒋介石的"围剿军"和"讨逆军"回援苏浙皖赣地区，进而打破敌之"围剿"。但中共临时中央"左"倾领导人却在蒋介石"讨逆军"入闽镇压十九路军时，却把红军主力西调永丰地区，致使"讨逆军"顺利入闽镇压十九路军。1934年1月底，蒋介石镇压十九路军后，将入闽"讨逆军"组成东路军，重组北路军，立即将军事攻击的重心重新转向中央苏区。此后，"左"倾领导者命红军节节防御抵抗，苏区日益缩小，第五次反"围剿"最终失败，红军不得不实行战略大转移，开始长征。

二、闽赣省机关迁驻建宁与黎南县的设立

闽赣苏区是敌人第五次"围剿"最早进攻的地区，处在第五次反"围剿"的最前线。1933年9月25日，敌北路军第八纵队3个师率先由南城、硝石进犯黎川，开始对中央苏区的第五次"围剿"，闽赣省委和省革命委员会奉命从黎川城撤驻黎川西南的德胜关。11月，

黎川大部地域被敌占领，闽赣省党政军机关再从德胜关经建宁的楚上溪口迁驻建宁县城，中共闽赣省委驻西门天主堂(原何家屋)，闽赣省革命委员会驻华美小学，省军区驻南街巷丁家屋。闽赣省领导机关迁驻建宁后，立即领导全省军民猛烈开展各种形式的反“围剿”斗争。

1933 年 12 月 5 日，闽赣省妇女、女工代表大会在建宁县城召开，号召全省妇女开展第五次反“围剿”的革命斗争。12 月 12 日至 15 日，闽赣省第一次苏维埃代表大会在建宁文庙召开。中央政府代表及周恩来、朱德做政治报告，省革命委员会主席邵式平做《目前形势与闽赣苏维埃的任务》报告。大会正式宣告闽赣省苏维埃政府成立，选举邵式平为省苏维埃政府主席。大会强调指出，闽赣省处在战争的最前线，唯一的中心任务就是战争，一切工作生活都要服从战争。大会动员全省军民全力投入第五次反“围剿”斗争，坚决执行七项任务：猛烈发展游击战争，配合主力红军打击和消灭敌人，挺进白区，创造新的游击区域；坚壁清野，封锁围困消灭进攻的敌人；猛烈扩大红军，加紧扩大红七军团；彻底解决土地问题，切实执行劳动法，进一步改善工农生活；加紧经济动员，执行正确的经济政策，粉碎敌人的经济封锁，充裕苏区经济和战争给养；肃清苏区刀团匪及一切反动政治派别，巩固战争阵地和后方；加强新区、边区的领导，积极向苏区外发展，尤其要加紧闽中及泰宁的赤化，迅速取得闽中闽北巩固联系成一片。

1934 年 1 月，黎川苏区大部被敌占领，仅剩南部部分区域，黎川县委、县苏维埃及县游击队撤至黎川西南及建宁东北的溪口(溪源)区坚持斗争，闽赣省委决定撤销黎川县建制，划黎川南部地区和建宁东北部的溪口(溪源)、陈岭、武调及泰宁县的大田、新桥等区乡，设置为黎南县。县委书记方志纯，县苏主席朱兆祥，县机关初驻溪口区都团乡，不久迁驻溪口区溪口乡(今溪源乡溪源村)。

三、第五次反“围剿”建宁保卫战

1934 年 1 月下旬，蒋介石镇压十九路军后，立即将军事攻击的重心转向中央苏区，以北路军的第七十九、十一、十四、六十七、九十四、五、六、十三、九十六、九十八等10个师，从黎川逼近建宁、泰宁，并以入闽“讨逆军”组成东路军汤恩伯第十纵队集结顺昌向沙县、将乐、泰宁、建宁推进。

1934年1月下旬至5月中旬，为保卫闽赣苏区和建宁苏区，红军在建宁组织了邱家隘、将军殿、雪山岽、武镇岭、驻马寨、建宁城等系列保卫战斗。

（一）邱家隘阻击战

邱家隘阻击战，是1934年1月底2月初，红军在建宁与黎川交界的邱家隘、寨头隘（又名里岭隘）、竹箕隘、黄家隘（又名岭头隘）一带系列战斗的统称。

1934年1月24日，敌北路军第十一、十四、六十七、九十四等4个师向樟村、横村进攻前进。红十五师（少共国际师）奉命从黎川西城桥赴樟村阻击。25日，红十五师与敌发生激战，樟、横两地被敌占领。红十五师退守寨头隘、邱家隘一线，与红五军团第十三师（师长陈伯钧、政委宋任穷）共同守备邱家隘防线。敌军占领樟村后，即令第十一、六十七师进攻邱家隘，第七十九师从樟村以东地区进攻寨头隘，第十四、九十四师向溪口圩、西城桥游击为后援。

26日6时，敌第七十九师由樟村经社苹冈、平阳、杨家祠、孔家向寨头隘进攻，另以一部为策应。红十五师一部居高临下，凭险据守，打退了敌人的10余次冲锋。后敌派出一股侦察队绕到红军阵地后面袭击，与正面之敌前后夹击红军，经3小时激战，红军退守毛坊、黄坊一线，寨头隘被敌七十九师占领。

同日正午，敌以第十一师、六十七师各一部从北面进攻邱家隘阵地，以十一师六十六团攻击邱家隘东侧的竹箕隘。午后4时，邱家隘西侧阵地被敌夺取，红军被迫撤离战斗，退守毛坊、黄坊一线，邱家隘失守。寨头隘、邱家隘失守后，处在寨头隘、邱家隘之间的竹箕隘的红军难以独守，亦于午后5时撤出战斗，退守勾桥（芦岭芦家排）。

敌人占领邱家隘后，又向黄家隘进攻，并派三九七团从黄家隘背后包抄红军阵地。红军仅有一个营的兵力，被敌军重重包围，营长曹耀珠带领战士突出重围，踏雪绕道转移，黄家隘被敌占领。

邱家隘、黄家隘、竹箕隘、黄家隘被敌军占领后，红一、五、九军团曾组织数次争夺。

1月27日，敌以红军有进攻黎川意图为由，将六十七师撤回樟村，仅派十一师之六十一团防守邱家隘北面高地，另派七十九师向平寮、毛坊、黄坊推进构筑工事。红五军团探得这一消息后，立即向邱家隘组织反攻。敌踞险抵抗，其六十六团返回大坪增援。红五军团反攻无效，撤回南端阵地。罗炳辉率红九军团第三师第八团和第十四师四十一团从将乐赶到溪口圩，即赴毛坊、黄坊阻击敌七十九师，午后2时许与敌接战，激战近2小时后，红一军团一部从溪口圩方向进攻寨头隘，发起多次攻击，至天黑，两处阵地均未能攻克，红军退回溪口圩，平寮、毛坊被占领。

29日拂晓，红一、五军团继续向占踞邱家隘之敌发动攻击，同时组织部队向黄家隘守敌进攻。敌军派出飞机轰炸红军阵地，地面部队以营为作战单位，兵分8路向红军阵地围攻，红军被迫撤出战斗，退守三岬嶂防线。

2月1日，红一军团第一师（师长李聚奎、政委蔡书彬）、第二师（师长陈光、政委刘亚楼）和红五、红九军团各一部共同攻打平寮，以密集梯队向敌阵地冲锋，反复争夺，后因敌机猛烈轰炸，红军伤亡惨重，冲锋梯队无法后继，被迫向平寮东南方向撤退，平寮村被敌军炮火彻底摧毁。

同日傍晚，敌第五、九十四、九十八师分别从邱家隘、黄家隘向三岬嶂推进。三岬嶂位于黄家隘南部，地势险要，两山夹一沟，是黄家隘、邱家隘向南通往芦岭芦家排、将军殿和建宁县城的必经之地。红一师第一团（团长杨得志，政委符竹庭）奉命阻击，在雨夜急行军抢先占领三岬嶂，在山上构筑工事，隐蔽待敌。

2日清晨，敌先用七八架飞机配合山炮对三岬嶂红一团阵地轰炸了半小时，随后地面部队蜂拥向红一团阵地冲击。红一团打退了敌三个师的数次进攻，红二营营长陈正湘，身先士卒，几次带领战士跃出战壕与敌拼搏战斗。2月3日傍晚，红一师师长李聚奎率红一师二、三团和红二师四团（团长耿飚、政委杨成武）赶来增援，二、四两团从正面和左侧向敌冲击，三团从右侧攻击，一团从正面向下压，将敌打退，并追击至邱家隘、黄家隘。

山岬嶂战斗后，邱家隘之敌主力西调江西南丰、广昌方向，并构筑黎川至南丰与黎川至泰宁封锁线，红军主力亦先后在南丰与建宁、黎川至泰宁之间作战，邱家隘一线形成敌我对峙状态。敌东路军汤恩伯纵队则由顺昌向沙县、将乐、泰宁、建宁推进，3月19日占领泰宁县城。

（二）将军殿阻击战

1934年4月上旬，敌北路军集结重兵攻打广昌，红一、五军团奉命从建宁参加广昌保卫。4月22日，敌东路军汤恩伯纵队第四、十、八十八、八十九师从泰宁向建宁东侧进犯。28日，敌北路军占领广昌县城，蒋介石特令北路军周浑元率第八纵队第五、十三、九十六、九十八师，从广昌返回建宁北面黎川县的樟村、横村，经邱家隘向建宁前进，与汤恩伯纵队协攻建宁；并命令汤恩伯部在周纵队未至邱家隘前，切勿单独急进。同日，汤恩伯纵队占领建宁、泰宁之间的挽舟岭，与北路军完成了从西、北、东三面对建宁的包围。广昌战斗后，中革军委命令红一、五军团从广昌东援建宁，协同红七、九军团守卫建宁。

5月7日，敌北路军周浑元纵队抵达樟村、横村，准备向建宁的将军殿进攻。5月8日，其前锋部队抵达邱家隘。

5月9日，敌周浑元部第五、九十六、九十八师向将军殿进攻。第五师由邱家隘等地向将军殿以西高地进攻，第九十六、九十八师由黎川大坪向将军殿以东地区推进。

将军殿（今将上）是建宁城北40华里处的一个小集镇，是建宁北出黎川的商旅通道，地势较平坦宽阔，四周群山环绕，北有三岬嶂，西有香炉峰，东面有蜜蜂山、浮沙峰等高山为屏障，是红军保卫建宁的北部第二道防线。红军守备部队有红九军团第三师（师长张经武、政委刘英）、红五军团第十三师、红一军团第十五师（少共国际师）。“左”倾冒险主义领导者采取以“堡垒对堡垒”、“短促突击”的战法，强令红军大筑碉堡，与敌打堡垒战、阵地战。

上午8时许，敌第五师迂回抢入杨家窠、饶家源一带高地，占领杨家窠高地后，派部向西源村推进。守卫在香炉峰山上的红三师，立即迂回运动，阻击敌人前进，途中与敌相遇，激战至中午，形成对峙。午后2时，向将军殿东面进攻的敌九十六师、九十八师分别占取蜜蜂山、浮沙峰。稍后，敌派出十几架飞机猛烈轰炸红军阵地。由于地势平坦开阔，敌机飞得很低，投弹准确，红军阵地硝烟弥漫、烈火焚烧，土石横飞，战士被炸得睁不开眼、张不开口、听不见话。飞机轰炸后，敌军四面出击，红军退守建宁城北部最后一道防线驻马寨阵地。

（三）雪山崇——武镇岭阻击战

在敌北路军周浑元部从北面进攻建宁时，敌汤恩伯纵队驻兵梅口、挽舟岭、茅店一线，准备由东向西进攻建宁县城。红五军团第三十四师（师长彭绍辉、政委程翠林）和红一军团第一师第一团奉命驻守雪山崇，红七军团第十九师和公略步兵学校学生等部守备武镇岭，防御阻击汤恩伯纵队。

雪山崇、武镇岭，是建宁县城东的第一重高山，是同一山系的南、北支，位于建宁县城东侧的圳头、大源、器村、斗埕之间，是泰宁经搀舟岭向西通向建宁县城的必经之路。西越江家店、雪山崇，可经铺前、际上、董家、源尾，过圳头、将屯抵达县城；北出武镇岭向西，可沿濉溪河两岸经斗埕、溪口、黄舟坊进入县城。

5月9日，北线周浑元纵队占领将军殿。同日，汤恩伯令第十师（师长李默庵）经茅店、江家店向雪山崇攻击前进，令第八十八师以一部占领河北岸重要地点，掩护第十师通过，主力策应第十师左侧安全，并在禾达坳一带构筑碉堡。

10日下午2时许，敌第十师占领江家店，兵分两路运动至雪山崇发起攻击，被红军击退后退向茅店，在洛阳堡又被另一部红军截击，伤亡1000余人，被俘300余人。

同日下午7时，汤恩伯令第十师固守茅店袁庄一线，并以一部向建宁城方向施行武力侦察；令八十八师、八十九师和四师第十旅集结待命。12日，汤恩伯下达13日进攻命令，以第八十八、八十九师及第四师之第十旅先攻中、右地区的武镇岭，以第十师之一部在左地区的雪山岽南端佯攻，待武镇岭得手后，再集中攻击雪山岽。

5月13日上午6时，敌第八十八师由茅店、袁庄向武镇岭右翼推进，7时，抵达进攻准备位置，用榴弹炮向红军阵地轰击，掩护地面部队进攻。敌第五二八团由武镇岭右翼的廖家坊东北端山麓攀登，8时接触红军阵地，激战20分钟，敌军进抵红军工事前，用手榴弹投掷，红军被迫向后撤至后山高地。

随后，敌五二八团将阵地交五二三团接防，集中山炮及重机关枪火力，继续向红军高地进攻，并派飞机轰炸红军阵地。红军乃隐蔽于丛林之中，用机关枪猛烈阻击敌人，两军相持到11时许，敌军以一部分向左侧包抄，并用山炮、飞机交相轰炸，红军伤亡500多人，被迫撤退，武镇岭右翼各高地全部被敌军占领。

敌在五二八团从进攻武镇岭右翼的同时，五二七团向廖家坊西端的武镇岭中部红军另一高地进攻，战斗30分钟，红军退守到二线高地，敌军乘势追击到红军阵地前。这时，红军增援部队赶到投入战斗，凭险拒敌，并数次冲锋争夺前沿阵地，均被敌阻截。10时许，敌军又调来榴弹炮助阵，战斗愈来愈烈。红军与敌军往返冲锋肉搏五六次，终因敌众我寡，被迫向山谷撤退，武镇岭被敌占领。

14日上午，敌第十师由江家店向北、第八十八师从武镇岭向南对攻雪山岽。上午7时10分，从武镇岭向南进攻的敌第八十八师，派第五二八团正面攻击雪山岽，五二七团在五二八团右侧阻截，并以榴弹炮支援五二八团的攻击。下午4时30分，敌进攻部队逼近红军阵前，榴弹炮小炮一起轰炸红军阵地。激战至下午6时30分，红军支持不住，向县城方向收缩撤退，退至建宁城附近的黄舟坊、塔下山、东山、百仙庄及南白石山一带，雪山岽被敌占领。15日，敌第十师进占圳头的廖家源、邓家源一带的高山。

（四）驻马寨阻击战

驻马寨是位于建宁城北20华里处的山地，主峰海拔559米，周围丘陵绵亘，介于安寅、马源、桐源、半源、枫源等村之间，是红军保卫建宁的东北面最后一道防线。

驻马寨阻击战是将军殿战斗的继续。红军参战部队有红一军团第一师、二师，红五军团和红七军团各一部，红九军团第三师、闽赣军区二十一师，由林彪、聂荣臻统一指挥。敌方参战部队有第五师、九十六师、九十八师，以及第十三师的一个团，由周浑元指挥。

5月9日敌周浑元部占领将军殿后，12日推进至安寅南侧一带高地，15日上午8时分兵三路向驻马寨红军阵地进攻。第九十六师从洋背东侧向徐家西南高地攻击，第九十八师从马源桥东北侧地区向驻马寨及其以东地区进攻，第五师从夏家湾东侧、半茅山西北地区向驻马寨及其以西地区进攻；第十三师和第九十六师各一个团，集结在安寅附近为机动援兵。

敌第九十六师出动后，当即与红军接触发生激战，10时许，敌占领芝麻山及其东侧一带高地。敌第五师第二十七、三十两个团向皮子岭高地的红二十一师仰攻，同时用飞机、山炮轰炸。激战约30分钟后，敌二十七团突破红军皮子岭第一线阵地，并向第二线红二师第五团阵地猛攻。红五团团长刘忠率部凭借森林隐蔽地带的工事奋力在正面阻击，其右侧红二师师部侦察连阵地被敌突破，红五团的阵地被包围。9时许，敌以火炮和4架飞机轮番轰炸红五团阵地。红四团、红六团和师指挥部撤出战斗。这时，红五团被敌军紧紧咬住，团长刘忠命令第一营打击正面敌军，第二、三营和特务连组织敢死队，由三营营长邓玉良率领向敌人猛冲，杀开一条血路，成功突围，并掩护一营撤出阵地，红五团伤亡300余人。

10时许，敌军向驻马寨主阵地发起猛攻，红军利用工事顽强抗击，激战半小时，把敌军压下去。敌又将2个机动团投入战斗，再次向红军阵地发起猛烈进攻。两军激战至午时，驻马寨以西的高地被敌占领。下午3时许，敌指挥官周浑元令所属部队停止攻击，整修战壕，准备明晨再攻。入夜，红军集中喊话和唱《白军士兵歌》《杀敌歌》，向敌军开展政治攻势，以瓦解敌军士气。深夜，红军组织少数部队迷惑敌人，主力撤出阵地向建宁西南转移。5月16日凌晨4

时，驻马寨大雾弥漫，敌第五师趁浓雾潜伏到驻马寨鹿砦附近，向寨内猛烈投掷手榴弹后，攀登强攻，占领驻马寨。

（五）建宁县城保卫战

16 日晨，敌东路军汤恩伯纵队指挥部前移到器村，指挥所部和航空三队从东面进攻建宁城；北路军周浑元部占领驻马寨后，所部第九十六师沿桥连坑、半源之线向建宁城北溪口街攻击。

上午 7 时，敌汤恩伯第八十八师二六四、二六二旅趁浓雾从胡公桥向将屯、河东、黄舟坊进攻县城，另一部在右侧掩护跟进。红九军团和闽赣军区所属武装，在建宁城东的河东、东山、黄舟坊一线与敌激战 1 小时，掩护红军主力和闽赣省机关撤离县城。8 时许，雾散天晴，敌派出飞机轰炸红军阵地和县城，红军组织七八挺轻重机枪在城东的东山拦截射击，红军主力部队开始撤离县城，向建宁西南和宁化方向撤退。8 时 30 分，敌军占领城外东山和水南，因汛期濉溪水深流急，不能徒涉，必须经万安桥才能入城。这时，闽赣省委书记兼省苏主席、省军区司令邵式平，还在城内指挥闽赣省军区部队撤离。军区侦察科长马步英派出一个排，带机枪去东门万安大桥增援阻击敌军。战斗虽打得非常激烈，但敌人摸不清城里有多少红军，也不敢贸然前冲。至上午 9 时 30 分马步英带领 40 多支驳壳枪的警卫部队护卫邵式平撤出建宁城后，敌五二八团才从万安桥冲入城内。10 时，敌北路军第九十六师抵达溪口街附近，红二师一部与其激战 1 小时后撤出战斗，溪口街被敌占领。至此，建宁保卫战以县城失守告终。

第七节　建宁苏区的后期游击斗争

1934 年 5 月中旬建宁县城保卫战期间，闽赣省机关从建宁县城迁驻建宁西南的澜溪区都上乡（今建宁县伊家乡伊家村都上自然村，1933 年 8 月福建省苏在宁化地域增设彭湃县后，包括都上乡在内的建宁县均口区、澜溪区各一部划属彭湃县），中华苏维埃共和国中央政府人民委员会做出决议，将原属福建省苏维埃政府管辖的宁化、清流、归化苏区的宁化、清流、归化、彭湃、泉上5县划归闽赣省。

5月16日建宁县城失守后，建宁苏区尚存里心、黄泥铺、桂阳、客坊、均口、黄岭、澜溪等完整区。建宁县委、县苏维埃政府迁驻黄泥铺区罗源乡(今黄埠乡罗源村)，县独立团和县游击队撤到建宁西北的黄泥铺、罗源、客坊、中畲一带坚持游击斗争；巧洋区委、区苏维埃和区游击队，在区委代理书记刘步云的带领下与康都县游击队合并，受康都游击司令郭清义指挥，在渠村、排前、芦田一带打游击；黎南县四面受敌包围，与闽赣省领导机关及其他苏区失去联系。

5月17日，中革军委发出关于划分军区及目前任务的第十八号命令，将黎南、康都、建宁、泰宁、宁化、彭湃、泉上、清流、归化等县及闽中游击区划为闽赣省军区辖区。军区司令部设彭湃县，指挥两个分区：第一分区管辖泉上、清流、归化及其以东地域；第二分区管辖黎南、康都、建宁及广昌的长桥与赤水(不含以东区域)；建宁、泰宁各一部和彭湃、宁化由省军区直接领导。

不久，闽赣省从建宁划出均口、黄岭、澜溪3个区建立闽赣省直辖均口特区，成立中共均口特区委和均口特区游击司令部，组建均口特区游击队，任命方志纯为中共均口特区委书记兼特区游击司令部政委，杨良生为特区游击司令部司令员，均口特区委与游击司令部归闽赣省直接领导。闽赣军区第二作战分区成立司令部，驻建宁客坊水尾，司令员肖明星。

均口离建宁县城50华里，与彭湃县、归化县相邻，距黄岭、澜溪20华里，距闽赣省机关驻地都上10华里。均口特区成立后，在闽赣省各机关和特区委的领导下，建立健全各乡党团组织，发展了一批新的党员、团员和游击队员，将已经暴露的党员编入游击队，坚持斗争达数月之久，阻滞了敌军从建宁向宁化的进攻，保卫了闽赣省机关的安全。6月10日，特区游击队在黄岭与建宁城之间的长吉、水西等村游击时，遇到县城敌军派出的采买人员及其保护队25人，将其包围全部捕获。7、8月间，全区开展了武装保护秋收的斗争。7月底8月初，闽赣省机关迁往彭湃里坑。8月，彭湃县党政机关从宁化巫坊搬迁到宁化安远司，闽赣省委调均口特区委书记兼特区游击司令部政委方志纯任彭湃县委书记兼彭湃城防司令部政委，撤销均口特区，特区所辖区域划归彭湃县。均口特区撤销后，特区游击队继续坚持在均口、黄岭、澜溪一带与敌周旋，打击刀团匪活动，阻滞敌人向宁化前进，并配合闽赣军区一部将进占黄岭的敌军赶回建宁城，收复黄岭区。

建宁县城失守后，与闽赣省领导机关及其他苏区失去联系的黎南县，将县机关干部与地方武装合并组建黎南游击队，独立坚持在溪口（溪源）、新桥、大田开展游击斗争，在敌人的“清剿”下，黎南游击队活动地域日益缩小，处境日益艰难，退入深山。敌人封山守路，企图把游击队困死饿死在山上，游击队得不到粮食给养，只能在山上啃竹笋、吃野菜充饥。6月底，游击队在溪口的双旻山被敌围攻，游击队大部牺牲，一小部分突围后，7月转到里心与建宁县苏人员会合，编入建宁独立团，黎南苏区被敌占领。

建宁县委、县苏维埃政府带领县独立团及游击队约300余人撤离县城后，转移到客坊、黄埠、里心一带活动，组织群众，配合闽赣第二作战分区作战，建宁县委书记由闽赣军区第二作战分区司令员肖明星兼任。5月25日，建宁地方游击队在里心、桂阳击溃小股进犯之敌。是月下旬，建宁县委、县苏维埃协助闽赣第二作战分区，在客坊区水尾乡（今客坊乡水尾村）设立兵工厂、医院、银行和被服厂。6月，中共建宁县委发出“紧急动员起来，武装上前线！为收复赤色建宁，保卫罗（源）、客（坊）、升（东）、中（畲）苏区而战！”的号召，在西北各乡开展扩红工作，动员群众筹集粮食5000余担支援红军；贯彻闽赣战地委员会《给各级共青团与少先队的指示信》，做好共青团与少先队工作，发展共青团员，把里心团支部建设成为全县模范支部。7月，又响应中央号召，紧急动员苏区群众借谷2000担给红军。8月，在各区、乡广泛宣传《红军北上抗日宣言》，组织赤卫军、少先队在区乡所在地和参战地，举行抗日与反“围剿”宣誓活动。进入秋收后，县委按照闽赣战地委员会关于武装保卫秋收的计划，全力开展武装保卫秋收斗争，抢收粮食，武装抗击刀团匪和敌军的抢割抢粮活动。

10月，中央主力红军开始长征，闽赣边界转入3年游击战，闽赣省军区撤销所属作战分区，把军区直属武装和各县独立团、营整编为闽赣军区第十二、十六、十七、十八团，各县另组建基干游击队。均口特区游击司令部和游击队并入闽赣军区第十二团，团长王子成，政委肖明星；建宁独立团编入闽赣军区第十七团，团长郭清义，政委周乐生；建宁县委、县苏干部及县游击队200余人组编为建宁县基干游击队。

11月，建宁县基干游击队与广昌独立团、广北游击队、宁化边沿游击队，在客坊水尾合编成立闽赣基干游击队，共1000多人，闽赣基干游击队司令黄学清、政委赖某某，下设3个大队，各大队下设3个中队，中队下设3个小队，另设机枪连、通讯班、侦察班，卫生所、修械厂等直属单位。闽赣军区第十二团从都上转到黄埠、客坊配合闽赣基干游击队活动。12月，建宁大部分地区被国民党军第八十八师占领。

1935年2月，闽赣基干游击队在水尾进行整编，统一队员思想，进行党团员登记，建立党团组织，加强党对游击队的领导。整编后，闽赣基干游击队分9个小队，在水尾、中畲、罗源、升东、伊家等地坚持反“清剿”斗争。闽赣军区十二团转到水尾等地，配合闽赣基干游击队活动。

3月，国民党八十八师从建宁方向，五十二师从宁化方向包围水尾，闽赣基干游击队大部与闽赣军区第十二团成功突围，在蕉坑与闽赣省委工作团会合；一部分转移到广昌县苦竹一带打游击；另一小部转移到龙门山一带，其他被打散，水尾被国民党军占领。随十二团突围出来的闽赣基干游击队员与闽赣省委工作团会合后，随工作团转战泰宁、将乐、永泰、尤溪等地。4月，闽赣省委工作团与一起行动的军区其他武装整编为闽赣新编第一团，向闽南方向转移。5月，闽赣新编第一团在仙游、德化交界的紫山，被闽赣省军区司令员宋清泉等诓骗下山投敌而失败。从水尾突围到龙门山一带活动的游击队，6月被国民党军和保卫团包围在白云寺内，游击队员拼死抵抗，被敌放火焚烧寺庙全部牺牲。在水尾被打散县苏维埃主席曾炳贤、黄泥铺区委书记欧阳忠等人，后潜回客坊、罗源、山下一带活动。

7 月，曾炳贤在罗源活动时，遭遇保卫团刘汉基部围捕，被押送到国民党第八十八师师部受审，因身份未暴露，后被遣送回老家广昌县长桥。欧阳忠等 5 人在山下活动时，被土匪西国子包围杀害。至此，建宁苏区和游击区完全沦陷，建宁县委、县苏及各级组织和武装全部解体。

第二章 苏区人物

第一节 毛泽东在建宁

1931年5月16日,毛泽东、朱德指挥红一方面军进行的第二次反“围剿”在江西富田打响,17日取得首战白云山战斗的胜利。之后,红一方面军按预定计划一路向东横扫,5月19日取得白沙战斗胜利,5月22日取得中村战斗胜利,27日攻克广昌县城。28日上午,毛泽东在广昌县城主持召开红一方面军总前委第三次会议,决定继续向东攻打建宁城。会后,毛泽东、朱德指挥红一方面军第三军团和红十二军向建宁进发,到达广昌水南宿营。

5月29日,毛泽东和方面军总部及进攻建宁的部队从广昌的水南翻越武夷山脉先后到达建宁里心,当晚在里心宿营。

5月30日晚,毛泽东在里心主持召开总前委第四次会议,对攻打建宁县城的作战方案做具体部署。31日,红三军团和红十二军攻克建宁县城。至此,红一方面军五战五捷,取得第二次反“围剿”的辉煌胜利。是日晚,毛泽东、朱德和总前委、总司令部进驻建宁城北溪口天主堂。毛泽东在建宁写下了《渔家傲·反第二次大“围剿”》的光辉诗篇:“白云山头云欲立,白云山下呼声急,枯木朽株齐努力。枪林逼,飞将军自重霄入。七百里驱十五日,赣水苍茫闽山碧,横扫千军如卷席。有人泣,为营步步嗟何及!”

5月31日晚,毛泽东在建宁县城西门天主堂红三军团司令部驻地主持召开总前委第五次会议,分析战后局势,部署红军下步行动和地方工作，处理俘虏、缴获物资等善后事宜。会议提出红军迫敌放弃南丰以至宜黄、南城向北发展的第一期工作计划：红三军团第六师于6月3日推进至泰宁工作筹款，其余进黎川；红十二军在建宁桂阳之线筹款工作，并处理在建宁之后方事宜，在红三十五师到达建宁后，由红十二军派部队到建宁接替第六师工作；如敌退出南丰，拟以红一军团布置于黎川、资溪、硝石等处，即黎川到南城河以东地区，红四军在南城到黎川河和南城到南丰河之间，红三军在南城至南丰河以西地区筹款。会上决定红军的工作任务，对地方是：分田，组织赤卫队、游击队，建立政权，建立党；对红军本身是：筹款，加紧政治军事的训练，扩大红军。会议决定把建宁战斗中的俘虏留在红军中补充红军，决定用建宁战斗缴获的2门山炮及此前缴获的3门山炮共5门组建红一军团、红三军团2个山炮连，用建宁战斗缴获的1部电台和投诚的电台人员与原有的电台成立红一方面军无线电总队，下分4个小队，筹办第二期无线电训练班。6月，红一军团山炮连、红三军团山炮连、红一方面军无线电总队在建宁成立，并在建宁溪口百尺台开办军事训练基地训练炮兵，在溪口杨家屋开办第二期无线电训练班。红一、红三军团山炮连和红一方面军无线电总队的建立，标志着红军的装备和技术进入了一个新的阶段。

6月2日，毛泽东、朱德出席在建宁县城南门广场召开的军民祝捷大会，与军民共同庆祝第二次反“围剿”胜利，毛泽东在会上做了讲话。大会宣读了毛泽东起草的第二次反“围剿”胜利捷报，宣布成立了建宁县革命委员会。

6月2日晚，毛泽东在驻地溪口天主堂主持召开总前委第六次会议，进一步研究红军行动计划，决定以建宁为中心在建（宁）黎（川）泰（宁）三县征集资材、筹集给养、扩红、开辟新区；决定红军战略进攻分三期进行，第一期向北，第二期向南，第三期向西，整个三期工作的中心任务是准备第三期（第三次反“围剿”）作战，以赣南为中心。

6月3日，红三军团按照总司令部和总前委的部署，分兵向泰宁、黎川进军。4日攻占泰宁县城，6日占取黎川县城，6月29日攻克将乐县城，在三县分别建立了县革命委员会。

6 月 4 日，毛泽东、朱德从建宁前往江西省南丰县康都镇，在康都召开总前委第七次会议，布置红一、红三军团部队的工作区域。

6 月 10 日，毛泽东在康都主持召开总前委第八次会议，研究当时的政治形势，对前委委员作了分工，对成立后勤工作机构经理处、经费预算、所筹集到的款项运输、东路工作、政治通讯工作等做了决定。关于福建工作问题，会议指出，闽西红军行动方向不应向漳州、东江，要向汀州、连城、归化、宁化、清流等县发展，才能与赣东南联系起来扩大闽西红十二军（指 1930 年 12 月在闽西成立的十二军，不是红一军团第十二军）。

6 月 20 至 22 日，总前委在康都召开红一方面军总前委扩大会议和总前委第九次会议，史称康都会议，主要议题是：总结第二次反“围剿”战斗经验；调整红军各部工作任务，准备第三次反“围剿”。会议认为：蒋介石对北方派系妥协，对广东派系必处守势，准备第三次进攻红军已是事实；红军当下的主要任务是扩大红军和地方武装，加紧筹款。会议决定改变原定的向北发展的计划，改为向南在闽西北开展筹款等工作，并对红军各部的工作区域和工作任务做了新的部署：红四军以全力进取沙县，迅速分散筹款，然后分散到归化、永安两县，筹款 40 万；红三军团先以全部向将乐县逼近，占领将乐、顺昌两县，筹款 60 万；红十二军分散于宁化、清流、汀州，筹款 15 万；在建宁的部队，在做好地方工作和部队工作的同时，要加紧筹款，在已筹到 5 万元的基础上，月底筹足 8 万元。

康都会议后，毛泽东、朱德和红一方面军总部返回建宁驻地，居中指挥第三次反“围剿”的准备工作。

6 月下旬至 7 月初，根据无线电台截获的敌情变化情报，毛泽东在建宁连续给各路红军发出三封指示信，调整工作部署，并在建宁召开重要军事会议和各苏区负责人会议，做出了回师赣南打破第三次“围剿”的决定。

6 月 28 日，毛泽东在建宁写信给闽赣边界工委、红十二军军委，总结了红十二军工作中的经验教训，指示变更康都部署，红十二军应调宁化、石城、长汀，不应去南丰以北。北出南丰事实上既不允许，策略上亦不宜，因一则无巩固政权可能，二则威胁长江太甚。西、南、北三面都不可，便只有东方（闽赣边界）是好区域：第一，蒋系地盘无直接威胁两广之弊；第二，地势偏僻，不受威胁，比去南丰、宜黄的危险性小；第三，有山地纵横而无河川阻隔，最适宜造成新战场；第四，有款可筹，一年之内不愁给养；第五，群众基础好，便于扩大红军。红三军团以建宁、泰宁、将乐为工作区域，以顺昌、邵武、光泽为筹款区域。红四军以归化、清流、连城为工作区域，以沙县、永安、宁洋为筹款区域。红三十五军以瑞金为工作区域筹款自给，红三军以于都、会昌为工作区域筹款自给，赣东独立师的中心工作区在广昌，使之联系建宁至石城。工作区域的中心任务是分配土地、建立政权；筹款区的中心工作是只打土豪做宣传而不分田地建立政权。工作时期暂定二个月，也可延长到三个月。敌军来，集中起来就在附近打；敌军不来，我们就在这里工作下去。

6 月 30 日，电台收到蒋介石驻南昌、何应钦已到抚州督战的消息后，毛泽东判断敌军将很快向红军进攻，立即给红十二军军委、三十五军军委、周以栗同志及闽赣边界工作委员会发出指示信，指出：据目前敌态势变化，形势绝不容我们此时期做准备工作，大概下月内准备作战。因此，筹款与群众工作必须两具顾及，在 7 月份内把宁化、石城、长汀三县工作做得又好又多。信中还对红军各部的工作做了进一步调整。

7 月 1 日，毛泽东又给谭震林及红十二军军委去信，指示红十二军："第三十四师在清流、连城的部队，即行撤回宁化，布置在中沙至长汀界线上及宁化与石城两县交界的线上。第三十五师第一〇四团仍在都上、安远司到中沙一线，但工作要向江西边界推进，便与江西赤区接连；第一〇三团及三十五师师部，十天后应去石城，布置在三个重要地点工作起来，白水如顾不及，应暂时放弃，第二步再去工作。工作区重新划分，你们只管宁化、石城、长汀三县。瑞金为三十五军专管，广昌归赣东独立师专管（赣东特委直接指导）。建宁已经做起工作来的地方，暂时归你们指导，未做起来的地方，应归三军团，将来在大局上建宁应划归三军团。”

7月初，蒋介石亲任剿共总司令，以何应钦为前敌总司令，调集23个师又3个旅约30万兵力和大批飞机，分三路向红一方面军和中央革命根据地发动第三次“围剿”。毛泽东在建宁溪口红军总部会议室主持召开红一方面军师以上干部军事会议和江西、福建、闽赣边界苏区负责人会议，做出主力红军回师赣南打破敌人的第三次“围剿”决定，命令各路红军迅速结束所在地区的工作，准备适时回师赣南。

7月10日前后，在闽西北的各路红军基本筹足了115万元作战经费，各自从所在地区回师赣南。7月10日，毛泽东与朱德率红一方面军总部，从建宁城启程回师赣南，沿河上溯经太平坊、汪家铺到澜溪后，再经沙洲、竹薮，午后抵达建宁、广昌边界的建宁桂阳村宿营，11日夜从桂阳翻越船顶隘进入广昌，12日晨抵达广昌尖峰。

从5月29日进入建宁到达里心，至7月11日离开建宁，毛泽东在建宁的时间跨度为44天。在这期间，毛泽东除处理军务、领导红军和群众开辟革命根据地、帮助地方建立党组织、苏维埃政权和地方武装外，还十分注重调查研究，关心当地群众的生产生活，重视对医院、学校和工商业的保护工作。他每到一处，都深入基层和群众，了解当地群众生产生活和当地乡风民俗等情况，宣传革命道理和党的政策，检查党和红军的政策执行情况，留下了很多至今还在建宁人民中传颂的佳话。

当年，总部驻地天主堂后有一口水井，周围的乡民经常在此洗衣挑水，毛泽东经常与洗衣的村妇和挑水的乡民亲切交谈，红军离开后，当地人民亲切地称此井为“红军井”。总部驻地附近有条花墩桥街，每逢农历二、七日的墟日，毛泽东总要抽时间到街上走走看看，找群众聊天搞调查。一个墟日，他到街上听农民说买不到锄头犁耙等农具，生产受到影响，就亲自到街上的打铁铺了解情况，看到各打铁铺里摆的、挂的、打的尽是锅铲、铁瓢等生活用具。毛泽东问打铁铺老板为什么不打农具。老板反映，农具价格低，打了卖会亏本，提高价格，农会干部会干涉。之后，毛泽东又找来农会干部，农会干部说，提高农具价格，农民会有意见，会影响工农联盟。晚上，毛泽东又把打铁铺老板和农会干部召集到一起，对他们说：眼下农忙，农村要发展生产，农民买不到铁制农具，种不了田；瓢、勺、火钳、锅铲可用竹木做，锄头、犁耙、镰刀，竹木代替不了，要多打农具少打瓢；工人不打农具，农民没法种田，搞好工农联盟从何谈起，搞生产要讲实际。毛泽东还亲自与他们一起逐项计算农具生产成本，商定农具的合理价格，使打铁铺老板高兴地表示回去后一定加班赶制农具，保证不误农时。这就照顾了打铁铺和农民双方的利益，促进了生产的发展。

6月初的一天下午，毛泽东要到建宁西门红三军团司令部驻地开会，提前从驻地出发到西门一带调研了解情况。建宁西门有莲塘百口，所产莲子原为朝廷贡品。当时荷花正艳，毛泽东见乡苏维埃政府主席、分田委员和当地农民正忙着分莲塘，就向干部和群众询问西门种莲历史和分田情况。当看到有的莲塘被黄土埋没，群众告诉他是国民党兵挖壕沟时倒土埋没的。毛泽东听后对警卫战士和农民说，“荷花仙子不可辱，我们把莲塘的黄土清除掉”，说完卷起裤脚，带头下塘清土。农民见红军下塘挖泥，也都赶来参加，后来赶来接毛泽东去开会的朱德总司令和彭德怀见状，也一起参加了劳动，清完塘后才去开会，在苏区建宁留下了“百口莲塘吐清香”的佳话。

6月下旬，毛泽东在康都会议后返回建宁时途经渠村夜宿，在贫农中调查了解到杨林游击队调到渠村后，不善于走群众路线，不调查研究，有人报告“土豪”就打，说是“经商老板”就罚款，没有很好执行党的政策，在群众中造成不良影响。毛泽东当即在渠村中心区苏维埃政府找来游击队负责人，教给他们做调查研究的方法，具体解释党的政策，不能侵犯中农利益，要保护工商业的正常营业，并说红军对建宁城里的绥安中西医院都不没收，要西药一样出钱买。翌日又留下刘参谋整顿游击队，使游击队得到发展。返回总部后，毛泽东又进城到“三民中学”检查红军保护学校的情况，并借阅了《建宁县志》，留下了“借到建宁中学图书室《建宁县志》拾贰册，阅后奉还”的借条。后又写信给建宁县革命委员会，要他们爱护学校，协助学校尽快复课。

毛泽东在建宁时，生活相当俭朴。毛泽东住的房间，仅有一床一毯一衣架一桌一椅一灯，墙上挂着一笠一伞一行军粮袋。毛政委和总司令生活上与士兵一样，从不搞特殊。毛泽东的公务员陈昌奉在《跟随毛泽东到建宁》一文中回忆说："毛委员用白色的搪瓷茶缸，既装饭又喝水，装菜就在食堂找个土碗……毛政委、朱总司令和我们吃一样的饭菜，我记得建宁河里的小鱼很多，我们想办法去把小鱼捉来烤干做菜，毛政委吃了这种小鱼，连连夸很好吃，他连骨头都吃掉。这就是我们给毛委员、朱总司令搞的'特殊'。毛泽东还把卫生队送给他的六个鸡蛋转送给某连负伤指导员杨国兴增加营养，杨国兴也不舍得吃，又转送给房东李大娘，李大娘又把鸡蛋用来孵小鸡，并管这种鸡叫'红军鸡'。鸡生蛋，蛋孵鸡，代代相传，红军鸡已传遍建宁大地。"

第二节　周恩来在建宁

第二次国内革命战争时期，周恩来在中央苏区任红一方面军总政委，两度率红一方面军总政治部驻扎建宁，在建宁从事革命实践活动，领导红军和苏区人民开展反"围剿"斗争和苏区建设。

1932 年 10 月，国民党蒋介石结束对鄂豫皖和湘鄂西苏区的"围剿"后，把"围剿"的重点转向中央苏区，开始部署对中央苏区的第四次"围剿"。

10 月 12 日，周恩来、朱德根据敌情动态，在广昌召开军事会议，制定《红一方面军建宁、黎川、泰宁战役计划》，决定乘敌"围剿"部署尚未完成之际，集中兵力，择敌弱点，发起建黎泰战役，出其不意迅速消灭建宁、泰宁、黎川之守敌，占领赤化这三个县，迅速向北发展，打通闽北、赣东北苏区的联系，筹集给养，集结兵力，寻求战机打破"围剿"。

10 月 16 日，周恩来与朱德指挥红一方面军从广昌兵分五路发起建黎泰战役。18、19 日，红军取得二日连克建宁、黎川、泰宁三城的北线大胜利。

18 日红军攻克建宁当日，朱德、周恩来、王稼祥率红一方面军总司令部、总政治部、中革军委进驻溪口天主教堂，后周恩来、王稼祥率总政治部、中革军委进驻建宁县衙白楼武官衙内。这是周恩来与红一方面军总政治部首次入驻建宁。周恩来与朱德等入驻建宁后，于 11 月 16 日在建宁指挥红军从建黎泰地区发起金溪资溪战役，17 日占领资溪，19 日占领金溪城。后因敌反扑，金溪被敌占领。12 月底，周恩来等率红军总部从建宁移驻黎川，指挥红军于 1933 年 1 月 4 日再克金溪城，取得金资战役胜利。1 月下旬，红军攻占贵溪，与方志敏所率的赣东北红军在清宫会师。建黎泰战役和金资战役的胜利，实现了中央苏区与闽北苏区、赣东北苏区连成一片的战略目标，为打破第四次“围剿”和创建中央苏区闽赣省打下了基础。之后，周恩来与朱德等在江西指挥第四次反“围剿”和宜（黄）乐（安）等战役。

建黎泰战役与金资战役期间，在周恩来等指导下，建宁苏区迅速恢复和巩固。

1932 年 10 月下旬，周恩来在建宁指示红十五军宣传部负责筹建中共建宁县委和苏维埃政权建设，并电示江西省委书记李富春尽快派工作团到建宁加强苏区工作。1932 年底至 1933 年初，江西省委先后派两批干部到达建宁，组建了中共建宁县委、成立县苏维埃政府和 10 个区、72 个乡苏维埃政府。1933 年 1 月组建了中共建宁中心县委，辖黎川、泰宁两个县委和建宁各区委，派余泽鸿任中心县委书记，全面加强建宁苏区党政、群团、地方武装建设。在建宁成立中国工农红军建黎泰独立师，师长周振国、政委余泽鸿；组建了建、黎、泰军分区（建宁军分区），后改为警备区，萧劲光为司令员兼政治委员（后为叶剑英），粟裕任参谋长，李翔梧为政治部主任，司令部驻建宁华美小学。在建宁中心县委的领导下，建宁苏区全面开展土地革命以及苏区的经济建设，进入鼎盛时期。

1933 年 7 月，以红三军团为主组成的东方军入闽作战。周恩来、朱德率红一方面军总政治部、总司令部再度从江西进驻建宁，就近指挥东方军在福建作战。这是周恩来与红一方面军总政治部第二次入驻建宁。9月下旬第五次反“围剿”开始后，周恩来仍驻建宁。11月，周恩来在建宁主持召开部分红军领导干部政治工作会议，会后与叶剑英、彭德怀、杨尚昆、张纯清、刘伯坚、李克农、藤代远、袁国平在建宁合影留念。12月12日闽赣省第一次苏维埃代表大会在建宁文庙召开，周恩来为大会做政治报告。大会宣布成立闽赣省苏维埃政府，选举邵式平为主席。12月底，中共临时中央为贯彻其“左”倾军事路线，剥夺周恩来、朱德的军事指挥权，撤销红一方面军前方总部，将其并入后方的中革军委，调周恩来、朱德回瑞金工作，周恩来离开建宁，1934年1月4日回到瑞金。

在建宁期间，周恩来既指挥红军作战，又深入群众，察访民情，与广大红军战士和苏区群众心连心，在广大军民中留下“周政委请客”“军民骨肉让盐情”“与战士同喝一碗酒”“同吃糙米饭”“一件棉衣”“周恩来的小钢精锅”等生动故事和传说。

第四次反“围剿”前夕，周恩来在建黎泰前线指挥作战，生活十分简朴，衣着行李很少，就连简陋的雨伞和斗笠都没有。每天行军作战，都同战士们一样晴晒雨淋。遇到雨天长途行军，他也只是用一条毛巾毯披在身上当雨衣。淋湿了拧干披上，再湿了再拧干披上。到达宿营地时，全身都湿透了，才脱下来让警卫员拿去烤干。不仅如此，他每天晚上几乎都要工作到深夜，累了就倒在稻草铺上睡几个小时，第二天照样同战士们一起工作和行军。

1932年11月7日，红一方面军总部在建宁召开庆祝苏联十月革命胜利纪念大会，会后按伙食单位会餐。那时经济困难，物资条件差，会餐时，除几样蔬菜外，另加了一面盆的大块红烧猪肉和建宁产的糯米水酒，让大家打打牙祭，改善伙食。当大家喝得非常高兴时，周恩来端着一大碗水酒，来给大家敬酒。他先喝了一口酒说：“每人都得喝一口，一个人也不能漏掉。”总政委给普通战士们敬酒，大家都十分感动，激动得含着热泪喝着政委双手递过的那碗酒，心想：以后一定要听首长的话，积极努力地学习工作，在战场上多杀敌人，用实际行动来感谢首长的关怀。

1933 年 8 月，红三军团（东方军）打到顺昌洋口、沙县一带，取得很大的胜利，缴获的物资、药品源源不断运来建宁总部，又从建宁运往中央驻地瑞金。有一次，部队供给处给周恩来送来一些海产干货：有鱼翅、鱿鱼、蛏干、淡菜等。周政委把这些海货都交给司务长办伙食给战士们改善生活，自己仅留下一个小钢精锅。因为他每天都要工作到深夜，想起要吃晚饭时，警卫员送来的饭早就凉了，就用这钢精锅把饭菜混合煮热吃。机关有了这个小钢精锅，其他值夜班的同志也方便了许多，常常拿来用。

第五次反“围剿”中，由于王明的“左”倾冒险主义的错误路线指挥，中央苏区日渐缩小，物资供应十分困难。每天每人只供给一斤糙米，只够吃两餐蒲包饭（用蒲草编织的小袋子，把糙米装在袋里扎死袋口，放在锅里煮熟）。下锅前每个蒲包上拴个牌子，牌子上写明各人的姓名和装米的重量。大家都是煮八两（每市斤十六两）一袋。而周恩来自己亲手写个牌子是七两米，坚持每天节约二两米，供给前方战士，支持前线。

这些故事和传说，生动体现了周恩来与战士群众同甘共苦、为革命鞠躬尽瘁的精神风范，是加强理想信念教育和党风廉政建设的鲜活教材，激励着一代又一代革命者和建设者成长成才、奋勇前行。

第三节　开国将帅在建宁

1955 年中国人民解放军实行军衔制度后，先后授予为创建中国人民解放军和中华人民共和国做出重大贡献的朱德等 10 人元帅军衔、粟裕等 10 人大将军衔、王平等 57 人上将军衔、丁秋生等 177 人中将军衔、丁盛等 1360 人少将军衔，他们被人们称为中华人民共和国开国将帅。经查阅相关资料，能够确认出自土地革命时期红一方面军并在这一时期到建宁战斗生活过的将帅有朱德等 8 位元帅、粟裕等 5 位大将、王平等 26 人上将、丁秋生等 64 位中将。

一、开国八大元帅在建宁

1.朱德

1931 年 5 月，时任中国工农红军总司令、红一方面军总司令兼第一军团军团长的朱德，与毛泽东指挥红一方面军第二次反“围剿”作战。16 至 27 日，红军自江西富田一路向东横扫，取得了白云山、白沙、中村、广昌四战四捷。5 月 28 日，朱德参加在广昌城召开红一方面军总前委第三次会议，决定以红三军团和红十二军继续向东攻打建宁，红三军团即刻向建宁前进，总部与红十二军在三军团后跟进。29 日，与毛泽东率红一方面军总部翻越广昌与建宁交界的船顶隘抵达建宁里心宿营。30 日，参加在里心召开的总前委第四次会议，研究决定了以红三军团主攻攻打建宁城的具体作战计划。31 日，红军攻克建宁县城，歼灭建宁守敌第五十六师 3 个多团，取得第二次反“围剿”胜利。31 日傍晚，朱德总司令和毛泽东总政委率领红一方面军总司令和总前委进驻溪口天主教堂。同日晚，参加在建宁西门天主教堂红三军团司令部驻地召开的总前委第五次会议，研究了组建红一方面军无线电总队和红一、红三军团山炮连等事项。

6 月 2 日，参加红一方面军总前委直属委员会在建宁南门广场召开的军民庆祝第二次反“围剿”胜利大会，并做讲话，大会宣布成立建宁县革命委员会。同日晚，参加在总部驻地溪口天主堂召开的总前委第六次会议，决定 6 月 3 日由彭德怀率红三军团主力第一、三、四师攻打黎川，红三军团第六师攻打泰宁。6 月 4 日，与毛泽东率红一方面军总部移驻南丰县康都镇。6 月 20—22 日，参加在康都召开的总前委扩大会议，决定红军主力到闽西北的将乐、顺昌、沙县、宁化、清流、归化、永安开展以筹集第三次反“围剿”作战经费为中心的第三次反“围剿”准备工作。会后，与毛泽东率方面军总部返回建宁驻地，居中指挥第三次反“围剿”的准备工作。

7 月初，在驻地参加红一方面军师以上干部军事会议和江西、福建、闽赣边界苏区负责人会议，做出主力红军回师赣南打破敌人第三次“围剿”的决定，准备结束在闽西北的筹款工作，适时回师赣南开展反“围剿”作战。7月10日，与毛泽东率红一方面军总部及总部直属队，从建宁城启程回师赣南，出建宁城沿河上溯经太平坊、汪家铺、澜溪、沙洲、竹薮，午后抵达建宁、广昌边界的建宁桂阳村宿营，11日夜从桂阳翻越船顶隘进入广昌，12日晨抵达广昌尖峰。

1932年10月16日，为准备第四次反“围剿”，打通中央苏区与闽北苏区、赣东北苏区的联系，时任中革军委主席兼红一方面军总司令的朱德，与周恩来指挥红一方面军兵分五路从广昌发起建（宁）黎（川）泰（宁）战役，以红一军团攻打建宁，总部在一军团后跟进。18日，红一军团攻克建宁城，朱德率红一方面军总司令部再次进驻溪口天主教堂。同日，红三军团攻克黎川城，19日红二十二军占领泰宁城。11月16日，在建宁与周恩来指挥红军从黎川地区发起金溪资溪战役，17日占领资溪，19日占领金溪城。后因敌反扑，金溪被敌占领。12月底，与周恩来等率红军总部从建宁移驻黎川，指挥红军于1933年1月4日再克金溪城，取得金资战役胜利。金资战役后，朱德等在江西指挥红军第四次反“围剿”和进攻乐安、永丰、宜黄等战斗。

1933年5月，中共临时中央将中革军委由前方移驻后方瑞金，另在前方组建成立中国工农红军总司令部兼红一方面军总司令部，任命朱德任中国工农红军总司令兼红一方面军总司令，周恩来任中国工农红军总政委兼红一方面军总政委。7月，中共临时中央将红一方面军分组为东方军和中央军，以红三军团为主组成东方军入闽作战扩大苏区，以红一、红五军团组成中央军在江西苏区北线牵制敌军。是月，东方军开赴福建后，朱德与周恩来率中国工农红军兼红一方面军总部再度从江西进驻建宁，就近指挥东方军作战。同年9月第五次反“围剿”开始后，他们又在建宁指挥第五次反“围剿”。12月中旬，朱德与周恩来出席在建宁文庙召开的闽赣省第一次苏维埃代表大会，并分别为大会作军事报告和政治报告。12月底，中共临时中央为贯彻“左”倾军事路线，剥夺朱德、周恩来的军事指挥权，撤销在前方的中国工农红军总司令部兼红一方面军总司令部，将其并入后方的中革军委，朱德、周恩来离开建宁回瑞金工作。

1934年5月，第五次反“围剿”敌军进占建宁县城前夕，朱德总司令到建宁前线视察战事，得知闽赣省保卫局准备在建宁城失守撤离时炸毁万安桥的消息后，及时下令制止炸桥行动计划，并说：“即使炸毁了大桥，也阻止不了敌人的进攻，却给两岸群众带来极大不便。损害群众利益的事，红军不能干。”朱总司令保护万安桥的故事，在建宁苏区群众中广为流传。

2.彭德怀

1931年5月28日，时任红一方面军副总司令兼红三军团军团长的彭德怀，按照红一方面军总前委第三次会议的决定，率红三军团从广昌渡过盱江攻打建宁，毛泽东、朱德率领红一方面军总部随后跟进。29日，红三军团和方面军总部翻越广昌与建宁交界的船顶隘，到达建宁里心镇。30日，军团一部占领建宁城外的枧头，并在枧头设立军团前线指挥所。当晚，彭德怀在里心参加红一方面军总前委第四次会议，参与研究攻打建宁城计划，决定以红三军团为攻城部队，红十二军为预备部队。会后，彭德怀指挥红三军团和红十二军星夜从枧头出发奔袭建宁城，31日凌晨抵达城郊向建宁城发起进攻，战斗到下午6时，攻克建宁城，歼敌3个多团，取得建宁大捷和第二次反“围剿”胜利。31晚，红三军团司令部驻建宁县城西门天主教堂。

5月31日晚和6月2日晚，彭德怀出席红一方面军总前委第五、第六次会议，参与总结第二次反“围剿”经验、研究部署军队和地方工作，制定了第一期向北、第二期向南、第三期向西的三期工作计划，决定出击黎川、泰宁，在闽赣边扩大苏区、扩红筹款，准备第三次反“围剿”。6月3日，按红一方面军总司令部和总前委的部署，红三军团第六师从建宁向泰宁进军，彭德怀率红三军团第一、三、四师向黎川进军，分别于4日、6日攻占泰宁、黎川县城。之后，红三军团所部在泰宁、黎川开展建立地方政权和筹款等工作。6月20至22日，因敌人正在加紧准备第三次“围剿”，总前委在南丰康都召开会议，决定改变向北发展计划，主力开赴闽西北筹集第三次反“围剿”作战经费。会后，红三军团以建宁、泰宁、将乐为工作区域，以顺昌、邵武、光泽为筹款区域，发动组织群众，帮助地方建立政权和党的组织，建立赤卫军和游击队，并筹款60万元。7月初，国民党发动第三次“围剿”，红一方面军总部做出回师赣南打破第三次“围剿”决定。7月12日，红三军团奉命由建宁、泰宁、将乐出发，经宁化回师赣南。

1933年9月第五次反“围剿”黎川失守后，时任红三军团军团长兼东方军司令员的彭德怀奉命率部由将乐等地北上黎川参加第五次反“围剿”作战，以图收复黎川和阻敌前进。但因中央“左”倾领导的错误指挥未达目的，黎川大部被敌占领。12月15日晚，红三军团从黎川团村撤入建宁，彭德怀率军团司令部移驻建宁县城。12月24日，彭德怀、滕代远遵照中革军委指示，在建宁发布命令，令军团所属各部向广昌头陂地区集结，准备开往西线永丰地区。军团于27日达到头陂后不久，因发动“福建事变”的第十九路军抵挡不住蒋介石的进攻，中革军委改令军团转向福建攻打沙县，保卫福建苏区。

1934年1月下旬“福建事变”失败后，敌人从建宁、泰宁以北、以东地区加紧向建宁、泰宁进攻，红三军团奉命撤离沙县回防，在建宁与南丰和建宁与泰宁间进行战斗，军团司令部回驻建宁。4月上旬，敌完成德胜关—泰宁碉堡封锁线及南(丰)白(舍)公路后，集中兵力向中央苏区的北大门广昌推进。4月5日，中革军委急令红一、三军团和红五军团第十三师速从建宁回师江西，保卫广昌。同日21时30分，彭德怀、杨尚昆在建宁下达命令，令红三军团所属部队于6日凌晨从建宁地区驻地出发开赴广昌，参加广昌保卫战，彭德怀和军团司令部亦随军前往广昌，此后未再返回建宁。

3.林彪和聂荣臻

在中央苏区，从1932年3月起，林彪和聂荣臻始终是一对工作搭档，分别任红一军团军团长和军团政治委员。1931年春第一次反“围剿”胜利后，时任红四军军长的林彪，根据红一方面军总部的指示，率部进抵广昌一带扩红筹款、扩大苏区，期间第十师第三十团等进入建宁西北地区，开辟了建宁西北游击区。

1932年10月中旬，红一方面军在广昌制订并实施建(宁)黎(川)泰(宁)战役计划，以红一军团为战役中央纵队，负责消灭建宁县城及里心之敌。10 月 16 日，红一军团军团长林彪和军团政治委员聂荣臻率部从广昌头陂分两路向建宁开进，林彪率红四军经尖峰、客坊、黄泥铺、双溪口向建宁，聂荣臻率红三军和军团部经水南圩、里心向建宁。17 日红一军团进入建宁，红三军宿于桂阳，红四军宿于客坊。18 日，红一军团到达建宁城附近，下午向建宁城发起进攻，击溃守敌周志群部第二团，占领建宁城。同日，战役左纵队红三军团占领黎川城。战役右纵队红二十二军于 19 日占领泰宁城，继而又占领邵武、光泽两城。10 月下旬初，敌重兵向黎川反扑，红三军团主动撤出黎川城，黎川城被敌占领。红一军团遂从建宁出黎川协同红三军团打击进犯黎川之敌。11 月 3 日，红一、红三军团重占黎川城，结束建黎泰战役。

1933 年 9 月第五次反“围剿”开始后，林彪、聂荣臻率红一军团在中央苏区北线作战。

1934 年 1 月下旬，蒋介石调集重兵从黎川向建宁逼近，林彪、聂荣臻奉命率红一军团从北线永丰地区调到建宁参加建宁保卫战。1 月 26 日，国民党北路军突破红十五、十三师防守的保卫建宁的北线第一道防线——邱家隘防线，占领建宁与黎川交界的邱家隘等隘口。27 日，红一军团和红九军团赶到溪口圩（溪源）后，即从溪口圩向邱家隘之敌发起反击，虽给敌以重大打击，但未能夺回诸隘口。2 月 1 日，红一军团在平寮以密集梯队冲向敌阵，遭敌密集火力阻击和飞机轰炸，红军伤亡惨重，被迫撤出战斗，平寮村被敌炮火彻底摧毁。2 月 2 至 3 日，红一军团第一师第一团以一个团的兵力，在山甲嶂阻止了敌三个师的进攻，后与增援部队将敌打退，迫敌退回邱家隘。山岬嶂战斗后，邱家隘之敌主力西调江西南丰、广昌方向，并构筑黎川至南丰与黎川至泰宁封锁线；红军主力亦先后在南丰与建宁、黎川至泰宁之间作战，留一部在邱家隘以南的将军殿一线构筑保卫建宁的第二道防线，邱家隘一线形成敌我对峙状态。2 月 14 日，林彪和聂荣臻向中革军委提出“关于用运动战消灭敌人的建议”，陈述了一军团当时在建宁西北的守备阵地纵横有数十里，防线太宽，兵力薄弱，弹药缺乏，工事不坚固，处处设防，处处薄弱，被敌突破之后，工事往往反被敌利用的窘况，建议今后不要处处修工事，力求在运动战中消灭敌人。建议未被接受。4月5日，红一军团奉中革军委命令，由建宁奔赴广昌参加广昌保卫战。

4月28日广昌失守后，蒋介石令北路军周浑元率第八纵队第五、十三、九十六、九十八师，返回建宁北面黎川县的樟村、横村，经邱家隘向建宁前进，与从东面泰宁进攻建宁的汤恩伯纵队协攻建宁。红一军团奉命东援建宁，由林彪和聂荣臻统一指挥红一军团、红九军团第三师等，在建宁城北的驻马寨一线阻击周浑元纵队。5月9日，周浑元纵队占领将军殿，12日推进至安寅南侧。15日上午8时，周浑元纵队向驻马寨红军阵地进攻。红军的反击从上午8时持续到11时，除驻马寨主阵地外，各阵地被敌占领。是夜，红军留一部迷惑敌人，主力向建宁西南方向转移。16日，驻马寨被敌占领，建宁城亦被敌东路军第十纵队攻破，红一军团撤至建宁城西南20华里的双溪口。之后，林彪、聂荣臻率红一军团转战江西等地，10月参加长征。

4.刘伯承

1932年10月12日，为准备第四次反“围剿”，时任中革军委总参谋长的刘伯承，参加红一方面军总部在广昌召开的重要军事会议，与红一方面军代总政委周恩来、总司令朱德等研究制定红一方面军建（宁）黎（川）泰（宁）战役计划，并具体负责战役的实施。计划决定，趁敌第四次“围剿”部署未完成之际，向敌军薄弱的建宁、黎川、泰宁地区发起进攻，占领和赤化该地区，并征集资财，沟通中央苏区与闽北苏区和赣东北苏区的联系，以求得战机打破敌人的第四次“围剿”。16日，红一方面军从广昌兵分五路向建宁、黎川、泰宁并进。18日，中央纵队红一军团击溃建宁守敌周志群第二团，占领建宁县城，刘伯承与朱德、周恩来、王稼祥等率中革军委、红一方面军总司令部、总参谋部、总政治部进驻建宁。同日左路纵队红三军团，击溃守敌许克祥部，进占黎川县城。次日，右纵队红二十二军击溃泰宁守敌周志群两个团，占取泰宁县城。红一方面军取得两日连克三城的北线大胜利。11月，刘伯承在建宁接替叶剑英兼任红一方面军总参谋长。之后，参与指挥红一方面军金(溪)资(溪)战役。12月底，随红一方面军总部等离开建宁到黎川等地指挥红军作战。后来，刘伯承因职务变动，再未返回建宁。

5.陈毅

土地革命时期，陈毅先后三次到建宁参加会议和检查建宁地方武装工作。

1931年7月初，时任中共赣南特委书记的陈毅，到建宁参加毛泽东主持召开的师以上干部重要军事会议和苏区负责人会议，总结第一、二次反"围剿"的经验，研究部署第三次反"围剿"的战略决策。期间，陈毅住在建宁城北溪口将军庙。

1932年10月，红一方面军建黎泰战役恢复建宁、黎川、泰宁苏区后，建宁归江西省管辖，并在建宁成立建黎泰军分区(亦称建宁军分区)。1933年2月，中共苏区中央局决定划建黎泰等地区成立闽赣省，立即开始闽赣省的筹备工作。4月初，时任江西省军区司令员的陈毅，从江西广昌到建宁视察指导地方武装工作，发现建宁军分区在扩红中，存在将游击队全部调走编入独立师到前线，当地不酌留基干继续建立部队，以致地方空虚屡受大刀会骚扰，而到独立师的，因政治工作不够，发生大批开小差，以及赤少队未建立，妨碍部队集中前线等问题。针对存在的问题，陈毅部署了建宁军分区四项工作任务：一是继续成立游击队，专力消灭大刀会；二是扩大独立师，暂不集中地方武装到前方；三是建立赤少队；四是在最近召开县军事会议，对上述工作进行研究和动员。陈毅还与建宁军分区商定召集边区负责人会议，研究建宁、广昌边区巩固问题，工作限一个月内完成。11日，陈毅回广昌发电文向中央临时政府和红军总司令部汇报了建宁视察情况，并提出：黎川可另成立独立师及建(宁)黎(川)泰(宁)独立师，应努力扩大少先师，在边区剿匪运动中还可扩充部队；建宁军分区可改为闽赣省军区，但应增派工作人员，建宁军分区司令员李德胜可任省军区参谋长，另派总指挥及师团工作人员等建议。13日，陈毅重返建宁督促落实上述工作。后来，建宁军分区并未改为闽赣省军区。5月初，苏区闽赣省成立。5月6日，陈毅电请中革军委将建宁军分区划入闽赣军区。6 月初，闽赣省军区成立，建宁军分区由江西军区划归闽赣省军区。

6.罗荣桓

限于史料，土地革命时期，罗荣桓与建宁的关系，只能确定在 1932 年 10 月红一方面军建(宁)黎(川)泰(宁)战役期间到过建宁。

1930 年 1 月，为打破闽粤赣三省敌军对闽西革命根据地的第二次"三省会剿"，红四军从闽西经清流、归化、宁化等地转战赣南。其中，毛泽东所率的红四军第二纵队到达宁化县水茜后，分两路向赣南转移，一路由毛泽东率领，经宁化的安远、肖坊、营上、吴家进入广昌；另一路从水茜经建宁的半寮、洋坑、龙头、伊家湾、笔架、高岭、山下、白沙塘、中畲、邱坊隘进入广昌。时任第二纵队政委的罗荣桓是否经过建宁，因缺乏史料，无法认定。

1932 年 10 月 16 日，红一方面军为准备第四次反"围剿"，从广昌发起建黎泰战役。时任红一军团政治部主任的罗荣桓，与军团长林彪、军团政治委员聂荣臻，率红一军团从广昌头陂分两路攻打建宁县，17 日进入建宁县，18 日击溃建宁县城守敌周志群新编第四旅第二团，占领建宁城。10 月下旬末，与林彪等率红一军团离开建宁到黎川等地作战，参加金资战役和第四次反"围剿"，后调离红一军团。

7.叶剑英

土地革命时期，叶剑英先后三次到建宁开展工作。

1931 年 5 月第二次反"围剿"期间，时任红一方面军总参谋长的叶剑英参与指挥了反"围剿"战斗。5 月 28 日，叶剑英参加在广昌召开的总前委第三次会议，研究部署攻打建宁。31 日，红军攻克建宁，总部进驻建宁城北溪口天主堂，毛泽东和总前委在楼上，朱德、叶剑英和总司令部、参谋处在楼下。他们在这里指挥红军分散在闽赣边的建宁、黎川、泰宁等地扩大苏区，扩红筹款，做出了回师赣南打破第三次"围剿"的战略决策，初步完成了第三次反"围剿"的准备工作。7 月 10 日前后，叶剑英和毛泽东等率总部和红军从各自所在地出发回师赣南参加第三次反"围剿"。

1932年10月中旬，叶剑英参与研究制定并组织实施建(宁)黎(川)泰(宁)战役计划：以红一军团为中央纵队，消灭建宁里心之敌；红二十二军为右纵队，消灭泰宁、邵武之敌；红三军团为左纵队，消灭黎川之敌，总部随红一军团行动。18日，红一军团击溃建宁县城守敌周志群部第二团，占领建宁城。随后，叶剑英与朱德、周恩来、王稼祥等领导人率红军总部、总参谋部、总政治部进驻建宁。11月，叶剑英由建宁赴瑞金任红军学校校长等职。

1933年夏，叶剑英再度任红一方面军参谋长。7月，与朱德、周恩来等率红一方面军总部从江西移驻建宁指挥以红三军团为主组成的东方军在福建的作战。同年9月第五次反"围剿"开始。11月，闽赣省党、政、军机关迁驻建宁县城，叶剑英任闽赣省军区司令员兼政治委员。12月，中革军委决定成立建宁警备区，叶剑英又兼任建宁警备区司令员。闽赣军区司令部设在建宁城的南街巷丁家屋，建宁警备区司令部设在华美小学楼上。1934年3月，叶剑英调任福建军区司令员。

叶剑英任闽赣省军区司令员期间，第五次反"围剿"的战斗正在闽赣紧张地进行着。他指挥部署闽赣军区红军和地方武装上前线配合主力红军作战，肃清苏区内部及周边的各类反动地主武装和刀团匪，保障各兵站、医院和交通线的安全；动员组织闽赣苏区人民参加红军、筹集军粮、慰劳红军，组织担架队、运输队上前线运送物资和伤兵员，开展各种形式的支前运动，取得很大成绩。1934年1月27日，叶剑英转达了少共中央局给少共国际师第四十五团的嘉奖电，表彰他们在守备建宁中的成绩和顽强英勇的精神。2月，在邱家隘战斗中，发动战场所在地的安寅区将上、安寅乡工农群众，一昼夜加工了2万余斤大米供给红军。3月2日，叶剑英致电朱德、周恩来、王稼祥报告了建宁、彭湃、黎南、东方、泰宁方面打击刀团匪、筹粮、交通、部队部署等情况。其中，北线存米520余石，稻谷1170余担，南线储谷5200余石。随后，叶剑英即从建宁转瑞金赴长汀就任福建军区司令员。

二、到过建宁的开国将军名录

经查阅相关资料，能够确认土地革命时期到建宁战斗生活过的将军有粟裕等5位大将、王平等26人上将、丁秋生等64位中将。

5位大将分别是：粟裕、黄克诚、谭政、萧劲光、罗瑞卿。

26位上将分别是：王平、邓华、朱良才、刘亚楼、苏振华、李涛、李天佑、李志民、李克农、李聚奎、杨勇、杨至诚、杨成武、杨得志、宋任穷、张宗逊、陈士榘、陈伯钧、周桓、赵尔陆、郭天民、唐亮、萧华、黄永胜、彭绍辉、赖传珠。

64位中将分别是：丁秋生、王诤、王宗槐、王秉璋、王道邦、王辉球、王紫峰、韦杰、文年生、方强、方正平、孔石泉、甘渭汉、田维扬、邝任农、毕占云、匡裕民、向仲华、庄田、汤平、刘忠、刘先胜、刘志坚、刘金轩、孙继先、杜平、杨梅生、苏静、李寿轩、李作鹏、李雪三、肖望东、肖新槐、吴法宪、吴信泉、吴富善、何德全、邱创成、张震、张令彬、张国华、张经武、张南生、陈仁麒、陈正湘、欧阳文、欧阳毅、周玉成、赵镕、钟赤兵、饶子健、饶守坤、姚喆、袁子钦、聂鹤亭、郭化若、唐天际、唐延杰、曹里怀、梁兴初、彭明治、谭冠三。

第四节　土地革命时期建宁主要革命英烈

一、余泽鸿（1903年2月—1935年12月）

男，原名余世恩，字因心，笔晓野，化名张顺如，四川省长宁县梅硐乡人。

1922年5月，在四川泸州川南联合县立师范学校加入中国共产主义青年团。1923年3月，进入成都外语专科学校学习，参加成都团地委活动并任候补委员。1924年6月，被选为四川学联代表赴上海参加全国学联第六次代表大会，次月，进入上海大学社会学系学习。1925年春，在上海大学加入中国共产党。1926年至1927年春，参与组织训练上海各大、中学学生军，协助周恩来等领导的上海工人武装起义，曾任上海学生联合会党团书记、学联主席团执委，工商学联合委员会委员，被陈云称为“上海群众运动中有名的领导人”。

1927年蒋介石在上海发动“四一二”反革命政变后，余泽鸿先后在上海、湖北、天津等地从事秘密斗争，并于1928年春与志同道合的上海大学同学吴静焘结婚。1931年6月党中央书记向忠发叛变后，偕爱人吴静焘从上海向中央苏区转移。

1931年秋进入中央苏区，11月任苏区中央局秘书长。1932年先后担任宁都中心县委书记，南（丰）广（昌）中心县书记兼建宁县委书记。1933年1月建（宁）黎（川）泰（宁）苏区成立中共建宁中心县委，任建宁中心县委书记，并兼任建黎泰军分区政委和工农红军建黎泰独立师政委。1933年5月，中央苏区设立闽赣省，兼任闽赣省革命委员会委员。同月中旬，在闽赣省委的反“罗明路线”斗争中，被指责执行“罗明路线”受到错误批判并被撤销建宁中心县委书记等职，调到设在黎川的闽赣省军区工作。11月随闽赣省机关迁建宁工作。1934年5月建宁县城失守后，宁化、清流、归化、彭湃、泉上5县由福建省划归闽赣省管辖，成立彭湃城防司令部，任闽赣省彭湃县城防司令部司令员。8月，调中央红军大学任教员。

1934年10月，编入中央红军第一野战纵队第四梯队干部团，任干部团政治科长兼上级干部队政委，参加长征。1935年2月长征到达云南扎西后，留在川南创建革命根据地，任中共川南特委副书记兼宣传部部长、川南游击纵队政治部主任兼宣传部长。1935年12月15日在四川江安县碗厂坡战斗中牺牲。

二、吴静焘(1904年—1933年4月)

女，原名吴蔷葆，江苏省武进县加泽乡人，出身于知识分子家庭。初中毕业后在南京汇文女中读高中。1925年因反抗封建包办婚姻，毅然离家到上海，考入上海大学社会系读书，受在大学任教的瞿秋白、恽代英等人的影响，开始阅读《共产党宣言》等马列书籍和

《响导》等传播马克思主义的刊物。“五卅”惨案后，积极参加余泽鸿等组织的上海学生运动，是当时学生运动的积极分子。1926 年春加入中国共产党，同年 10 月被选为新成立的上海区劳动妇女委员会委员，负责杨树浦、小沙渡工人区的妇运工作，是中国早期妇女运动领导人之一。

1927 年蒋介石发动“四一二”反革命政变后，上海大学被查封，吴静焘与余泽鸿等转入地下斗争。1928 年春经组织批准与余泽鸿结婚后，在组织的安排下，随余泽鸿先后在武汉、上海、天津等地从事革命工作。1931 年 6 月党中央书记向忠发叛变后，与余泽鸿从上海向中央苏区转移时，把未满周岁的儿子取名虞蜀江送到常州托付给父母。

1931 年秋到达中央苏区，11 月随余泽鸿调中共宁都中心县委工作，余泽鸿任中心县委书记，吴静焘为妇女部长，不久又一起调南(丰)广(昌)中心县委工作。1932 年 10 月，红一方面军于建黎泰战役后恢复建宁、黎川、泰宁苏区。1933 年 1 月，在建宁成立管辖建、黎、泰 3 县的中共建宁中心县委，余泽鸿调任建宁中心县委书记兼建黎泰军分区政委和工农红军建黎泰独立师政委，吴静焘任中心县委常委、宣传部长、妇委书记。到任后，吴静焘经常深入建、黎、泰各地乡村、群众，宣传组织发动群众开展土地革命、扩红支前、拥军优属和妇女解放运动，动员了大批青年参加红军。

1933 年 4 月下旬，吴静焘与中心县委妇女部长刘志敏在江西宁都参加中共江西省委扩大会议后返回建宁县城途中，与进城赶集的群众在距建宁县城 20 公里的双溪口黄泥潭遭到反动大刀会匪徒的伏击。为掩护群众，她们不顾个人安危，毅然向敌人开枪还击。战斗中，吴静焘不幸中弹落马，被匪徒用长矛刺胸数刀牺牲，遗体后被运回县城安葬于建宁初级中学西侧后山上。后其坟墓被土掩埋，1970 年建宁一中学生在开荒时掘得墓碑和遗骨遗物，1981 年 10 月重葬于青云岭。

三、刘志敏(1904年7月—1935年6月)

女,乳名小志,又名英桂,自莹,河南罗山县人,出身于旧知识分子家庭。1922年暑假考入在开封的省立女子中学(北仓女中)。在女中读书期间,积极参加办墙报、出校刊、作演讲、罢课、游行等进步活动。

1926年到汉口宋庆龄创办的国民党妇女党务训练班学习。1927年4月加入中国共产党。同年7月汪精卫在武汉背叛革命后不久,被国民党反动派逮捕入狱。后经党组织营救出狱,被派去苏联学习。11月抵达莫斯科,分配在中山大学学习,并取俄文名字为"佩尔西科娃"。留苏期间,与在东方大学学习兼做翻译的中共党员、河南洛宁人李翔梧结识并结为革命伉俪。

1929年底,与李翔梧一起回国,在上海中共中央机关工作。1931年被派到中央苏区红五军团工作,1932年1月调中共宁都中心县委工作,同年10月中央红军恢复建黎泰苏区、成立中共建宁县委后,调任建宁县委妇女部长。1933年1月中共建宁县委升格为管辖建黎泰3个县的中共建宁中心县委,任中共建宁中心县委妇女部长。

1933年4月下旬,与建宁中心县委常委、宣传部长、妇委书记吴静焘一起到江西省宁都县参加省委扩大会议。会后经建宁黄埠竹薮红军兵站返回县城途中,与同行进城赶集的群众在双溪口黄泥潭遭到劫财的反动大刀会袭击。为保护群众的生命财产,掩护群众撤退,她们不顾个人安危,毅然向敌人开枪还击。战斗中,刘志敏身负重伤,被送进红军医院治疗。伤愈出院后,任建宁中心县委常委、宣传部长、妇委书记、妇女部长。5月底撤销中共建宁中心县委另行成立中共建宁县委后,任建宁县委常委、组织部长,1934年2月调任闽赣省委常委兼妇女部长。

1934年10月中央红军主力长征后,随闽赣省委机关在建宁、宁化等地坚持游击斗争。1935年1月,在建宁县半寮村陈家山,为掩护被服厂人员突围而被俘,被押到宁化县城关押审讯。在敌人威逼利诱和严刑拷打下，大义凛然，宁死不屈。6月被押解到漳州监狱，在漳州城西门外刑场被杀害。

四、李春良（1901—1933年）

男，又名光焰、光延，福建省建宁县客坊高坪人，出身于贫苦农民家庭。

1931年春，红四军第十师进入建宁县西北地区开辟游击区时，积极带头参加打土豪、分浮财、扩红和建立乡、村红色政权工作。同年6月任客坊乡革命委员会主席。7月，红军主力撤离建宁到赣南参加第三次反“围剿”后，为避国民党反动派的捕杀，出走闽北崇安避难。1932年10月，红军第二次解放建宁后，立即返回建宁参加地方红军游击队，在桂阳老虎窟一带打土豪，分田地。后任客坊区苏维埃政府主席、建宁县苏维埃政府主席。1933年下乡工作时，被反动保安团杀害。

五、孔仕安（1907年—1934年12月）

男，又名士安、书安，建宁县杨林巧洋人，出身贫苦农家。少时读过四年私塾，后因生活所迫，学裁缝谋生。

1931年6月红军在建宁县城开设缝制红军服装的服装厂后，报名到服装厂做工，分配在裁剪班，革新裁衣法，将三重布叠好一起剪裁，提高工效3倍，得到驻厂红军领导的表扬。不久，被工友选为厂工会生产委员和裁剪班班长。7月，由红军驻厂领导介绍加入中国共产党。不久，红军主力撤离建宁奔赴赣南参加第三次反“围剿”时，请求参加红军未被批准，被党组织安排留在建宁渠村以开裁缝店为掩护，秘密开展地下情报和联络工作。国民党独立第四旅周志群部进占建宁后，他主动向国民党官兵和土豪劣绅招揽裁缝生意，刺探敌情。一天，敌驻渠村姜家屋的保安中队开拔去县城，只留下20多人防守据点，他连夜将情报送给红军南广建独立团留在闽赣边界坚持游击斗争的游击队队长刘景盛。第二天，刘景盛带领50多名游击队员夜袭姜家屋，把20多名白匪兵全部抓俘，缴获枪支15

支、子弹2000余发、手榴弹50余颗。

1932年10月,红军在周恩来、朱德的率领下再次收复建宁后,孔仕安任建宁县枧头区苏维埃工会主席。1933年夏,枧头区苏维埃政府搬迁到巧洋村,改称巧洋区。不久,当选为巧洋区苏维埃政府主席和出席县第二次苏维埃代表大会代表。9月下旬,在县第二次苏维埃代表大会上当选为县苏维埃政府主席和闽赣省第一次苏维埃代表大会代表。12月,出席闽赣省第一次苏维埃代表大会,当选为中华苏维埃共和国第二次苏维埃代表大会代表。1934年1月,出席在瑞金召开的中华苏维埃共和国第二次工农兵代表大会,当选为中华苏维埃共和国中央政府执行委员。会后,返回建宁工作。

孔仕安任县苏维埃主席时,第五次反"围剿"战斗已在闽赣省及建宁紧张地进行着。作为红军大部队驻地和反"围剿"战地的建宁,扩红和支前的任务十分繁重。为了保障红军供给,不误军需,孔仕安布置各区、乡大量预购粮食、柴火。预购的谷子由农民加工成糙米,委托农户代为储存保管;预购的柴火锯成段劈好,垛堆在交通要道两旁,红军军需人员一到,就通知农民按时按量及时突击运送。随军出征的伕子,均由赤卫军组织,按连、排调遣。孔仕安把全县的支前工作做得急而不乱,保证了供给,圆满地完成了上级下达的任务。

但随着战争的延续,建宁的人力、财力、物力消耗殆尽。到1934年,全县人口由7万余人降至5万余人,青壮男子大多参加红军和游击队,留下的大都是妇女、老人和小孩,建宁县无法按时完成上级屡屡下达的成百上千的扩红和征调民工任务。为此,孔仕安被打成"右倾"保守分子,1934年5月被撤掉县苏主席职务,调闽赣省澎湃县城防司令部任组织干事。12月,在保卫彭湃县的战斗中牺牲。

六、潘峰(1914年9月—2006年12月)

男,本名潘固椿,又名潘师孟、潘师年,建宁县里心镇宁源村潘家坊人,是长征到达陕北的4个建宁籍老红军之一。出身佃农。1931年2月在家乡参加红军时,负责人误将"潘师孟"登记为"潘师年”而改名为潘师年，抗日战争时期因统战工作需要由组织决定改名为潘峰。1931 年 10 月加入中国共产主义青年团，1933 年 3 月转为中国共产党党员。14 岁时，到巧洋一名地主家当了 11 个月的长工，受尽地主欺凌打骂和压迫，却没拿到一分工钱。1931 年 2 月，红军来到宁源开展扩红和土地革命斗争，见红军不仅不动老百姓的东西，还把土豪的浮财和田地分给穷人，认定红军是穷人的队伍，便报名参加红军，被编入红一军团第四军第十师三十团二连当战士。

同年 5 月至次年 4 月，参加第二、三次反“围剿”和赣州战役、漳州战役作战。不久，调任 2 连连部通讯员。1932 年夏，在红军步兵学校学习三个月后，任红十师补充连排长。10 月起，参加建黎泰战役、金资战役和第四次反“围剿”，先后在红十师师部任谍报员、通讯队队长、通讯排排长。1933 年 9 月第五次反“围剿”开始后，任红一军团第二师四团侦察参谋。1934 年 5 月，在建宁驻马寨战斗中首次负伤。同年 9 月，在连城温坊战斗中，在阵地上代理第二营营长指挥作战，守住了阵地，为军团发起总攻赢得了时间，并在这次战斗中再次负伤。1934 年 10 月参加长征，任红一军团第二师四团团部通讯主任。11 月，在湖南道县率侦察排和一个步兵连在前面开辟道路，化装成国民党中央军先头部队，智取道县县城，使长征部队顺利通过道县县城和潇水。1935 年 1 月，在贵州攻打天险娄山关时，通过调查和实地侦察，了解到娄山关东边的羊肠小道攀岩可绕到敌后，并与团参谋长率 200 多人绕到敌后，协同主力部队攻克娄山关，占领桐梓城。9 月，部队到达甘南天险腊子口前，率侦察排诈取不成，与侦察排长、一连连长带一个连从右侧攀岩插入敌后，与正面进攻的团主力部队协同攻克腊子口，打下了长征路上最后一处天险，在战斗中第三次负伤。1935 年 10 月到达陕北后，先后任红一军团第四团第二连连长、红军前敌总司令部第二科参谋、第三十军军部侦察科长、红军前敌总司令部特务团参谋。抗日战争全面爆发后，先后任八路军一二〇师三五九旅七一八团第一营副营长，七一八团第二营营长，中共晋西南区党委军事部参谋长，山西青年抗日决死队第二纵队游击三团副团长、五团副团长。1941 年 7 月至 1945 年

8月,在延安中共中央党校学习,参加延安整风运动和延安大学的“甄别”工作。解放战争时期,先后任热河省热西军分区司令部参谋长,冀热察军区教导大队队长,察东军分区参谋长,东北野战军第十一纵队第三十二师参谋长,东北野战军总部整训第三师副师长,湖南省军区会同军分区副司令员。中华人民共和国成立后,先后任湖南省军区会同军分区副司令员、司令员,常德军分区司令员。1955年被授予大校军衔和中华人民共和国二级八一勋章、二级独立自由勋章、二级解放勋章。1965年5月离休。2006年12月14日在长沙逝世。2016年清明期间,与夫人李枫的骨灰合葬于建宁县青云岭烈士陵园。

七、李林(1916年—1948年11月)

男,又名李团仔,建宁大源村楮树下(原洛阳保西山亭)人,是长征到达陕北的4个建宁籍老红军之一,出身贫农。少年时期,家庭迭遭变故,读过一年私塾,后在家耕田、砍柴,帮地主家放牛。1933年春参加铺前区游击队,参加打土豪分田地、站岗放哨、扩红支前、维持社会治安等工作。1934年3月参加红军,分配在红一军团无线电台当监护员。同年8月加入中国共产主义青年团,10月参加长征,1935年10月抵达陕北。1935年11月在陕北直罗镇战役中,设在一个山包上的军团指挥部,突然遭到一大股敌人的冲击。当时军团主力已杀进直罗镇,指挥部只有政委聂荣臻、参谋长左权和警卫班、电台班、卫生队等直属单位的战士,情况十分危急。在山上守卫电台的李林发现情况后,发出信号,并与战士们打退敌人数次进攻。战斗中,李林被炮弹击伤腹部,被送到卫生部抢救,切除了胃和一节小肠。伤愈出院后,调中国人民抗日先锋军第三十军工作。1936年转为中国共产党党员。1938年初任延安留守二团电台机要员,1940年调回抗日先锋军总司令部机要科工作,1942年参加延安整风学习。1945年5月,调延安南下干部团,随团南下支援新四军开辟新的抗日根据地。南下途中,日本宣布投降,随团奉命转往东北。到达热河后,分配在热辽军分区(即二十一分区)组织科工作。1947

年冬,调军分区教导大队任教导员。1948 年 10 月,率教导大队二分队从北票的庄头营子村前往高台山接收辽沈战役战俘,11 月 2 日顺利将 200 多名战俘送到热辽军分区二团。完成任务返回北票庄头营子村后,因劳累过度伤病复发,经抢救无效,于 11 月中旬逝世,葬于庄头营子村西山向阳坡。1952 年移葬北票东山烈士陵园。

八、王玉祥(1920 年 10 月—1968 年 7 月)

男,建宁县安寅洋背人,是长征到达陕北的 4 个建宁籍老红军之一。出身于中农家庭,少年时读过二年私塾。1931 年夏中国工农红军创建建宁苏区时,参加安寅乡少先队。1933 年 2 月参加安寅区游击队,由于年纪小,不易被敌人注意,被安排负责交通联络、传递文件情报工作。5 月,加入中国共产主义青年团,并随游击队编入建黎泰独立师,配合红军主力收复泰宁和东方军入闽作战,在独立师做宣传、打扫战场和后勤服务工作。1933 年 10 月调红三军团第六师任司号员。1934 年 10 月参加长征。11 月随第六师攻打桂林,第一次参加实地战斗。到达陕北后任红一方面军第四师司号员。1936 年 12 月加入中国共产党。1937 年 7 月抗日战争全面爆发后,任八路军一一五师师部司号排长,9 月参加平型关战役,不久任师部警卫连排长。1938 年至 1945 年,先后在晋冀鲁豫军区第九军分区任二十四团警卫连副连长、连长、大队长等职,活动于晋冀鲁豫抗日民主根据地,在曲周县香村与日伪军的作战中,子弹穿过口腔负重伤。伤愈后,任第十军分区七十二团三营营长。1946 年任晋察冀军区第十一军分区赵州支队支队长,配合地方武装抗击国民党军和地主还乡团的进犯,保卫解放区。1947 年任第十一军分区八十二团营长,率部参加石家庄、清风店攻坚战等战斗,战斗中先后 3 次负伤。因战事频繁,部队流动性大,医疗条件差,身体难以恢复,同年 11 月被安排到后方,先后在华北军政大学、军区文化大队、文化教导队边学习边养伤,并协助做军校学员管理工作。1952 年 4 月,转业到地方公安部门工作,先后任河北省邢台专区公安大队副大队长、河北省公安厅公安大队大队长、代理书记等职。1955 年被授予少校军衔和中华人民共和国三级八一勋章、三级独立自由勋章、三级解放勋章。因在战争中多次负伤，身体虚弱，无法坚持正常工作，1956 年经组织批准离职休养，1968 年 7 月伤病复发医治无效，在河北保定市逝世。

九、张运贵(1909 年—1989 年 12 月)

男，又名张永贵，建宁县桂阳陈余人，是长征到达陕北的 4 个建宁籍老红军之一。1931 年 2 月，在桂阳参加桂阳游击队，任二班战士。5 月下旬，红军从广昌攻打建宁，随桂阳游击队参加了红军攻打建宁城的战斗。6 月，随桂阳游击队编入南广建独立团，编在第三连一排三班当战士。7 月，红军从建宁等地回师赣南，随独立团在建宁、南丰、广昌牵制敌军，掩护主力红军回师。后转往宁化、长汀、瑞金配合主力红军第三次反“围剿”。年底在瑞金随独立团编入红十二军，先后任副班长、班长。1932 年 4 月参加中国共产党。1933 年调江西于都工农学校卫生所工作。1934 年 10 月，随中央红军干部团卫生队参加长征。抵达陕北保安县后，任红一方面军司令部卫生所班长兼党支部书记。1937 年调红军战士医院任护士长。1943 年 10 月，延安实行精兵简政，响应党的号召，转业到延安甘谷驿镇经营个体医疗诊所，为当地百姓看病，被当地群众亲切地称为“南方的张医生”。1952 年 5 月，携妻李秀英及子女回桂阳村务农，不久担任第五(客坊)区桂阳乡党支部书记。1955 年参加客坊区陈余乡工作组，转为区脱产干部。1957 年，按照县委县政府精简机构编制的统一安排，重新安置回桂阳务农。1972 年，经中共福建省委组织部、福州军区核实身份落实政策，恢复干部身份，享受老红军待遇。1980 年 11 月起为建宁县第一、二届政协委员。1983 年离休，1989 年病逝。

十、余永富(1896 年—1934 年 6 月)

男，建宁县里心镇里心村余家自然村人，出身于贫苦农民家庭。15 岁就给地主家打短工。因身材矮小，打短工难以糊口。不久，随里心街宜黄戏艺人黄金鹿学戏，很快便掌握了全套的锣鼓经，能弹拉吹奏多种乐器。后被推举为里心集福坊同乐班戏班班主。

1931 年夏，红军第二次反“围剿”进入建宁后，投身革命，参加打土豪分田地斗争，并带着同乐班戏班下村宣传红军的革命主张，演唱革命歌曲，编排演出革命剧目。同年 7 月，红军千里回师赣南时，带戏班随红军出发，到江西省广昌、宁都、瑞金、石城等县演出。1932 年 10 月，红军再次解放建宁后，随红军回到里心，任里心区苏维埃政府肃反委员，经常带着红军、赤卫队刷写宣传标语口号、围剿反动武装，击毙了反动保卫团匪首秦桂茂，镇压了里心街上的黄小水鸡、黄光东、黄道宏等恶霸劣绅，动员了里心街的江太龙、余小火生、吴友才、江锡明、阮学风等数十名青年参加红军。1933 年 6 月当选为区苏维埃政府主席，并兼任查田委员会主任，顺利完成全区查田工作，查出漏划地主、富农 10 余人和混进革命队伍担任芦田乡苏主席的反动“大刀会”骨干分子 1 人，查出地主富农隐瞒的田产 400 多担。8 月，配合闽赣省军区工作队在里心组建中国工农红军里心独立团。1934 年 5 月，第五次反“围剿”失利后，带领游击队在当地坚持游击斗争，转战于闽赣边界的丛山密林中。6 月，在里心麓山古木溪被反动保卫团匪抓获，押送国民党第十师某旅旅部，遭严刑拷打而不屈。6 月 18 日被杀害。

十一、李庆保（？—1934 年 5 月）

男，又名庆宝，建宁县溪口镇桐源村寒坡岭人。身材矮小，驼背体弱，不能从事农田劳动，以理发为业。妻务农，育有一子，鸡胸，长大后随父理发。人称其父子为“老弓师”“小弓师”。

1932 年 10 月工农红军第二次解放建宁后，建立了各级苏维埃政府，打土豪分田地，劳苦人民翻身做主人。李庆保家分得了土地，生活渐渐好起来。红军指战员对李非常尊敬，开口闭口都喊李师傅、小李师傅，不像国民党兵开口闭口就骂“李驼子”，甚至剃头不给钱还要打他。通过对比，李认识到共产党、红军是穷苦百姓的救星，遂参加革命，担任交通员，以理发为掩护，带着儿子一起传送情报。

1934年5月，第五次反“围剿”战斗在建宁紧张地进行着，国民党部队占领桐源、马源及其以北的大部地区。一天，组织交给李庆保一份紧急情报，要他尽快送给在被敌占领的安寅区坚持斗争的红军和安寅区苏维埃政府。安寅在寒婆岭东北6公里处，路程虽不远，但要通过敌人设在桐源桥的封锁线。他经过深思熟虑，将情报藏在磨剃刀的掌刀布夹层内，与儿子带上理发箱出发，并交代儿子：“不管路上发生什么情况，你都不要作声，由我来应付。你见机行事，提着剃头箱混过去。一定要将信送到安寅区，绝不能耽误大事。”

走到桐源桥榨油坊路口，被国民党军岗哨拦住盘问搜查，没有发现可疑之处，正要放行时，突然冒出几个保卫团团丁，认定李是红军密探，说李去安寅理发是假，帮红军送信是真。李一口咬定是去安寅剃“包头”（当地农民以谷子为资，将全家人整年的头包给理发匠上门剃头）。团丁们把李推进榨油坊悬梁吊起来，并叫来一些桐源街人对质。来人都说：“我们只知道他是剃头的，他这样的驼背佬，红军会要他？”团丁们恼羞成怒，其中一个小头目咆哮道：“你们这些穷鬼懂个屁！看我今天弄个水落石出给你们看看！”于是叫几个团丁拉动榨油的撞槌用力撞击李。见李不招，又把李放下按在地上，抬来石砻压在李的背上，再叫一个团丁站上去。李被压得喘不过气来，忍痛不语。站在砻上的团丁一不小心跌倒，气急败坏地爬起来搬了10多个茶箍饼往砻上加码。李被压得口吐鲜血，昏厥过去。团丁又用冷水浇。李醒过来后仍不改口。团丁又取来一床旧棉絮，扒去李的衣服，撕下棉絮用毛竹夹住蘸油点燃，炙烧已奄奄一息躺在地上的李庆保。李被烧得在地上翻滚喊叫，仍坚不吐实。其子见父亲遭此酷刑，作了本能的抗争，痛哭着推开团丁扑向父亲。李用力推开儿子，大声喝道：“你还不给我走！”团丁们也连声喊叫“滚！快滚！”其子明白父亲的话意，按照父亲事先的交代，哭着拾起地上丢散的理发工具和那块“掌刀布”，用围布一包装入理发箱，提起就走，继续执行传递情报的任务，及时地把情报送到了安寅。红军和区苏维埃政府得到情报后，立即转移，避免了损失。李庆保的儿子亦随军转移,此后下落不明。而李庆保则继续忍受折磨,最后被团丁们用破棉絮裹住,浇上油,活活烧死。1979年,建宁县开展革命烈士普查,追认李庆保为革命烈士。其子因下落不明,被定为失踪军人。

十二、周乐生(1914—1941年)

男,原名周宝弟,祖籍浙江龙泉,1914年出生于福州。其父周赞忠早年在福州行医,敬仰孙中山先生的民主革命事业,约在1916年,为避政治祸患,携眷迁至邵武县,不久又迁至建宁县。周乐生五六岁时,其父被官府诱骗到永安下狱后下落不明。周乐生少年时,念过2年私塾,后又到建宁的华美小学读书,但因家境赤贫,小学没念完就辍学回家干活,后到建宁城关的阙志福烟铺当学徒。

1931年夏毛泽东、朱德率领红军1万多人解放建宁后,参加工会工作,不久又担任"赤色少年先锋队"队长,并将自己的名字由"宝弟"改为"乐生"。7月,红军主力撤离建宁千里回师赣南参加第三次反"围剿",周乐生参加由建宁县革命委员会机关人员和党员及城市区游击队组编的建宁县游击队,在建宁、泰宁等地打游击,后随队编入"南广建独立团"。因念过几年书,性格开朗,能说会唱,很快就担任独立团宣传干事。部队抵达瑞金后,该团归属红十二军领导(军长罗炳辉),称红十二军独立团。1931年冬,随军出征宁(化)清(流)连(城)一带。次年春在武平、上杭参加红色政权建设和肃清土匪的斗争。1932年8月调任江西军区独立第三师政治部宣传科副科长。不久又任该师三团政委,和团长率部参加江西项山、沙坪,福建的上杭白沙、雁石等战斗。1934年1月,出席在瑞金召开的中华苏维埃共和国第二次工农兵代表大会,会后进"公略步兵学校"(即"红军第二步兵学校")高级班学习。结业后,任闽赣省军区直属队总支书记。1934年10月红军主力长征后,任闽赣省军区十七团政委,率部在闽西北一带开展游击斗争。1935年在游击转战中负伤被捕,被押解到江西九江监狱。

抗日战争全面爆发后,国共合作抗日,周乐生被释放出狱回到建宁。后从报纸上得知新四军在南昌设立办事处，遂赴南昌与办事处取得联系，参加新四军。1938 年春到皖南新四军军部参加第一期教导队学习，结业后在军部任政治教员、教导队队长等职。1941 年“皖南事变”后，留在苏南，任新四军六师十六旅四十七团政治处主任，与团长诸葛慎、政委熊兆仁一起率部在丹(阳)金(坛)武(进)地区坚持抗日斗争。7 月，部队在鲤卧滩村被日伪军包围，突围渡河向东安乡杨庄村转移，周乐生游到对岸后，见自己的两个警卫员仍在河中，遂回返援救，不幸中弹牺牲。

十三、胡俊山(1907—1933 年)

男，又名保贵，祖籍江西抚州，出生于建宁溪口，是家中幼子。其父为木船造船工人，早年外出谋生，后定居建宁溪口。父母爱幼子，虽然家境不好，但仍勉力供其上学，后因贫困难支，高小未毕业就辍学随父兄学造船谋生。1930 年因对父母包办的婚事不满，离家出走到邵武水北大乾村一造船厂当雇工。1933 年初邵武、光泽建立苏维埃政权，在划归光泽县苏管辖的大乾村参加革命。5 月任光泽县苏维埃政府第二任主席。当时，正是光泽县土地革命运动初期，群众尚未发动起来，大部分地区还没有分田。胡俊山带领县苏干部深入各乡村，充分宣传发动群众，推进分田工作，仅用 2 个月时间，全县 6 个区 45 个乡全部完成分田工作，使光泽县成为闽北苏区土地革命进行得较为彻底的地区。这时，苏区肃反运动扩大化波及光泽。7 月，胡俊山在县苏主持召开机关干部会议时，被闽赣省委派来的 4 名干部以莫须有的“改组派”罪名当场逮捕。不久，在光泽县华桥被错杀。1983 年 11 月，中共光泽县委为其平反昭雪，追认为革命烈士。

第三章　重要革命遗址与纪念馆场

第一节　国家级与省级文物保护单位遗址

一、红一方面军总前委总司令部旧址暨毛泽东、朱德旧居

红一方面军总前委总司令部旧址暨毛泽东、朱德旧居，位于建宁县溪口镇溪口街49号。

1931年5月16日至31日，毛泽东、朱德率领红一方面军采取“诱敌深入”“避强打弱，在运动战中歼灭敌人”的方针，自江西富田一路向东横扫700里，31日在福建建宁击溃敌刘和鼎五十六师7000余人，解放建宁城。至此，红军第二次反“围剿”连续取得白云山战斗、白沙战斗、中村战斗、广昌战斗、建宁战斗五场战斗的胜利，五战五捷，累计歼敌3万余人，缴枪2万余支，痛快淋漓的粉碎了第二次“围剿”。当晚，朱德总司令、毛泽东总政委率领红一方面军总司令部、总前委进驻溪口天主教堂。之后，毛泽东、朱德和红一方面军总部即在建宁指挥红军以建宁为中心，先分散在闽赣边界的南丰、建宁、黎川、泰宁地区，6月下旬转兵到闽西北的宁化、清流、归化、将乐、顺昌、沙县等地，开展创建新苏区、扩红筹款和第三次反“围剿”准备工作，开辟了建(宁)黎(川)泰(宁)革命根据地和宁(化)清(流)归(化)革命根据地，筹集了115万元的第三次反“围剿”作战经费，制定了千里回师赣南打破敌人第三次“围剿”的战略决策，完成了第三次反“围剿”的战前准备工作。毛泽东在这里写下了《渔家

傲·反第二次大“围剿”》的光辉诗篇，主持召开了多次总前委会议和红一方面军师以上干部军事会议，并分别给闽赣边界工作委员会、红十二军和红三十五军委签发了三封重要指示信。7 月 10 日，毛泽东、朱德率红一方面军总前委、总司令部及总部直属队撤离建宁，回师赣南参加第三次反“围剿”。

1932 年 10 月 16 日，为准备第四次反“围剿”，朱德、周恩来指挥红一方面军从江西广昌发起建黎泰战役。18 日，红军攻克建宁、黎川，朱德、周恩来、王稼祥率红一方面军总司令部、总政治部、中央革命军事委员会进驻于此（不久后周恩来、王稼祥与红一军总政治部、中革军委移驻建宁城内旧县衙）。之后，他们在建宁指挥红军完成建黎泰战役，又占领了泰宁、邵武、光泽 3 县及周边地域，并在占领地域开展赤化工作，建立革命政权。11 月 16 日，又在建宁指挥红一方面军从黎川、邵武地区发起金（溪）资（溪）战役，攻克金溪、资溪。12 月底，朱德、周恩来、王稼祥与红一方面军总司令部、总政治部、中革军委从建宁移驻黎川，后在江西指挥第四次反“围剿”等战斗。建黎泰战役与金资战役的胜利，恢复和扩大了建黎泰、金资光邵苏区，沟通了中央苏区及红一方面军与闽北苏区、赣东北苏区的联系，为第四次反“围剿”的胜利创造了条件，为建立以建黎泰苏区为核心区域的中央苏区闽赣省奠定了基础。

1933 年 7 月，以红三军团为主组成的、担负在福建“筹款百万，赤化千里”任务的红军东方军入闽作战后，朱德、周恩来率红一方面军总司令部、总政治部再次从江西移驻建宁，就近指挥东方军在闽作战，朱德与总司令部仍驻于此。9 月下旬后，他们又在建宁指挥第五次反“围剿”作战。1933 年 12 月底，中共中央局撤销在前方的中国工农红军兼红一方面军总部，并入在瑞金的中革军委，朱德与周恩来率红军总司令部和总政治部离开建宁返回瑞金。

该旧址原为天主教堂，1920 年代由德国传教士购民房改建而成，砖木结构，坐西朝东，分前后两部分，前部为两层楼房，后部为礼堂，礼堂外西南角有 1 口水井，礼堂南墙外山脚有 1 个红军挖的防空洞。

该旧址1985年10月被福建省人民政府确定为省级文物保护单位;2006年5月被国务院公布为第六批全国重点文物保护单位,列在"建宁县红一方面军领导机关旧址"名下;2009年5月列入"建宁县红一方面军领导机关旧址暨反'围剿'纪念馆"名下,被中宣部确定为第四批全国爱国主义教育示范基地。

二、红一方面军总政治部旧址暨周恩来旧居

位于建宁县濉溪镇民主街12号大院北侧与中山北路9号荷花大酒店南侧的结合部。

1931年夏,毛泽东、朱德率中国工农红军第一方面军取得第二次反"围剿"胜利后,在闽赣边开辟了建(宁)黎(川)泰(宁)苏区。同年7月红军千里回师赣南参加第三次反"围剿"后,建黎泰苏区被敌占领。1932年10月,红一方面军在朱德、周恩来的指挥下,实施建黎泰战役。18日,红军攻克建宁、黎川后,朱德、周恩来、王稼祥率红一方面军总司令部、总政治部、中央革命军事委员会进驻建宁城北溪口天主教堂。不久,周恩来、王稼祥与红一方面军总政治部、中革军委移驻于此。之后,周恩来与朱德等在建宁指挥红军完成建黎泰战役,并于11月16日在建宁指挥红军从黎川、邵武地区发起金(溪)资(溪)战役。12月底,朱德、周恩来、王稼祥与红一方面军总司令部、总政治部、中革军委从建宁移驻黎川,后在江西指挥第四次反"围剿"等战斗。建黎泰战役与金资战役,红军先后攻克建宁、黎川、泰宁、邵武、光泽、金溪、资溪等县,在这一地区恢复扩大了大片苏区,沟通了中央苏区及红一方面军与闽北、赣东北两苏区及红军的联系,为第四次反"围剿"的胜利创造了条件,为建立以建黎泰苏区为核心区域的中央苏区闽赣省奠定了基础。

1933年7月,以红三军团为主组成的、担负在福建"筹款百万,赤化千里"任务的红军东方军入闽作战后,周恩来与朱德又率红一方面军总司令部、总政治部再次从江西移驻建宁,就近指挥东方军在闽作战,周恩来与总政治部仍驻于此。9月下旬后,周恩来与朱德又在建宁指挥第五次反"围剿"作战。1933年12月底,中共中央

局撤销在前方的中国工农红军兼红一方面军总部，并入在瑞金的中革军委，周恩来与朱德率红军总部离开建宁返回瑞金。

该旧址原为旧县衙后院，是旧县署办公场所，坐北朝南，由一座带回廊的两层木构白灰墙楼房和庭院组成，楼房俗称“小白楼”。

该旧址 1985 年 10 月被福建省人民政府确定为省级文物保护单位；2006 年 5 月被国务院公布为第六批全国重点文物保护单位，列在“建宁县红一方面军领导机关旧址”名下；2009 年 5 月列入“建宁县红一方面军领导机关旧址暨反‘围剿’纪念馆”名下，被中宣部确定为第四批全国爱国主义教育示范基地。

三、水尾革命旧址群

水尾革命旧址群，位于建宁县客坊乡水尾村，是福建省第九批文物保护单位。

1931 年夏红军攻克建宁取得第二次反“围剿”胜利后，即派出工作队到水尾开展工作。1932 年 10 月建黎泰战役恢复建宁苏区后，水尾是红军重要的交通线站点，设立了交通站和关押犯人的关押看守点。1934 年 5 月中旬第五次反“围剿”建宁县城失守后，闽赣省军区所属部分地方武装及中共建宁县委、建宁县苏维埃政府、县游击队撤到水尾等地，闽赣省军区将所属地域划分为第一、第二两个作战分区和军区直辖区，第二作战分区司令部驻水尾，第二作战分区司令员肖明星兼中共建宁县委书记。5 月下旬，中共建宁县委、建宁县苏维埃政府也移驻水尾，协助闽赣第二作战分区司令部在水尾设立苏区银行、红军医院、苏区兵工厂等。10 月，中央主力红军开始长征，闽赣边界转入 3 年游击战争，闽赣省军区撤销所属各作战分区，将所属武装和各县独立团、营整编为闽赣省军区第十二、十六、十七、十八团，各县另组建基干游击队，建宁县委、县苏干部及游击队 200 余人组编为建宁县基干游击队。11 月，建宁县基干游击队与广昌、宁化边界游击队共 1000 多人，在水尾合编成立闽赣基干游击队，下设 3 个大队，各大队下设 3 个中队，中队下设 3 个小队，另设机枪连、通讯班、侦察班、卫生所、修械厂、被服厂等直属单位，在闽赣边界坚持游击斗争。1935 年 3 月，闽赣基干游击队在水尾村遭到来自建宁方向和宁化方向的国民党军八十八师、五十二师的包围突袭，游击队及所属单位突围转移，水尾被国民党军占领。

该旧址群包括闽赣基干游击队司令部旧址、苏区银行旧址、红军医院旧址、苏区兵工厂旧址、建宁县苏维埃政府旧址等处，各旧址 2016 年 12 月被确定为县级文物保护单位，2017 年 9 月被中共福建省委党史研究室以“水尾革命旧址群”确定为福建省第四批党史教育基地，2018 年 9 月被福建省人民政府以“水尾革命旧址群”确定为第九批省级文物保护单位。

(1)闽赣基干游击队司令部旧址，位于水尾村李家排 13 号。1931 年夏红军攻克建宁取得第二次反“围剿”胜利后，即派出工作队到此开展工作。1934 年 5 月，第五次反“围剿”建宁县城失守后，为闽赣省军区第二作战分区司令部驻地。1934 年 11 月—1935 年 3 月，为闽赣基干游击队司令部驻地。旧址外墙还保存着一幅 1931 年夏红军用墨水绘制的宣传漫画。旧址 2016 年 12 月被建宁县人民政府确定为县第三批文物保护单位，2018 年 9 月被福建省人民政府列入“水尾革命旧址群”确定为省级文物保护单位。

(2)苏区银行旧址，位于水尾村村里 91 号。1934 年 5 月由闽赣第二作战分区在此设立苏区银行，1935 年 3 月撤离。旧址外墙尚留存有苏区时期用黑墨汁书写，但现已难正常辨读的大字宣传标语“土豪的谷子不要钱发给贫雇农”。旧址 2016 年 12 月被确定为县级文物保护单位，2018 年 9 月被列入“水尾革命旧址群”确定为省级文物保护单位。

(3)红军医院旧址，位于水尾村墩厚脑 35 号。1932 年中国工农红军第二次进驻建宁时，在这里办卫生所。1934 年 5 月闽赣省军区第二作战分区在此开设医院。1935 年 3 月撤离。旧址于 2016 年 12 月被确定为县级文物保护单位，2018 年 9 月被列入“水尾革命旧址群”确定为省级文物保护单位。

(4)苏区兵工厂旧址，位于水尾村村部西面墩厚脑 36 号。1934 年 5 月，闽赣省军区第二作战分区在此设立兵工厂，用于修造枪械、翻造子弹和制造马尾手榴弹、地雷等。1935 年 3 月突围撤离。旧址 2016 年 12 月被确定为县级文物保护单位,2018 年 9 月被列入“水尾革命旧址群”确定为省级文物保护单位。

(5)建宁县苏维埃政府旧址,位于水尾村村里 96 号。1934 年 5 月下旬,建宁县苏维埃政府暂迁驻水尾该址,协助闽赣军区第二作战分区在水尾开设医院、兵工厂、银行、被服厂。同年 10 月,中共建宁县委、县苏维埃政府等机关人员与县游击队组成建宁县基干游击队。11 月,县苏维埃政府随建宁县基干游击队再迁水尾,与广昌独立团、广北游击队、宁化边沿游击队在水尾合编为闽赣基干游击队。1935 年 3 月,敌第五十二师、第八十八师包围水尾,县苏维埃政府随闽赣基干游击队突围转移。旧址于 2016 年 12 月被确定为县级文物保护单位,2018 年 9 月被列入“水尾革命旧址群”确定为省级文物保护单位。

第二节　县级文物保护单位遗址

一、县城东门楼战斗旧址

东门楼又叫朝阳门楼,是建宁古城的东门楼,位于建宁县濉溪镇万安桥西侧,始建于宋代,既是建宁古城的标志性古建筑,也是红军第二次反“围剿”最后一仗建宁战斗和第五次反“围剿”建宁县城保卫战的重要战场。1931 年 5 月 31 日第二次反“围剿”建宁城战斗中,红军从城北、城西、城南突入城内后,敌人涌向东门、万安桥企图逃往泰宁,在东山红军封锁下,城内红军追击至此结束战斗,取得第二次反“围剿”胜利。1934 年 5 月 16 日第五次反“围剿”建宁县城保卫战中,红军在此阻击从东面进攻的敌汤恩伯纵队,掩护城内红军和闽赣省机关撤退转移。旧址于 2016 年 12 月以“朝阳门”之名被确定为县第三批文物保护单位。

二、南门战斗旧址

建宁古城南门，又叫迎薰门，位于建宁县县城主城南侧，始建于宋代，既是建宁古城的标志性古建筑，也是红军第二次反“围剿”最后一仗建宁战斗和第五次反“围剿”建宁县城保卫战的重要战场。1931年5月31日红军攻打建宁城战斗，攻城右翼部队红十二军从南门攻入城内。1934年5月16日第五次反“围剿”建宁县城保卫战中，红军在此掩护闽赣省机关和建宁县机关从南门撤出建宁城转移。旧址于1985年12月以“迎薰门”之名被确定为县第一批文物保护单位。

三、万安桥战斗遗址

万安桥位于建宁县古城东门楼东侧，横跨濉溪，始建于宋绍定元年(1228年)。原为石拱木屋桥，因水火灾害屡经毁建，清代改建为石面桥，4墩5孔。土地革命时期，是建宁县城过濉溪通往泰宁的唯一桥梁，是1931年5月31日红军第二次反“围剿”最后一仗建宁城战斗的终结胜利地和1934年5月16日第五次反“围剿”建宁县城保卫战的重要战场。旧址于1985年12月以“红一方面军第二次反‘围剿’建宁战址(万安桥)”之名被确定为县第一批文物保护单位。2002年6月16日，在建宁百年不遇特大洪灾中被完全冲毁，后在原址重建为4墩5孔预应力砼空心板加钢筋砼异型板结构大桥。

四、吴静焘烈士墓

位于建宁县城北部的中山北路北段西侧青云岭山顶建宁烈士陵园内。1932年10月红一方面军建黎泰战役恢复建宁、黎川、泰宁苏区。1933年1月在建宁县城成立领导建黎泰3县党组织的中共建宁中心县委，吴静焘任中心县委常委、宣传部长、妇委会书记。1933年4月，吴静焘到宁都参加江西省委扩红会议返回建宁县城途中，在建宁县双溪口黄泥潭遇大刀会匪突击牺牲，葬于建宁县城西凤山。后该坟墓被淤土埋没，又于1970年被垦荒劳动的建宁一中学生发掘。1981年建宁县人民政府将其骸骨、遗物重新安葬于现址。重葬墓 2016 年 12 月被确定为县第三批文物保护单位。

五、红军宣传与社会调查活动旧址花墩桥

位于建宁县溪口镇溪口村花墩桥街 45 号北面 5 米处，为单孔石拱廊屋桥，建于明嘉靖十九年（1540 年）。1931 年夏，第二次反"围剿"胜利后，红一方面军总前委驻建宁城北溪口天主教堂期间，毛泽东利用墟日在此访问群众、开展调研工作，红军战士也在此开展党和红军政策的宣传活动。1985 年 12 月以"毛泽东同志在建宁召开群众座谈会会址（花墩桥）"之名被确定为县第一批文物保护单位。1999 年廊屋朽坏被拆除，仅余桥身。

六、陈毅旧居

即溪口将军庙，位于建宁县溪口镇溪口村船厂下 45 号。土地革命时期，陈毅两度居住于此。一次是 1931 年 7 月上旬以赣南特委书记身份到建宁县参加红一方面军总司令部、总前委在溪口总部会议室召开的军事会议时；另一次是 1933 年 4 月以江西军区总指挥身份到建宁检查指导地方武装建设和扩红工作时。2016 年 12 月被确定为县第三批文物保护单位。

七、红一军团司令部旧址

即枧头新街下新屋，位于建宁县溪口镇枧头村枧头新街。1932 年 10 月 18 日红一军团在建黎泰战役中攻克建宁县城，军团司令部进驻于此，10 月下旬离开建宁到黎川作战。第五次反"围剿"期间的 1934 年 1 月至 5 月，为保卫中央苏区、保卫建宁，红一军团奉命从江西永丰东调建宁，在建宁县城以北地区防守，阻击进犯之敌，军团司令部再次设于此，军团所部先后参加建宁邱家隘、将军殿、武镇岭—雪山岽、驻马寨及南丰三溪圩、泰宁新桥等战斗。其中建宁驻马寨阻击战，由军团首长林彪、聂荣臻统一指挥本军团及其他部队作战。5 月 16 日驻马寨与建宁县城失守后，红一军团撤离建宁退往江西等地作战。旧址于 2016 年 12 月被确定为县第三批文物保护单位。

八、桂阳游击队旧址

即桂阳张氏宗祠，位于建宁县黄埠乡桂阳村桂阳新街131号。1931年2月间，红四军一部派武装工作团从江西广昌县水南圩陈庄到桂阳及其周边乡村扩红筹款、建立乡村革命政权、开辟游击区，在桂阳成立桂阳乡人民革命委员会和30多人的桂阳游击队。桂阳游击队是建宁首支红色地方革命武装，游击队队部驻张氏宗祠。桂阳游击队成立后，即在桂阳及周边打土豪，将所得财物的一部分留作游击队活动经费，大部分上交红军工作团。5月底，桂阳游击队协助红三军团攻克建宁县城，取得第二次反"围剿"胜利。6月，桂阳游击队编入中国工农红军南广建独立团，编为独立团第三连。7月，红军主力撤离建宁回师赣南参加第三次反"围剿"时，随南广建独立团在闽赣边界迟滞敌军，掩护主力红军转移。后转向宁化、长汀、瑞金等地协助主力红军第三次反"围剿"，年底随独立团在瑞金编入红十二军。旧址于2016年12月被确定为县第三批文物保护单位。

九、桂阳中心区苏维埃政府旧址

即桂阳夏氏家庙，位于黄埠乡桂阳村桂阳老街46号。1931年5月31日第二次反"围剿"在建宁取得胜利。6月初，建宁成立县临时革命政权建宁县革命委员会。之后，红一方面军总前委直属委员会派出红军工作团到各乡村建立乡村革命政权。6月中旬，全县划设城市、里心、桂阳、黄泥铺、渠村5个中心区和70个乡，分别成立各中心区和各乡革命委员会。6月下旬，各中心区革命委员会改为中心区苏维埃政府。桂阳中心区苏维埃政府驻桂阳夏氏家庙。同年7月，红军撤离建宁往江西参加第三次反"围剿"后，建宁被敌占领，桂阳中心区苏维埃政府停止活动。旧址于2016年12月被确定为县第三批文物保护单位。

十、建宁红一方面军总部出入闽赣行军过境处旧址

位于建宁县黄埠乡桂阳村与江西广昌交界的船顶隘，包括船顶

隘古道及古道上的超然亭。船顶隘原名禅尖隘，因隘口处于大、小禅尖峰之间而得名，后因当地方言“禅”“船”同音，“尖”“顶”在特定语意上同义，又演化成船顶隘。船顶隘自古是闽赣间的重要通道。

1931 年 5 月第二次反“围剿”红军攻克广昌县城后，28 日红一方面军总前委决定继续向东攻打建宁。当日，第三军团、第十二军和红一方面军总前委、总司令部即从广昌向建宁进发，29 日先后翻越船顶隘进入建宁，经桂阳、靖安抵达建宁里心宿营，这是红一方面军 1930 年 8 月成立后，方面军总部首次进入福建。30 日晚红一方面军总前委在里心召开第四次会议，具体部署攻打建宁城作战行动，31 日红军攻克建宁县城，取得第二次反“围剿”胜利。

此后，红一方面军总部进驻建宁城，指挥红军扩大战果，先后在闽赣边界开辟建黎泰和宁清归苏区，筹集 115 万元的第三次反“围剿”作战经费。7 月 10 日前后，红一方面军各部队从各自所在区域回师赣南参加第三次反“围剿”，毛泽东、朱德率红一方面军总部于 10 日离开建宁城，午后抵达桂阳宿营，11 日晚从桂阳翻越船顶隘进入江西广昌，12 日晨抵达广昌县尖峰。1932 年 10 月 16 日，为准备第四次反“围剿”，朱德、周恩来率红一方面军从广昌发起建黎泰战役，攻打建宁、黎川、泰宁，以红一军团为中央纵队进攻建宁，方面军总部随红一军团第三军后跟进。17 日，红三军翻越船顶隘到达桂阳宿营，18 日与红四军协同攻克建宁县城，方面军总部翻越船顶隘进驻建宁县城。旧址于核心区域 2016 年 12 月以“禅尖隘超然亭”之名被确定为县第三批文物保护单位。

十一、黎南县委县苏维埃政府旧址

即都团陈氏祠堂，位于建宁县溪源乡都团村。1933 年 9 月第五次反“围剿”黎川县城失守后，反“围剿”不断失利，中共黎川县委、县苏维埃不断南迁，12 月迁至时归泰宁县苏管辖的溪口（溪源）区都团。鉴于黎川县大部被敌占领，仅剩黎川南部一小部分区域，闽赣省决定撤销黎川县，划黎川南部地区、建宁县溪口（溪源）区和泰宁县新桥区、大田区设为黎南县。1934 年 1 月，黎南县正式成立，县委书记方志纯，县苏维埃政府主席朱兆祥，县委、县苏驻都团陈氏祠堂。不久，黎南县机关迁驻楚上溪口（今建宁县溪源乡溪源村）街上。旧址2016年12月被确定为县第三批文物保护单位。

第三节　非文物保护单位遗址

一、毛泽东修建西门莲塘旧址

旧址位于建宁县城西门外。1931年5月31日第二次反“围剿”胜利后，毛泽东、朱德率红一方面军总前委、总司令部进驻建宁县城。6月，毛泽东在西门调研时，了解到出产皇家贡莲的西门莲塘，有的被国民党驻军第五十六师修筑工事倾倒的弃土堆埋毁坏，遂带头下塘，带领警卫和西门莲农清理淤土、恢复莲塘，在建宁民间留下了“荷花仙子不可辱”“百口莲塘吐清香”的佳话。1959年国庆观礼时，西门社员精选10斤西门干莲，托建宁进京观礼代表肖瑞兰以毛主席当年劳动果实名义送给毛主席，中共中央办公厅收下后出具了收条由观礼代表带回。

二、红三军团司令部旧址——西门天主教堂

位于建宁县城西门，原为天主教堂。1931年5月31日，红一方面军以红三军团为主攻克建宁县城取得第二次反“围剿”胜利，红三军团司令部进驻建宁县城西门天主教堂。当晚，红一方面军总前委在这里召开总前委第五次会议，决定成立红一方面军无线电总队和红一、红三军团山炮连等。6月3日，彭德怀率红三军团主力从建宁攻打黎川，红三军团第六师攻打泰宁，红三军团司令部离开建宁县城。

三、红军后方第五医院旧址

位于建宁县溪口镇溪口村花墩桥街1号。1931年夏，红一方面

军在建宁取得第二次反“围剿”胜利后，在此设立红军后方第五医院，救治红军伤员。

四、苏维埃粮食合作社旧址

位于建宁县溪口镇溪口村花墩桥街42号。1932年10月红一方面军建黎泰战役再次攻克建宁城后，恢复建宁苏区，建立县、区、乡苏维埃政权。1933年8月中央苏区北部11县经济工作会议后，建宁县苏维埃政府增设粮食调剂局，在此设立粮食合作社，以没收地主土豪粮食为基础，动员余粮户存粮于社，收储粮食，再由合作社借给缺粮户，调剂粮食余缺、保证军需民用。

五、毛泽东小憩处遗址——百丈隘

位于建宁县溪口镇杉溪村上杉溪自然村与江西南丰县交界的百丈隘隘口。百丈隘是建宁与江西南丰县康都镇之间的通道，清代设驿站，隘口砌有两个拱形石门洞，拱顶加覆屋面。1931年夏，红一方面军总部驻建宁期间，毛泽东从建宁前往江西南丰县康都主持召开总前委会议，往返时曾路经此小憩。

六、中共均口特区委员会旧址

位于建宁县均口镇均口村桐斜3号的谢氏祖屋。1934年5月建宁城区失守后，闽赣省将建宁南部的均口、黄岭、澜溪3个区合并为省直辖的均口特区，成立中共均口特区委员会和均口特区游击司令部，方志纯为特区委书记兼特区游击司令部政委，杨良生为特区游击司令部司令，均口特区委设于此。同年8月，撤销均口特区和特区委，所辖地域划归彭湃县管辖，方志纯调任中共彭湃县委书记。

七、均口特区游击队司令部旧址

位于建宁县均口镇均口村桐斜3号东50米处。1934年5月建宁城区失守后，闽赣省将建宁南部的均口、黄岭、澜溪3个区合并为均口特区，并组建均口特区游击队及其司令部，任命杨良生为司令，方志纯兼政委，归闽赣省委直接领导。同年 8 月，均口特区划归彭湃县管辖。10 月，特区游击队在彭湃县与闽赣第二作战分区机关及所属部队合编为闽赣省军区第十二团。

八、都上红军医院旧址

位于建宁县伊家乡伊家村都上半山 3 号至 5 号间。土地革命时期，在今伊家村设澜溪区都上乡。1934 年 5 月建宁县城在第五次反"围剿"中失守，闽赣省机关及红九军团等撤到建宁西南部，在这办起红军后方医院救治伤员。同年 8 月后，医院随闽赣省机关撤往彭湃县等地（今宁化县境内）。

九、东山战场遗址

位于建宁县城万安桥东侧，东山以地处县城之东得名，是红军第二次反"围剿"最后一仗建宁城战斗和第五次反"围剿"建宁城保卫战的重要战场。1931 年 5 月 31 日第二次反"围剿"建宁城战斗中，红军攻占城北溪口青云岭、城西龙堡山和南门以南地区后，红三军团第四师从溪口塔下渡过濉溪河绕至县城对岸包抄，攻下东山，在东山上封锁敌从县城逃往泰宁的唯一大道万安桥。随后，城北、城西、城南的红军突入城内，敌人向万安桥溃退企图逃往泰宁，在东山红军火力封锁下，多被击毙或落水溺亡，其余被俘。1934 年 5 月 16 日第五次反"围剿"建宁县城保卫战中，红军在此阻击从东面进攻建宁县城的国民党东路军汤恩伯纵队，掩护城内红军和闽赣省机关撤出建宁城向建宁西南部转移。

十、邱家隘阻击战遗址

位于建宁县黄坊乡芦岭村、毛坊村与江西黎川交界的邱家隘、寨头隘、竹箕隘、黄家隘一线。这一线是第五次反"围剿"期间保卫建宁的北部第一道防线。邱家隘阻击战是 1934 年 1 月底 2 月初红军在邱家隘一线系列战斗的统称。1934 年 1 月 26 日，国民党北路军以 4 个师从江西黎川的樟村、横村等地向建宁、黎川交界的邱家隘、黄家隘、寨头隘、竹箕隘的红军阵地发起攻击。担负阻击任务的红五军团第十三师和少共国际师多次击退敌人的进攻，终因兵力与装备悬殊，当日邱家隘一线相继失守。1月27日至2月3日，红一、红五、红九军团多次组织反攻，但终未夺回邱家隘等阵地，被迫撤至邱家隘以南的将军殿防线。

十一、将军殿阻击战遗址

位于建宁县黄坊乡将上村，以将上村将军殿自然村的石坑杨坡寨为中心。将军殿一线是第五次反“围剿”期间保卫建宁的北部第二道防线。1934年4月下旬广昌战役后，敌北路军周浑元率第五、十三、九十六、九十八师，从广昌赴建宁北面黎川县的樟村、横村，准备经邱家隘向建宁发动新一轮进攻。5月9日上午8时，敌第五、九十六、九十八等3个师从邱家隘等地向将军殿进攻。第五师由邱家隘向将军殿以西高地进攻，第九十六、九十八师由黎川大坪向将军殿以东地区推进。红九军团第三师与敌第五师激战至中午，形成对峙。午后2时，向将军殿东面进攻的敌九十六师、九十八师分别占取蜜蜂山、浮沙峰。稍后，敌派出十几架飞机猛烈轰炸红军阵地，红军阵地硝烟弥漫、烈火焚烧、土石横飞。飞机轰炸后，敌军四面出击，红军退守驻马寨防线。

十二、驻马寨阻击战遗址

位于建宁县城北溪口镇马源村、桐源村、半源村与黄坊乡安寅村之间。驻马寨是第五次反“围剿”期间保卫建宁的北部第三道防线。驻马寨阻击战是将军殿战斗的继续，由林彪、聂荣臻指挥，红军参战部队有红一军团第一师、二师，红五军团和红七军团各一部，红九军团第三师以及独立红二十一师。敌方参战部队有第五师、九十六师、九十八师，以及第十三师的一个团，由周浑元指挥。1934年5月9日敌占领将军殿后，12日向南推进至安寅南侧一带高地。15日，敌分三路对驻马寨进行攻击，战至中午，敌占领皮子岭等一、二线阵地。午后，敌停止进攻，修筑战壕，准备次日再攻。是夜，红军以一部迷惑敌军，主力向建宁西南方向转移。16 日凌晨，敌趁浓雾占领驻马寨，建宁城北最后一道防线失守。敌占领驻马寨后，第九十六师随即向建宁城北溪口街攻击，中午 12 时占领溪口街。

十三、武镇岭阻击战遗址

位于建宁县城东濉溪镇器村村红星自然村后山一带。武镇岭与南面介于濉溪镇大源村的廖家坊和圳头村的源尾、董家、际上之间的雪山岽，分别是建宁县城东的第一重高山的北支和南支，是泰宁经搀舟岭向西通向建宁县城的必经之路。西越雪山岽，可经铺前、际上、董家、源尾，过圳头、将屯、河东抵达县城；北出武镇岭向西，可沿濉溪河两岸经斗埕、溪口、黄舟坊进入县城。武镇岭阻击战是雪山岽——武镇岭阻击战的一部分。1934 年 5 月在敌北路军周浑元部从北面进攻建宁时，敌东路军汤恩伯纵队从泰宁、建宁交界的梅口、挽舟岭、茅店一线向西进攻建宁县城。红五军团第三十四师（师长彭绍辉、政委程程翠林）和红一军团第一师第一团奉命驻守雪山岽，红七军团第十九师和公略步兵学校学生等部守备武镇岭，防御阻击汤恩伯纵队。5 月 9 日，北线周浑元纵队占领将军殿。10 日，汤恩伯令第十师（师长李默庵）经茅店、江家店，分两路向雪山岽发起攻击，被红军击退后退向茅店，在洛阳堡又被另一部红军截击，伤亡 1000 余人，被俘 300 余人。之后，敌调整部署，集中第八十八、八十九师及第四师之第十旅，以第十师之一部在雪山岽南端佯攻。13 日，敌分左、右两翼进攻武镇岭。在敌飞机、榴弹炮、山炮的轰炸与地面部队的冲击下，红军支持至午前，伤亡严重，被迫后撤，武镇岭大部被敌占领。

十四、雪山岽阻击战遗址

位于建宁县濉溪镇大源村的廖家坊和圳头村的源尾、董家、际上之间。雪山岽与北面的武镇岭，是建宁县城东的第一重高山的南、北支。1934 年 5 月，红军在此阻击敌东路军汤恩伯纵队从东向进攻建宁。雪山岽阻击战是雪山岽——武镇岭阻击战的一部分。5

月10日，汤恩伯令第十师（师长李默庵）经茅店、江家店，分两路向雪山崇发起攻击，被红军击退后退向茅店，在洛阳堡又被另一部红军截击，伤亡1000余人，被俘300余人。之后，汤恩伯调整计划，集中第八十八、八十九师及第四师之第十旅进攻武镇岭，以第十师之一部在雪山崇南端佯攻，待武镇岭得手后，再集中攻击左地区的雪山崇。13日，敌第八十八师等占领武镇岭。14日上午，敌第十师由江家店向北、第八十八师从武镇岭向南，对攻雪山崇。上午7时10分，从武镇岭向南进攻雪山崇的敌第八十八师，以五二八团正面攻击雪山崇，五二七团在五二八团右侧阻截，并以榴弹炮支援五二八团的攻击。下午4时30分，敌进攻部队逼近红军阵前，榴弹炮小炮一起轰炸红军阵地。激战至下午6时30分，红军支持不住，向县城方向收缩撤退，退至建宁城附近的黄舟坊、塔下山、东山、百仙庄及南白石山一带，雪山崇被敌占领。敌占领武镇岭——雪山崇后，15日进占圳头的廖家源、邓家源一带，16日经将屯、河东等地进占建宁县城。

第四节　革命纪念场所

一、中央苏区反"围剿"纪念园

位于建宁县溪口镇溪口街49号。

土地革命时期，建宁是中央苏区重点县之一，是中央苏区重要的东北门户和红军出击闽中、闽北、赣东北的前进基地，在中央苏区的创建发展和历次反"围剿"中发挥了独特而重要的作用，是第一次反"围剿"后的筹粮筹款之地，第二次反"围剿"的收官完胜之地，第三次反"围剿"的准备决策之地，第四次反"围剿"的战略支点与后方，第五次反"围剿"的重要防线和战场。红一方面军领导机关3次进驻建宁，并在此组建了红一方面军无线电总队和红一、红三军团山炮连，毛泽东、朱德、周恩来、彭德怀等一大批中共高级领导和红军将领都在这里留下了奋斗的足迹，中央主力红军红一、红三、红五、红七、红九军团都在这里战斗过。

第一次反“围剿”胜利后，红四军的部分部队进入建宁西北地区筹粮筹款、开展土地革命，创建了建宁西北游击区。第二次反“围剿”，红军在建宁打了最后一仗，攻克建宁县城，取得第二次反“围剿”的完全胜利。

红一方面军总司令部、总前委进驻建宁，红军以建宁为中心，在建黎泰及其周边地区扩大苏区、筹款，创建了建（宁）黎（川）泰（宁）根据地和宁（化）清（流）归（化）根据地，召开军事会议做出回师赣南打破敌人第三次“围剿”的战略决策，完成了第三次反“围剿”的前期准备工作。

1932 年 10 月，为准备第四次反“围剿”，朱德、周恩来指挥红一方面军实施建黎泰战役，10 月 18 日红军攻克建宁后，红一方面军总司令部、总政治部再度进驻建宁，并于 11 月 16 日在建宁指挥红军发起金资战役。同年 12 月底，红一方面军总部移驻黎川继续指挥金资战役，1933 年 1 月 4 日结束金资战役。在闽赣边界恢复和开辟了建宁、黎川、泰宁、邵武、光泽、金溪、资溪等大片红色区域，沟通了中央苏区及红一方面军与闽北、闽浙赣两苏区及红军的联系，使中央苏区与闽北、赣东北苏区连成一片，为第四次反“围剿”的胜利创造了条件，为中央苏区闽赣省的建立奠定了基础。1933 年 7 月，以红三军团为主组成的、肩负在福建“筹款百万、赤化千里”任务的东方军入闽作战后，朱德、周恩来率红一方面军总部第三次进驻建宁，就近指挥东方军在闽作战。

同年 9 月第五次反“围剿”开始后，红一方面军总部在建宁指挥第五次反“围剿”。同年 12 月底，中革军委将红一方面军总部并入在后方瑞金的中革军委机关，朱德、周恩来率红一方面军总部撤离建宁返回瑞金。期间，因黎川失守，闽赣省机关于 1933 年 11 月迁驻建宁县城。在第五次反“围剿”中，建宁是反“围剿”的重要防线与战场，1934 年 1 月至 5 月，红军在建宁组织了邱家隘、将军殿、驻马寨、雪山岽——武镇岭、建宁县城系列保卫战，迟滞了敌人对中央苏区核心区域的进攻。

红一方面军领导机关（总前委、总司令部、总政治部）三度进驻建宁县城，在建宁县城形成了毛泽东、朱德居住过的溪口天主教堂（即红一方面军总前委总司令部旧址）和周恩来居住过的城区旧县衙后院小白楼（即红一方面军总政治部旧址）两处红一方面军领导机关旧址。1959 年 7 月，建宁将红一方面军总前委总司令部旧址溪口天主教堂辟为“建宁革命纪念馆”。1977 年，又修复红一方面军总政治部旧址暨周恩来旧居小白楼。上述两处旧址，于 1985 年 10 月分别被福建省人民政府列为省级文物保护单位；2004 年根据中共中央办公厅、国务院办公厅印发的《2004—2010 年全国红色旅游发展规划纲要》，被合并为“建宁县红一方面军领导机关旧址”，并列入全国 100 个红色旅游经典景区；2006 年 5 月被国务院合并为“建宁县红一方面军领导机关旧址”公布为第六批全国重点文物保护单位。

2006 年，中共建宁县委、建宁县人民政府基于建宁县与中央苏区五次反“围剿”的关系，以及建宁在中央苏区创建发展和五次反“围剿”中的独特地位和作用，抓住全国大兴红色旅游和建宁红一方面军领导机关两处旧址被列为全国 100 个红色旅游经典景区与全国重点文物保护单位的契机，将红一方面军总前委总司令部旧址南侧的溪口镇政府搬迁，划拨土地动工兴建以红一方面军领导机关两处旧址为核心的“中央苏区反‘围剿’纪念园”，新建一座中央苏区反“围剿”陈列馆、一座大型广场群雕“红军颂”以及办公楼等其他附属设施，2008 年 8 月建成开园，占地 4.5 万平方米。中央苏区反“围剿”纪念园和陈列馆，是全国首座以反“围剿”为主题的纪念园和陈列馆。2009 年又将园区内的原建宁革命历史陈列馆改建成建宁民俗陈列馆。

中央苏区反“围剿”纪念园建成后，2009 年 5 月 21 日被中共中央宣传部以“建宁县红一方面军领导机关旧址暨反‘围剿’纪念园”之名公布为第四批全国爱国主义教育示范基地，2009 年 9 月被中共福建省委党史研究室确定为省级党史教育基地、2011 年 1 月被中共福建省纪律检查委员会和福建省监察厅确定为省级廉政教育基地，2012 年 9 月被国家国防教育办确定为第二批国家国防教育示范基地，2012 年 11 月被全国旅游景区质量等级评定委员会评为国家 4A 级旅游景区。

二、建宁县革命烈士陵园

位于建宁县城北部中山北路北段西侧青云岭山顶。

建宁县是土地革命时期毛泽东、朱德等领导创建的中央苏区重点县。土地革命时期，全县参加红军的 7000 多人大多牺牲在历次反“围剿”、长征和三年游击战争中，一大批参加革命工作的地方干部、游击队员、革命群众及其亲属在战争中牺牲或被国民党与反动势力杀害，全县人口由 1933 年的 7 万余人锐减至 1936 年的 5 万余人；另在解放战争、抗美援朝战争和对越自卫反击战争和共和国建设中牺牲 18 人。1981 年，建宁县人民政府决定在青云岭山头，为第二次国内革命战争以来各历史时期的革命烈士修建建宁县革命烈士陵园，作为县里开展革命传统教育的基地和供后人凭吊的场所。同年 10 月，将土地革命时期在建宁牺牲的原中共建宁中心县委宣传部长兼妇委书记吴静焘烈士的遗骨重新安葬于此。1982 年陵园建成对外开放。1986 年 5 月又在陵园内的吴静焘烈士墓西侧建成建宁县革命烈士纪念碑。园陵建成后，2005 年 6 月被中共三明市委、三明市人民政府确定为三明市爱国主义教育基地。2013 年在烈士纪念碑北侧辟出散葬烈士集中迁葬区，迁葬土地革命时期散葬革命烈士 32 名。2016 年清明期间，根据 2006 年 12 月在长沙逝世的建宁籍长征老红军、湖南常德军分区原司令员潘峰及其夫人河北隆化籍老八路李枫（1924 年 10 月—2006 年 3 月）的生前遗愿，建宁县人民政府及潘峰的子女将潘峰李枫夫妻的骨灰归葬故乡建宁，合葬于烈士陵园散葬烈士集中迁葬区西北角。现园内主要纪念建筑物 4 处，即吴静焘烈士墓、建宁县革命烈士纪念碑、32 位散葬烈士迁葬墓、潘峰李枫夫妻合葬墓。

三、西门莲塘红色文化主题休闲公园

位于建宁县城西门外。建宁是土地革命时期的中央苏区重点县。1931 年 31 日，毛泽东、朱德等率红三军团和红一军团第十二军攻克建宁县，取得第二次反“围剿”完全胜利。当晚，毛泽东、朱德率红一方面军总前委总司令部进驻建宁城北溪口天主教堂，彭德怀率红三军团司令部进驻建宁城西天主教堂。6 月初，毛泽东为到红三军团司令部驻地参加会议，提前从总前委驻地到西门调研，了解到西门莲塘出产的建莲原为皇家贡品，载入了清代著名文学作品《红楼梦》，并了解到有的莲塘被国民党驻军第五十六师修筑工事倾倒的弃土堆埋毁坏，遂带头下塘，带领警卫和西门莲农清理淤土、恢复莲塘，赶来接毛泽东开会的朱德、彭德怀等也参加了清塘劳动，在建宁民间留下了“荷花仙子不可辱”“百口莲塘吐清香”的佳话。1959 年国庆观礼时，建宁县城关公社城关大队西门社员精选 10 斤西门干莲，托建宁进京观礼代表肖瑞兰以毛主席当年劳动果实名义送给毛主席，中共中央办公厅收下后出具了收条由观礼代表带回。为纪念毛泽东等与西门莲的历史，保护好西门莲原生环境和种质资源，2016 年中共建宁县委、县人民政府决定以西门莲塘为依托，融入其他红色历史文化元素，建设西门莲塘红色文化主题休闲公园，除莲塘外，修复红三军团司令部西门旧址，并在西门莲塘后山按原建筑风格重建红一方面军无线电总队电台旧址青云阁和新建周恩来等 9 人建宁合影大型青铜雕塑。[①] 2018 年，西门莲塘红色文化主题休闲公园基本建成。

---

① 1933 年 11 月，周恩来在建宁主持召开部分红军领导干部政治工作会议，会后周恩来与参加会议的叶剑英、彭德怀、杨尚昆、张纯清、刘伯坚、李克农、藤代远、袁国平等 9 人在建宁合影留念。

下篇

1949 年 10 月 1 日，中华人民共和国成立，1950 年 2 月 11 日建宁县解放。本书下篇主要记述新中国成立 70 年来，特别是改革开放 40 年来，在中国共产党的领导下，建宁历届县委、县政府带领团结建宁人民奋发进取、艰苦创业，产业结构不断优化，基础设施日趋完善，财政收入逐年增长，城乡面貌日新月异，经济和社会各项事业取得翻天覆地的变化。

建宁先后被列为全国商品粮基地县、国家级杂交水稻种子生产基地县、全国南方林区重点县、国家级生态示范区、国家粮食产能县、国家农业综合标准化示范县、全国国土资源节约集约模范县、全国电子商务进农村综合示范县、国家级农村产业融合发展试点示范县、全国“平安农机”示范县、福建省全域旅游试点县、十大新兴旅游县和省定边贸重点县。交通条件极大发展改善，(南)昌福(州)快速铁路建成通车，浦(城)梅(州)快速铁路建宁至冠豸山段在建，建(宁)资(溪)普速铁路列入省中长期铁路网规划。公路通车总里程 1384 公里。建(宁)泰(宁)与建(宁)广(昌)高速公路建成通车，莆(田)炎(陵)高速公路在建，建宁经宁化至长汀高速公路列入规划。建宁由福建的交通末梢变为沟通珠三角经济圈与长三角经济圈、海峡西岸与中西部地区联系的区域交通枢纽。产业结构不断优化，现代特色农业突显。培育了莲子、杂交水稻种子、黄花梨水果、烟草、食用菌等特色农产品，是著名的“中国建莲之乡”“中国黄花梨之乡”“中国无患子之乡”“中国梨产业龙头县”。生态环境优良，新兴旅游业快速发展。入选全国全域旅游示范区创建单位、全国森林旅游示范县、“中国森林氧吧”和“中国森林体验基地”。县闽江源国家级自然保护区被中国科学技术协会授予“全国科普教育基地”称号，闽江源保护区生态旅游景区是国家 AAAA 级景区。县中央苏区反“围剿”纪念园是全国百家红色旅游经典景区、国家 AAAA 级景区、全国爱国主义教育示范基地、全国廉政教育基地、第二批国家国防教育示范基地、“省委党校、省行政学院教学基地”。县城规模不断拓展，城市功能日趋完善。建宁县于 2010 年、2013 年、2017 年、2018 年 4 次获评全省县域经济发展十佳县。

第四章　特色农业

第一节　发展生态特色农业[①]

建宁是中央苏区县，第二次国内革命战争时期为21个中央苏区县之一和福建省重点扶贫开发县之一；建宁是典型的山区特色农业强县，先后被列为“全国农村产业融合发展试点示范县（多业态复合型）”“国家级杂交水稻种子生产基地县”“中国建莲之乡”“中国黄花梨之乡”“中国无患子之乡”“中国梨产业龙头县”“国家级生态示范区”“全国农业标准化示范区（建莲）”“全国农业机械化示范区”“国家级测土配方施肥试点项目县”“全国电子商务进农村示范县”“全国知名乡村旅游目的地”“首批国家农村产业融合发展示范园创建单位”。

多年来，始终立足实际，努力探索特色农业发展路径，加快推进“农业＋”发展，深入实施乡村振兴战略，大力发展种子、莲子、果子等特色优势主导产业，有力地促进农业增效、农民增收和农村发展，为县域经济快速、健康发展奠定了坚实基础。2017年全县完成农林牧渔业总产值33.13亿元，增长5％，农村居民人均可支配收入14083元，增长9.6％。2018年完成农林牧渔业总产值28.24亿元，增长5％；农村居民人均可支配收入15404元，增长9.3％。

历史以来，全县均以粮食生产为主，附以少量杂粮和零星分散

① 本节作者廖春平。

的经济作物。在20世纪五六十年代，大力宣传“农业是国民经济的基础，粮食是基础的基础”“手中有粮，心里不慌”。曾经也提过“以粮为纲，全面发展”的口号，但在执行中仍以粮为主。到70年代为“备战备荒为人民”。县、社、队存储备粮。改革开放后，提出决不放松粮食生产，全面发展多种经营。强调保粮食的安全，实行“米袋子”省长负责制。这说明在13亿人口的大国，粮食生产的重要性。无粮不稳，关系到治国安邦的百年大计。

建宁在改革开放前，对发展多种经营也做过尝试。在以粮食生产为主的前提下，把多种经营、经济作物纳入计划经济指标的范畴。县在下达生产计划时除粮食指标外，还有甘薯、大豆、玉米、荞麦、莲子、茶叶、油菜、花生、芝麻、黄麻、药材等经济作物以及养殖业的生猪、鸡、鸭、鱼等指标。层层分解到生产队，生产队将养殖业中的猪、鸡、鸭分解到户养。抽调不适应水田作业的弱劳力和妇女组成单独核算的副业队或妇女耕山队，利用集体旱地或开荒种植经济作物。但都是零星分散种养，形不成规模产业和大宗商品，收获的成果集体按户分给社员，作价抵收益分配。

在20世纪70年代，曾试验推广种植甘蔗，下达计划给部分生产队种植，由县食品厂统一收购试办糖厂，因技术设备等原因，糖厂未建成，甘蔗也不种了。随后又在部分生产队推广种高粱，试制高粱酒，未获成功而流产。在80年代末90年代初又大力推广种桑养蚕，创办缫丝厂发展地方工业，但由于市场销售价格等原因的制约缫丝厂停办，种桑养蚕随即停产。

在计划经济、集体经营体制的年代，产业结构调整受到一定制约。经营主体是确保粮食生产，劳力统一管理，以粮为主，不可能抽出劳力从事他业。县社在分解经济作物计划指标平均分摊不切合实际，因此造成计划可完成可不完成，如豆类作物，有的社队旱地多，有种田埂豆、火斜豆、春分豆的传统习惯就能完成计划任务。有的社队没有这样的条件，就完不成计划任务。多种经营、全面发展，只能是一句空话。

改革开放后，实行家庭联承包责任制，冲破了集体经营一贯制，农民可一业为主(粮食),多种经营。随着农副产品市场的开放,以市场为导向实施政策扶持,全面进行农业产业结构调整,多种经营蓬勃发展。目前,全县粮食生产播种面积稳定在26万亩以上,粮食总产量达11万吨。

(一)建莲

最先发展的建莲产业取得突破。建莲即建宁通心白莲,为我国四大名莲(建莲、赣莲、湘莲、宣莲)之一。据县志记载,建宁县种莲始于梁代龙德年间(921—923年),至今已有一千多年历史。建莲因其品质优良,是历代皇家贡品,古称"贡莲"。尤以产于西门外池塘的莲子(当地习称"西门莲")为莲之上品。近年来,县莲科所先后成功选育了籽莲新品种建选17号、建选35号,建莲品种得到更新换代,单产接近翻番,已形成《建莲 品种》《建莲 栽培技术规范》《建莲 加工技术规范》《地理标志产品 建莲》等一套完整的建莲标准体系。全县莲籽种植面积5万亩左右,年产干莲4000吨。1994年建莲被农业部列为全国"优质名优特农产品",1995年建宁县被列为"中国建莲之乡",2000年"建莲"被福建省人民政府授予"名牌农产品"称号,2006年"建莲"被国家质检总局批准实施"地理标志产品保护",2009年4月"建宁通心白莲制作技艺"荣登福建省非物质文化遗产名录,2010年"建宁通心白莲"证明商标被国家认定为"中国驰名商标"(全国莲产品第一个)。培育了文鑫、绿田、莲蓉、福鑫等10多家省、市、县龙头企业,先后开发出速冻鲜莲、鲜莲籽汁、莲籽婴儿米粉、莲藕粉、莲心含片、莲片、即食莲籽、莲心雪茶饮料、荷香花卉果酒等系列产品,目前已在上海、福州、广州、深圳、厦门等20多个城市建立了建莲产品销售窗口,200多个销售网点。建宁通心白莲70%以出口为主,销往台湾、香港、日本、新加坡等东南亚国家和地区及欧美市场。

(二)果子

梨果产业从房前屋后种茶种果的庭院经济,发展到开发荒山建果园。以黄花梨为主,猕猴桃、水蜜桃、黄桃、板栗、葡萄等多品种一起发展。近年来,随着农业产业结构的调整优化,县里相继制定了一系列有效措施和优惠政策，推进现代农业发展，坚持“品种、品质、品牌”三品同步推进，一二三产融合发展，果子产业得到迅速发展，形成了“两桃一梨”果子产业格局。截至2018年，全县果树面积达13万亩，年产鲜果129283吨，产值29639万元，其中梨面积99884亩，产量109603吨，产值21921万元。早熟品种有翠冠、翠玉、新世纪、清香等，主要分布在溪口镇、里心镇、濉溪镇。猕猴桃面积1万亩，产量0.4万吨，主要品种为米良1号、金魁等，主要分布在溪口镇枧头村、高圳村、杨林村，里心镇大南村。黄桃面积2万亩，产量0.65万吨，主要品种为锦秀401，主要分布在溪口镇枧头村、高圳村，里心镇双溪村、靖安村。其他果树（水蜜桃、李、柰、杨梅、青梅等）面积0.9921万亩，产量0.8915万吨。梨、猕猴桃、黄桃无论是面积，还是产量均居全省首位，特别是梨面积、产量分别占全县果树总量83.5%、84.9%；占全市梨总量50%、57.7%；占全省梨总量40%、50%。

在黄花梨，金魁、米良1号猕猴桃，“锦秀”黄桃等品种的基础上，进一步扩大引种范围和数量，筛选适合建宁县气候生长发育的新品种“翠冠”“翠玉”梨，“红阳”“金艳”猕猴桃，“锦香”“锦园”早熟黄桃和“锦花”“锦硕”晚熟黄桃品种，采取新植、改植、高接换种技术，扩大新品种面积规模。现已扩大市场前景看好的“翠冠”“翠玉”早熟梨面积4.5万亩，“红阳”“金艳”中华猕猴桃1万亩，“锦园”“锦花”黄桃2万亩。全县梨生产形成了早熟品种以“翠冠”“翠玉”为主，中熟品种以“黄花”为主的品种布局，改变了全县以“黄花”为主的梨品种格局，有效地错开了梨果集中上市的高峰期。

在本县专业技术力量为主体的基础上，积极与省农科院、省农林大学、省农业厅等科研机构、高等院校、推广部门协作，先后开展了梨新品种选育、高接授粉花枝、营养诊断、果品加工保鲜、梨早期异常落叶防控等多项技术研究，并取得了显著效果，其中“黄花梨高接授粉花枝新技术推广”项目2001年获农业部丰收三等奖，“优质早熟梨引种及配套栽培技术研究与推广”项目获2004年度福建省科学技术奖三等奖，“南方早熟梨高优栽培技术示范推广”项目获

2011—2013 年度全国农牧渔业丰收奖三等奖，“福建优势果类品种结构调整及优新品种示范与推广”项目获 2014—2016 年度全国农牧渔业丰收奖成果一等奖。2000 年 3 月，建宁县被国家林业局正式命名为“中国黄花梨之乡”，2005 年获“中国梨产业龙头县”殊荣；黄花梨产品 2002 年获福建省名牌农产品，2003 年获国家无公害农产品称号，2007 年认定为绿色食品 A 级产品，许可使用绿色食品标志；建宁黄花梨 2012 年国家质检总局公告为地理标志保护产品，2018 年分别通过农业部农产品地理标志登记，国家工商行政管理总局商标局地理标志证明商标注册。

按照构建“闽赣省际生态产业集聚区”的总体思路，打造“清新花香，福源建宁”的旅游格局，近年来，县里每年举行“悠然三明四季行”建宁花海跑暨“福源建宁・乐享森林”嘉年华活动、“为荷而来，好梨相待”采摘季等系列活动，为建宁县果子品牌发展、宣传推介提供了良好的平台。同时培育了托斯卡纳(福建)葡萄庄园有限公司、建宁县绿嘉源生态果蔬专业合作社、建宁县里心镇文鑫果场等十大特色生态采摘果园，大力推广发展生态休闲旅游模式，打造高品质、参与度高的旅游产品，为全县产业融合发展，助力乡村振兴做出了贡献。

(三)**种子**

1975 年，建宁县开始开展杂交水稻三系制种；1985 年，被列入福建省杂交水稻繁育制种基地县；2013 年，被认定为国家级杂交水稻种子生产基地县。20 世纪 70 年代中后期至 80 年代初，建宁县先后选派近千人农民和农技人员赴海南学习杂交水稻制种，为杂交水稻制种技术的推广普及奠定了扎实基础。八九十年代，由县种子公司组织种子生产，制种主要集中在里心、溪口、黄坊三个乡镇，制种面积 2 万亩左右。2000 年《种子法》颁布实施后，建宁县杂交水稻种子生产经营的区域封锁和行业垄断彻底打破，外地种子企业纷纷进入建宁县建立制种基地，制种区域扩展到全县所有乡镇和建制村。目前已涌现出禾丰种业、文军种业等一批本地龙头制种企业，全县制种面积稳定在 14.5 万亩左右，每年可提供优质杂交水稻良种

3200万公斤，种子产业已成为县域经济发展和农民增收的支柱产业，直接产值达5亿元以上，带动农民增收1亿元以上，制种面积和种子产量约占全国杂交水稻种子的10%。种子销往全国16个省(市、区)水稻产区以及印尼、孟加拉、越南等东南亚国家。种子产业已成建宁县特色农业的主导产业、朝阳产业，为推动农业农村经济发展，增加农民收入，助力产业扶贫，促进县域经济发展和保障国家粮食用种安全做出积极贡献。

(四)畜牧水产养殖

改革开放40年以来，全县畜牧水产事业发生了巨大的变化，畜禽渔综合生产能力大幅度增强，产品质量稳步提高，产业地位逐年提升，服务体系加快完善，队伍建设由弱到强，已初步建立了牛羊、家禽、生猪三大畜牧产业化生产格局，养殖业已成为活跃建宁农村经济增加农民收入的重要产业之一。

1989年、1993年和1995年分别获得农业部“稻萍鱼综合丰产技术”丰收计划二、三等奖，“莲田养鱼大面积高产、高效技术”丰收计划三等奖等荣誉称号。2004年建宁县被确定为三明市肉牛产业重点县之一，畜牧水产业实现了由“副”到“主”、由“小”到“大”、由“弱”到“强”的跨越，畜牧水产经济取得了持续、快速、健康发展的优异成绩。

从畜牧水产品供应的严重匮乏，到如今百姓餐桌饮食的丰富多彩，建宁县畜牧业经历了从家庭零星散养逐步转变到规模养殖的发展历程。特别是近年来，随着农业内部结构的调整优化，畜禽水产散养户大幅减少，取而代之的是各种类型的养殖企业、养殖场、专业户大量涌现，2018年全县有各类畜牧规模养殖企业13家，其中规模猪场10家，规模羊场2家，规模禽场1家。涌现了三泉生态农牧有限公司、福建鑫锦宏农牧开发有限公司、丰旺种猪场万鑫牧业有限公司等一批大、中型生猪生产企业。建宁县明一奶牛是建宁县最大的肉牛养殖企业，项目总投资15亿元，目前项目正在积极推进。

建宁县稻田养鱼历史悠久，伊家乡笔架、隘上孵化建鲤鱼苗，祖辈相传，享誉县内外。1986—1995年，在国家农业部、省农科院等的支持下,10 年间拨出近百万元科研经费,进行沟坑式稻萍鱼模式、沟坑式莲萍鱼模式、沟坑流水式稻萍鱼高产体系模式、稻田培育鱼种模式等一系列的技术攻关,使这一古老的养殖业迅速成为举世瞩目的“稻(莲)萍鱼立体共生种养综合丰产技术”,建宁县稻田养鱼面积一度扩大到 10 多万亩,连续多年获得农业部“稻萍鱼综合丰产技术”丰收计划二、三等奖和“莲田养鱼大面积高产、高效技术”丰收计划三等奖。近年来又创造了“坑垄立体种养”“一稻一鱼”“莲田养殖技术”“稻(莲)田鱼螺混养技术”“山塘水库高密度精养”“莲田荷蟹生态养殖”等多模式、多品种、多规格混养、立体生态高产新技术,促进了全县水产养殖的大发展。

近年来,全县累计引进、推广了畜、禽、渔、牧草新品种 80 多个,各种适用养殖新技术 60 多项。到 2018 年末,全县生猪存栏 4.45 万头,生猪出栏 5.24 万头;牛存栏 0.48 万头,牛出栏 0.44 万头;羊存栏 0.65 万头,羊出栏 0.62 万头;家禽存栏 62.9 万羽,家禽出栏114.8 万羽,全县肉蛋总产量达到 8050 吨,水产品生产量 7500 吨。全县拥有畜牧禽渔产品注册商标 1 个,无公害产地产品认证 4 个,专业合作社 7 家,市级农业产业化龙头企业 1 个,省副食品调控基地 1 个。

(五)烟草种植

建宁县烟草种植起步于 1988 年,经过 30 余年的发展,逐步从粗放经营到精细管理,质量稳步提升。尤其是 1998 年以来,建宁县烟叶生产水平不断提高,烟农收入逐年增加。建宁烟叶生产遍布全县 9 个乡镇、85 个建制村,目前主要品种以“翠碧一号”和云烟 87 为主。2008 年前后全县烟叶生产达到高峰,种植烟叶 4.5 万亩,收购烟叶 12.84 万担。受 2015 年以来全国严控烟叶规模形势的影响,建宁县近年来烟叶种植面积下降至 3.5 万亩左右,其中翠碧一号面积占 65%,云烟 87 占 35%,总产量稳定在 8 万担,烟农年售烟收入1.2 亿元,年均烟叶税 2500 万元左右。烟叶亩产量在 120～140kg 左右,亩产值 4000 元左右。

建宁县烟叶生产技术上,主要是做到了“三个优化”,即优化品种布局、优化种烟田块、优化烟叶结构。全县年均投入补贴资金 85

万元，用于落实稻草溶田 1.2 万亩；投入补贴资金 70 万元，用于100％施用菜籽饼肥等有机肥，改善土壤环境。在加强育苗管理上，推广育苗中棚，加强温湿度管理和水肥管理，积极推广“集中育苗、分户管理”与“集中育苗、统一管理”相结合的育苗模式，提高烟苗质量。在抓好绿色防控上，努力控制农药施用量，推广三氯异氰尿酸熏蒸育苗棚、烟蚜茧蜂防治蚜虫、性诱剂防治斜纹夜蛾，黄板诱蚜等技术，全面推进生态烟区建设。在加强烘烤指导上，根据不同年度间烟叶生产特点，推广“中温中湿慢烤”技术，适当调整烟叶烘烤时间，提高烤后烟叶质量。试点开展专业化烘烤和采烤一体化作业，同时大面积推广生物质燃烧机、散煤烘烤技术，不断提高烘烤水平。

（六）食用菌产业

食用菌产业从教训中崛起，在 20 世纪 80 年代中期以“短平快”的致富项目，掀起袋载香菇的热潮，由于技术、原材料、市场等方面原因，未达预期效益造成损失。但也有一部分有心人，从失败中总结经验教训，创新技术，利用莲子壳、梨果枝条、种植菌草等新技术，开拓发展食用菌生产的新路子。全县食用菌种植面积达百万平方米，香菇、茶树菇、黑木耳、凤尾菇……等品种琳琅满目。

第二节　改善农业生产条件[①]

一、农田改造与土地整理

建宁县位于闽西北内陆山区，由于山区特定的自然地理条件，形成了农田的冷、烂、锈、酸、毒、瘦、粘、沙、旱、涝、缺素等多种障碍因素，中低产田面积大，制约了农业生产的发展。

1952 年，县人民政府提出“开展爱国增产运动”，发动群众就地取材，用木槽、竹枧等引水灌田。1958 年提倡“三改”（改串灌为轮

---

① 本节作者廖春平。

灌、改烂泥田、改冷水田），开好排灌沟、埋上竹筒管控制田内水位，亩产从83公斤提高到160公斤。1963年，提出改造低产田的计划措施，1964年全县万人进山垅田改造低产田。为创造粮食上《纲要》（中央提出的平均亩产400公斤）力争亩产超千斤，1971年冬季全县掀起了大战山垅田的高潮，“安营扎寨茅草棚，千军万马战山垅”，山、水、田、林、路综合治理，平整土地，裁弯取直，小坵并大坵，消灭斗笠坵、眉毛坵，大修机耕道，挖地下排水道，客土改粘、改砂，扩种绿肥，田头建粪坑，大规模的山、水、田、林、路综合治理工作一直持续到1977年。1971—1973年，全县投入550万个工日，平均每个劳力投工50个，改造低产田6.1万亩。

1980年开展了全国第二次土壤普查（建宁县第三次土壤普查），当时全县有水稻田220253亩，按其肥力等级划分为三级。其中：Ⅰ级地（亩产800公斤以上）4696亩，占全县耕地面积2.1%；Ⅱ级地（亩产450～750公斤以上）173490亩，占78.8%；Ⅲ级地（亩产400公斤以下，当时称“中低产田”）42061亩，占19.1%。依据全国第二次土壤普查资料，建宁县委、政府、农业部门于1983年开始制定全县中低产田（亩产400公斤以下）分期进行协作攻关的决定：1983—1985年为第一期，大搞高产竞赛，1986—1988年为第二期，1989—1991年为第三期，1992—1994年为第四期。其主要是采取排冷、排锈、选用抗病良种、推广双季稻、调整播期、配方施肥、病虫综防等一系列工程、农业措施，其中以农业措施为主，工程措施少，投入资金量少。经统计，1987—1994年，农田建设投入资金560万元，改造中低产田0.92万亩，开荒造田1.0万亩，建立绿肥萍母田1.0万亩；完成兴修小型水利7处，电灌站两座，石砌沟30.8公里。

全国性的农业综合开发是从1988年开始，其重点是改造中低产田，改善农业基本生产条件，不断提高农业综合生产能力。建宁县于1993年开始实施国家农业综合开发，1994年被列为国家立项闽西北农业综合开发县。为此，县委、县政府高度重视，成立了国家农业综合开发领导小组，以农田基础设施建设和农业生产条件改善为重点，采取修建水源工程、排灌渠系、机耕路等工程措施，并与土壤改良等农业措施相结合，大力兴建吨粮田，改造中低产田，较大地提高了耕地的综合生产能力。据统计，1993—2005年，投资2511万元，改造中低产田10.45万亩；投资378万元，建立优质稻基地2.5万亩，优势农产品基地0.86万亩；2006—2015年，投资7479万元，土地整理3.11万亩；2010—2015年，投资2479万元，治理小流域2.818万亩；投资144万元，水毁修复0.36万亩；2012—2018年，投资11558万元，建设高标准农田6.76万亩。

建宁县于1995年被列为省级商品粮基地县，成立了省级商品粮基地建设项目领导小组，开始实施商品粮基地项目，2001年开始，与农业综合开发捆绑实施中低产田改造项目。据统计，1993—2000年，投资1854万元，改造中低产田8.86万亩；1995—2000年，投资1156.6万元，建立吨粮田3.94万亩；2001—2009年，实施农综捆绑项目，投资1759万元，改造中低产田3.05万亩，建立高标准水稻制种田0.1万亩；2003—2016年，实施省级标准农田项目，投资1108万元，建设省级标准农田1.1257万亩；2010—2018年，实施新增千亿斤粮食生产能力规划田间工程项目，投资7308万元，建设高产稳产粮田（高标准农田）5.27万亩（其中：山垅田1.8万亩）；2014—2016年，实施山垅田复垦与改造项目，投资583万元，改造山垅田0.35万亩；2016年，县农业局（福建省闽江源莲业发展有限公司承建）向中国农发重点建设基金有限公司贷款4800万元，建设高标准农田2.3万亩；此外，2003—2015年，县农业局还实施了节水灌溉、新增农资综合补贴等项目，投资772万元，用于农田基础设施建设。

据不完全统计，1987年以来，农业、农发部门累计投入44450万元用于农田基础设施建设，改善农业生产条件。其中：投资6684万元，改造中低产田23.28万亩，投资23666万元，建设高标准农田14.33万亩。

二、农业机械的使用与推广

（一）农业机械化

历史上农民祖祖辈辈都在这块土地上脸朝黄土背朝天，日出而作、日落而息，依靠人力畜力耕种20余万亩耕地，广种薄收，过着艰苦贫困生活。新中国成立后，翻身后的农民都向往解放生产力，实现“耕田不用牛”“点灯不用油”的梦想。解放初期，党和政府就开始农机具的试验，推广双轮双铧犁、旋耕机等农业机械。1959年建宁县引进第一台捷克35型轮式拖拉机，揭开了全县农业机械化的序幕，并为逐步发展拖拉机等农业机械起到了典型示范作用。自此之后，全县农业机械化生产从无到有、从少到多逐步推广发展起来，减轻了人力畜力的劳动强度。改革开放后，随着国力的增强，国家机械水平的不断提高，村经营体制的稳定和完善、广大农民对农业机械化的需求更加迫切。20世纪80年代以来，农村实行家庭联产承包责任制后，农民对农机购买提出“一要小，二要好，三要花钱少”的需求，县农机推广技术人员因地制宜，加大对适用新型农机具的推广力度，调动农户购买农机的积极性。建宁县农机化工作也开始迈入全国先进行列，并多次获得全国、省、市表彰，2006年获“十五”期间全国农机化管理先进单位，2005—2006年度获全国跨区机收作业先进单位，2007年被定为全省水稻机械化育插秧试点县，2007年被农业部确定为全国首批100个农业机械示范区之一，2008年被确定为全省农业(农机)“五新”项目推广示范县和机插秧示范县，2010年被确定为“全国水稻机械化育插秧试点县”，2015年被评为“全国平安农机示范县”。2018年，全县农业机械总动力达16.5万千瓦，水稻耕种收综合机械化水平居全省前列，达到了77%。全县拥有农业机械总值15063万元，为1986年的21.6倍；全县农业机械总动力达16.5万千瓦，为1986年的6.6倍。建宁农业机械化朝着全程全面发展，实现新的历史跨越。

(二)耕作机械推广

1988年以来，全县耕作机械保有量逐年增加，耕作机具主要有深耕机、旋耕机、耕耙犁、机耕船、微耕机等，1989年从江苏兴化机具厂引进50台ILS-220型双铧栅条犁用于冬翻土，1995年从尤溪引进2台ILYQ-320型手扶驱动式圆盘犁用于机械作业，1998年引进烟地起垄机用于烟地整畦。为提高果园、烟叶等经济作物的机械化耕作水平，推广果山挖孔、开沟、割草机械，烟叶起垄、施肥、覆膜联合作业机、培土机。2006年，引进推广果山微耕机、割灌机。2007年起，推广烟地起垄覆膜机，2009年推广引进大中型拖拉机，至2017年底，全县共有5081台拖拉机(其中大中型拖拉机30台)，拖拉机配套农具6924部，各类耕整地机械11490台套。

(三)水稻机械化育插秧推广

2006年起，建宁县在全市率先引进江苏东洋插秧机2台，并在溪口进行试验示范推广。但由于建宁县是杂交水稻制种大县，全县80%的农民都从事杂交水稻种子生产，水稻制种生产存在父本、母本两个个体的特性，与普通水稻种植存在很大的差异，造成水稻制种机插的推广难度加大，2011年引进第一台由省农科院水稻所与宁波协力机电制造有限公司研发的5寸制种专用插秧机，当年8月在溪口镇召开机械操作演示会，2012年试验机插10余亩取得成功后，母本机插推广面积逐年增加，2016年至2017年已扩大到6000亩左右。同时在实践中母本机械化育插秧技术体系逐渐得到完善，插秧机质量和性能也逐步提高。2013年开始，县政府相关部门及县农机协会为了大力推广杂交水稻制种母本机插，每年都拨出专项经费用于补助制种母本机插，以期通过秧盘耗材、用种增量、水稻保险、机插工资、购机成本等各项补助，进一步促进建宁县杂交水稻制种母本机械化育插秧技术的推广。

(四)收割机械推广

1990年，建宁县从福州收割机厂引进农友-90型半喂入式收割机2台、圆盘式割晒机4台。2001年溪口杨林农户从福州收割机厂购进第一台联合收割机，起到良好的示范带动作用，从此收割机械化推广取得明显效果，全县机收率接近100%。近几年来，全县开始陆续引进推广高效环保收割机型，主要有沃得、洋马、星光，高效环保联合收割机以其高效、损失率低、综合经济效益高等优点得到迅速推广。经过多年更新换代，淘汰落后机型后，2017年底全县共有高效环保联合收割机362台，机械收获面积达22.26万亩，有大约一半的机器还能利用农时季节差到邻近的省、市、县进行跨区作业，进一步提高机器的利用率和增加收入。

（五）田间管理机械推广

改革开放以后，农村实行联产承包责任制，机动喷雾（粉）机以其低容量喷雾（粉）、机体较小、操作方便、防治病虫害的覆盖面大而均匀得到广泛推广和使用。20世纪90年代以来，全县旱涝灾害频发，农田水利和机电灌溉迅速发展，水浇地面积大幅度增加，排灌机械得到普遍应用，近几年农用航空器因其高效环保深得农户喜爱，在全县发展迅猛，目前多个合作社都购入农用航空器并培养飞机操作手，为农户提供统防统治服务，减轻了农民的劳动强度。至2017年底，全县拥有各类植保机械8117台，农用航空器31台，排灌动力机械3537台。

（六）收获后处理机械推广

目前主要有烘干机、精选机、碾米机、饲料粉碎机、莲子剥壳机等。针对县内传统用木炭人工烧烤莲子的单一技术，寻求环保、节能、高效和提高莲子品质的途径，2002年6月，从福州三发干燥设备有限公司引进FCH型柜式干燥机用于烘烤莲子。2002年8月，在里心镇文鑫莲业有限公司召开福建省农业科技年暨莲子机械干燥技术产地现场会。2008年引进种子精选机，2009年引进莲子剥壳机，2010年引进果蔬烘干机，2014年引进粮食烘干机，至2017年，全县拥有粮食烘干机54台，其他农副产品加工机械1088台。

第三节　完善水利水电建设①

旧社会留下的水利设施极度贫乏简陋。在农田灌溉方面，只见到在溪流上建筑的一些草木坝。其中，一部分配有水圳、大部分是逐圻串灌。这些草木坝，一遇洪水，即行冲毁，以致十年九旱。个别地方利用溪流急滩，在岸边装置筒车，提水灌溉。在水能利用方面，

① **本节作者黄健豪。**

只见到简单的木杓碓、水车碓，利用水的落差，引水注满木杓、车斗，启动碓头舂米。

1965 年成立、1986 年恢复的县水利局是主管全县水利、水电、防汛、抗旱工作的县政府职能部门。在党的领导下，随着农业集体化的进展，开始兴修各种水利工程，规模从小到大，标准从临时性到永久性，有力地促进工农业生产的发展和人民生活水平的提高。改革开放之后，随着融资渠道的拓宽，水利水电工程的规模越来越大，效益越来越高。同时，加强水资源管理，加强节水与水资源保护，重视做好水土保持，走依法治水、依法管水的道路。时至今日，成绩显著，面目一新。

一、农田灌溉方面

建成了具有一定规模，蓄、引提相结合的水利工程体系。1955 年，在均口隆下的大溪上建了一座石坝，沿左岸开渠，引水灌溉均口、修竹的一千多亩耕地，这是建宁县建设的第一个千亩以上引水工程。随后，遍地开花，在大小溪流上建成了众多永久性或半永久性水坝，以及高标准的干渠与支渠配套的灌溉渠道。原有的年修年毁的草木坝，都进行了改造，或被石坝、混凝土坝取代。1956 年，在长吉建成了蓄水量只有 3 万方的鸭姆垅水库。这是建宁县建设的第一个蓄水工程，起到典型示范作用。1978 年以前有水库 5 座，其中小(一)型水库 2 座，小(二)型水库 3 座，总库容 446 万方。以后逐步推广，相继建成蓄水量超过百万的水库有：东风水库、兰陂水库、双溪口水库、王坪栋水库、坑井水库等。目前有中型水库 1 座，小(一)型水库 10 座，小(二)型水库 19 座，大小水库，都发挥灌溉、防洪效益，有的较大水库还兼有发电效益。截至目前，全县共有各类水利工程 3365 处。其中：蓄水工程 382 处，设计库容 1157 万方；引水工程 2670 处，引水流量 24.5 方/秒；提水工程 127 处，装机容量 1300 千瓦；小型雨水集蓄工程(水池)185 个。全县现有有效灌溉面积 20.18 万亩，占耕地总面积的 79.9%。现有节水灌溉面积 14.46 万亩，占有效灌溉面积的 71.7%。其中，管道输水喷微灌等高效节水灌溉面积为 0.9 万亩。

二、水能利用方面

20 世纪 50 年代和 60 年代，采用自力更生、因陋就简、以土代洋的办法，建成了一批小型水电站，为城乡照明和农产品加工提供了方便。第一个建成发电的水电站，是 1956 年建设的装机容量只有 45 千瓦的溪源七里坑水电站。以后水电工程规模逐渐增大，标准逐渐提高，相继建成一批骨干电站。主要有：大元、武调电站，装机容量 2400 千瓦的合水口水电站；装机容量为 2400 千瓦的王坪栋梯级电站；装机容量 2500 千瓦的十八闸水电站；装机容量 2000 千瓦的罗坊水电站；装机容量 7500 千瓦的里沙溪水电站；装机容量 6000 千瓦的器村水电站等。全县现有水力发电站 65 处，总装机 5.01 万千瓦，为工农业生产和人民生活提供电力能源。同时，建宁县加大电网建设力度，相继建成建宁县城关 110 千伏变电所，容量 20000 千伏安；均口 35 千伏变电所，容量 5000 千伏安；里心 35 千伏变电所，容量 3150 千伏安。35 千伏输电线路 118 公里，10 千伏输电线路 635 公里，0.4 千伏输电线路 645 公里。随着农村电网的建成，农村电气化已经基本实现。

20 世纪 90 年代以来，全县在河道治理和城区防洪方面做了大量工作，成绩卓著。先后实施了千公里江堤，金溪一期、二期、三期、重点县防洪工程建设，从长吉到斗埕的河道，已经全面进行疏浚，两岸已建成长 21.7 公里防洪标准 20 年一遇的防洪堤，同时建成了城区排涝站闸 3 座，河东排涝站 1 座，既提高了防洪标准，又美化了市容。均口镇的防洪堤也已建成约 3 公里。2013 年以来，先后实施了里沙溪、溪源乡楚溪、黄坊乡黄坊溪、伊家乡兰溪都溪客坊段、黄埠友兰段等 6 条中小河流治理工程，综合整治河道 22.72 公里。近年来，省水利厅大力提倡安全生态水系建设，全县已实施黄坊乡毛坊溪、闽江源头暨台田溪、溪源乡楚溪等三条安全生态水系建设，治理河长 31.3 公里。

三、城区供水方面

建设了一座日供水 2.5 万吨的新水厂,成功地从王坪栋用管道引水到城区,满足了工业生产用水和人民生活用水的需要;受益人口 3 万多人,人们用上了没有污染的洁净水,那种停电即停水的状况已经一去不复返了。经过多年努力,截至目前,已建成村级通水工程 92 个,乡镇级通水工程 7 个,广大农村的饮水安全问题,也已得到基本解决。

第五章 生态环境与美丽家园建设

第一节 生态环境建设与保护①

作为闽江发源地和全省重要生态屏障，建宁县始终坚持绿色发展，把加强生态文明建设、保护青山绿水作为立县之本，牢固树立“绿水青山就是金山银山”发展理念，根据建设“机制活、产业优、百姓富、生态美”新福建要求和市委“念好发展经、画好山水画”的工作主题，按照“清新花乡、福源建宁”的要求，创优生态环境、发展生态经济、创造生态财富，围绕建设“闽赣省际生态产业集聚区”发展定位，主动转方式调结构，提升发展质量和效益，初步走出了一条经济发展与生态文明相辅相成、相得益彰的新路子。

一、高度重视，组织保障

1991年3月成立了独立的环保机构——建宁县环境保护局，行政编制3名，内设办公室、综合股2个股室和下属环境监测站、环境监理所。2011年机构改革中，建宁县环保局调整为县政府组成部门，内设办公室、综合股、自然生态股3个股室和下属环境监察大队、环境监测站2个事业单位。2019年1月11日正式挂牌“三明市建宁生态环境局”。

县委、县政府高度重视环保工作，每年召开环保大会，并下发环

① 本节作者谢辉。

保工作目标责任书,将各乡镇的环保工作纳入绩效考评,考评结果抄送组织人事部门,作为干部评优创先的重要依据。

全县环境保护投资占 GDP 的比重逐年保持或提高。历届县委、县政府都高度重视生态环境保护与环境污染防治工作,加大环保投入力度。一是加强生态环境建设。建设闽江源国家级自然保护区基础设施、公益林管护、营林工程、园林绿化管护、矿山环境整治等工程。二是加强城乡人居环境建设。加大垃圾无害化处理、城市绿化工程、城区道路及景观工程、污水处理及管网配套建设等。三是加强农村环境综合整治。开展农村家园清洁行动和农村环境连片整治工程建设。四是加强环境执法能力建设。增加环境执法人员,提高执法人员素质,改善环境执法条件,完善环境监测站建设。五是加强企业污染治理。通过政府和企业投入相结合的方式增加环境保护投入,重点是投入县定点屠宰场污水处理、铙山纸业造纸污水深度治理、三泉牧业标准化猪场环保设施建设、华新食品生产污水处理等项目建设。

二、生态创建,环境优良

县委、县政府紧紧围绕市委、市政府党政生态环境保护目标责任书要求,以实现“水净、河清、天蓝、地绿、居怡”为目标,全面落实“党政同责”“一岗双责”,开展生态环境治理八大行动,实施生态环境保护八大工程,加快打造生态文明建设建宁样板,生态文明建设取得显著成效。

(1)生态环境保持优良。根据监测,长期以来建宁县集中式饮用水源水质达标率达 100%;流域建宁辖区水环境功能区达标率达 100%;与下游交接的断面水质达到国家地表水Ⅱ类水质标准;城区环境空气质量均稳定达到二级以上标准,2017 年度建宁县环境空气质量位列全省第三;城区区域环境噪声、交通噪声、功能区噪声全年监测达标率达 100%。

(2)创建生态县。不断加快生态文明建设步伐,深入开展生态县创建,2012 年获省级生态县命名,2015 年通过国家级生态县技术评估，2016 年 10 月通过国家级生态县验收。全县 9 个乡镇全部通过国家级生态乡镇考核验收，已有 8 个乡镇获国家级生态乡镇命名，80 个村获市级以上生态村命名。创建省级环境友好型学校 1 个，市级环境友好型学校 5 个，闽江源自然保护区获省级环境教育基地命名。

(3)节能减排。建宁县为闽江正源头，严格控制新建、扩建、改建高耗能、高污染项目进入。加快现有企业节能改造，切实降低企业能耗水平。通过强化污染减排责任落实，扎实推进工作减排，结构减排和管理减排，努力削减主要污染物排放总量。2012 至 2015 年，全县完成化学需要量减排 341.92 吨，完成氨氮减排 33.62 吨，二氧化硫与氮氧化物 3 个年度均持平，每年均完成了市政府下达的减排任务。

(4)空气环境质量。为改善县城区空气环境质量，控制空气环境污染：一是控制煤烟污染。加大淘汰落后产能的工作力度，关停了生产工艺落后、能耗高、污染严重的建宁县黄埠造纸厂、建宁县水泥厂和建宁县机砖厂。同时，推行清洁能源替代计划，将建宁县荷花宾馆原 2 吨燃煤锅炉技改为电锅炉；福建省富龙铙山热能有限公司引进环保型热电联产项目，通过改变燃料结构(将谷壳和竹木下脚料替代燃料煤)，减少煤烟污染空气。二是控制扬尘污染。加强建筑工程施工(包括建筑施工，拆迁工地，道路、桥梁及河道整治施工，公用设施施工，运输等)扬尘、道路扬尘、露天堆场及货物扬尘的管理，实施城市环保绿色工程，有效控制扬尘污染。三是严格控制机动车尾气污染。认真执行国家机动车尾气排放新标准，加强机动车尾气污染的监督管理，加强对道路上冒黑烟、蓝烟超标车辆的监督检查，严格执行国家机动车辆报废标准。四是实施“绿色工地”工程。积极筹集资金，加大城市道路改造和园林绿化美化的力度，有效地美化了城市，减少了自然扬尘，提高了城市环境自净能力。

(5)水环境质量。根据《三明市闽江流域水环境综合治理实施意见》，制定了《闽江流域建宁辖区水环境综合整治的实施意见》，并下发到各责任单位，将全县水环境整治任务分解细化到责任部门。

2009年开展流域综合治理以来，共完成饶山纸业废水深度治理、养殖废弃物综合利用等21项流域治理项目，极大地减少了污染物排放，确保闽江流域水环境水质达标。

(6)噪声环境质量。高度重视噪声综合整治工作，加强组织领导，制定整治目标和措施。一是加强不定期监测。坚持对区域环境噪声、交通噪声、功能区噪声的常规性监测及厂界噪声、建筑施工噪声、社会生活噪声的委托性监测。加大不定期监测的点位及次数，为环境管理提供数据支持。二是积极开展噪声防治专项行动。以娱乐噪声、建筑工地噪声为重点，全力开展噪声污染防治工作。三是积极协调，完善联动机制。县环保局牵头，协调公安、文化、交通、建设、工商等主管部门，积极探索噪声污染分类投诉渠道和信息共享机制。针对噪声扰民事件，召开专题研究会，开展联合执法，有效、及时的解决严重的噪声污染问题。四是严格环保执法，整治噪声环境。严格排污申报登记制度和建筑施工作业时限，24小时畅通环保投诉电话及“12369”投诉渠道。五是搞好宣传教育，转变环保思想。鼓励群众举报投诉噪声扰民事件，提高民众环保主人翁意识，营造“全民参与，人人环保”的良好氛围。

(7)工业固体废物处置。工业企业生产的固体废物主要是煤渣、粉煤灰及其他固体废物，县里始终坚持循环经济理念，变废物为资源，坚持固体废物利用和处置的资源化、无寄存器化原则。严格按照《中华人民共和国固体废弃物污染环境防治法》的要求加强对工业固体废物处置、利用。建宁县危险废物只有医疗废弃物，全部由三明绿洲医疗废弃物处置公司回收处理，无危险废物排放。

(8)饮用水源保护。政府高度重视饮用水水源保护工作，把“让群众喝上干净水”作为工作的重中之重。县城区王坪栋水库水源保护区于2008年10月划定，2009年1月经省政府批准实施。里心镇等7个乡镇饮用水源保护区的划定和文本编制工作于2007年11月得到省政府批准实施。

建宁县委、县政府高度重视城乡饮用水安全问题，不断加大经费投入，加快农村饮用水安全工程建设，做好农村改水工作。通过政府扶持，多方面筹集改水经费，采用建设农村饮用水工程或就近接通城镇自来水等方式，确保农村饮用水安全。

第二节　打造生态美丽家园①

一、乡村整治初见成效

改革开放以来，建宁县经济持续、快速、健康发展，农村居民的生活和收入水平也有了很大提高。随着生活水平的提高，农村居民对居住的质量和生活的环境提出了更高的要求，建（购）新住宅成为人民在满足温饱后最重要的需求之一。1997 年，福建省颁布了《关于加快村镇建设若干问题的决定》，提出村镇改造是农村奔小康的重要组成部分，要求各地集中力量加强村镇的规划和建设管理，实施新村建设工程，把新村建设和旧村改造结合起来，抓好农村环境整治和绿化美化，解决“脏、乱、差”问题，逐步实现农村居住条件和生活条件现代化。

2005 年 10 月，党的十六届五中全会通过《十一五规划纲要建议》，提出按照“生产发展、生活宽裕、乡风文明、村容整洁、管理民主”的要求，建设社会主义新农村。县委、县政府积极贯彻落实中央、省、市要求，因地制宜、量力而行，扎实推进新农村建设。

2014 年以来，福建省启动“千村整治、百村示范”建设美丽乡村工程，县委、县政府高度重视、精心部署，形成了县乡联动、共同发力、提质提速的工作局面，启动和建成了一批特色鲜明的美丽乡村，受到社会各界的高度关注和普遍好评。全县重点推进污水治理、垃圾处理、裸房整治、公厕新建改造，抓好环境治理、文化遗产保护、村庄绿化、村道硬化等相关工作，结合实际、量力而行发展乡村休闲旅游、特色产业，进一步完善村庄公共配套服务设施，已建成美丽乡村

① 本节作者刘新喜。

69个，占全县建制村比率的75%。其中，上坪村获评国家级传统村落、水尾村获评省级传统村落；陈家村成为全省推广美丽乡村建设“五清楚、两特色、一机制”的发源地。

二、齐抓共管，加强美丽乡村建设步伐

1.领导重视，推动有力度

县委、县政府高度重视美丽乡村建设工作，将其纳入重要议事日程，下发了《美丽乡村建设标准和分类指导意见》《建宁县美丽乡村建设典型培育实施方案》《建宁县农村环境综合整治工作方案》等推进美丽乡村建设的系列文件，成立了县美丽乡村建设工作领导小组、美丽乡村建设典型培育工作领导小组和农村环境综合整治工作领导小组，各乡（镇）相应成立了工作领导小组，村级成立美丽乡村建设理事会，形成了“县级领导指导、县直部门帮建、乡镇负责人主抓”的工作机制。为加速推进美丽乡村建设起到了巨大的促进作用。

2.规划先行，建设有基础

乡（镇）、村两级坚持规划先行，结合各村村情，依托村里的文化生态资源优势，聘请设计单位对各村美丽乡村建设进行规划设计，因村制宜组织编制美丽乡村建设规划，发挥规划引领作用，为美丽乡村建设奠定了良好的基础。如：濉溪镇高起点编制了《水西、长吉、斗埕、圳头、大源、高峰美丽乡村建设规划》；溪口镇根据各村文化生态资源差异进行分类规划，把美丽乡村建设类型划分为高效农业型（马元、桐元、半元、杨林、枧头、溪枫）、生态保护型（杉溪、高山、艾阳）、乡村旅游型（枫元、高圳、渠村、溪口）3种模式；均口镇确定了“统一规划美村、休闲观光兴村、绿色产业富村、和谐文明福村”的建设目标；伊家乡确定了“因地制宜、科学规划、整治水系、畅通小道、美化绿化，打造田园风光、清新花香、民风淳朴的深呼吸新伊家”建设目标。

3.借鉴经验，理念有提升

为有利于乡（镇）、村干部和群众更好地理解、掌握和落实好美丽乡村建设要求，县委、县政府及各乡（镇）积极采取邀请专家授课、

举办专题培训、外出学习考察等多种形式，启迪思路，进一步开阔县乡干部的视野，汲取先进发展经验，提升了基层干部、群众的建设理念和参与美丽乡村建设的工作热情。如：2014 年 10 月，县委理论中心组召开学习会，邀请中国当代著名乡村规划专家骆中钊作美丽乡村建设专题讲座；县住建局将美丽乡村建设总体思路、工作方法、具体要求作为建设要点，归纳为“美丽乡村建设 123”[一是走一条路线：群众路线；二是体现两个特色：农村特色和本地特色；三是遵循三个标准：“五清楚”（扫清楚、摆清楚、拆清楚、分清楚、粉清楚）、“两相似”（田间资源似公园、菜地似绿地）、“两结合”（美丽乡村建设与全域旅游和生态产业发展相结合、与探索创新农村基层治理机制相结合）]。濉溪镇、黄坊乡、伊家乡采取“走出去、请进来”的方式，由分管领导带队，先后赴泰宁、沙县、宁化等地考察学习，并举办了多期美丽乡村建设专题培训会，邀请县领导及县住建局等业务部门授课，培训人数达 300 余人次。

4.凸显特色，建设有亮点

各村立足条件优势、资源禀赋，采取旧村整治和特色保护模式，保护好乡村原始风貌、村庄原有形态，挖掘文化和生态特点，走差异化、特色化路子，形成不同类型的特色乡村。如：濉溪镇突出圳头村至大源、高峰，城关至水西美丽乡村沿线综合整治，全面清理乱搭乱建，在沿线路旁种植红叶石楠进行绿化，沿线环境明显改观。里心镇把美丽乡村建设与黄花梨、建莲以及文化旅游等产业相结合，积极发展观光农业，花排村的“花果山”赏花地已经成为里心镇农业旅游的一个品牌。客坊乡围绕“好客坊·红土地”主题，把美丽乡村建设与红色旅游项目有机结合起来，实施了红色文化主题公园、水尾村系列红军旧址建设项目，村庄面貌焕然一新，红色旅游初具雏形。濉溪镇高峰村着力打造“滨河步道、田间花海、激情漂流”为特色的乡村旅游，完成村内污水管网、观光步道铺设、景观亭等建设，整个村庄面貌焕然一新。溪口镇枫元村积极保护山水田林自然风光，推进村庄田园化、庭院花园化、道路绿荫化，村庄面貌明显改观。均口镇修竹村、黄坊乡毛坊村、安寅村、武调村等村庄依托自身特点，大力培育和开发“农家乐”“家庭农场”“民宿经济”等产业，打造休闲观光农业，发展乡村旅游。溪源乡上坪村结合村庄历史文化资源，打造历史文化名村，大力发展古村落民俗旅游，打造廉政文化长廊。均口镇官常村小河绕村穿行，池塘荷鱼成趣，成为景点小品。伊家乡陈家村注重建筑风格本地化，对古祠堂、古建筑进行专门的保护修缮，建成了伊家最具特色的村。

5.突出整治，面貌有改观

坚持把开展农村环境综合整治作为美丽乡村建设的首要工作，积极推进。各村通过实施整治农村河道、重要节点建筑物立面改造、旧房裸房整治、拆除危旧建筑和乱搭乱盖，实施村庄道路硬化、完善排水系统、开展绿化美化建设等工作措施，持续开展农村环境综合整治。在生活垃圾处理方面，2012 年在全市率先开展“村收集、乡中转、县处理”的城乡一体化垃圾处理模式，推行“一清、二扫、三收、四治”垃圾常态化治理机制，所有乡镇均已建成压缩式垃圾中转站，并至少配套 1 辆以上压缩式垃圾转运车，各乡镇均采取购买社会服务方式，引进专业机构治理环境卫生。里心镇开展干湿垃圾分类，建设垃圾资源综合利用站，环境卫生设施正在向配套化方向发展。在生活污水处理方面，全县积极落实“雨污分流”，分步实施生活用水排放、污水处理建设项目，如推广农村建设标准三格化粪池，在部分地区进行污水管网建设，实施无害化厕所建设或改造，建设水冲式厕所等，2017 年，将全县除濉溪镇、溪口镇两个城中镇外的 7 个乡镇镇区及 40 个村庄污水处理设施和配套管网建设采用 PPP 模式统一打包向社会招标，引进第三方专业机构治理农村生活污水，各整治村的脏乱差局面得到明显扭转，农村环境卫生得到明显提高，村容村貌得到明显改善。在基础设施完善方面，各乡村供水、供电均已延伸至每一个村民小组；农村主要道路全面硬化，次要道路、宅间道、入户路部分硬化，部分铺设乡土石材；村部所在地基本建有防灾避灾场所、停车场和休憩廊亭、农民公园、文体活动广场；房前屋后和公路沿线及空闲地基本进行了绿化美化，部分还种植了名贵树种、花卉；各村均实现了有线电视信号、移动电话、宽带网络进村入户。

6.多方投入，建设有保障

全县各级加大财政投入力度，统筹自有财力和项目补助资金，推动美丽乡村建设。县政府建立了美丽乡村建设专项资金扶持机制，从 2013 年起就将农村卫生保洁经费补助纳入财政预算，每年给予每村 6000 元经费补助；从 2015 年起，按上年末各乡（镇）村年报人口数为基数，给予 25 元/人的财政资金预算安排。同时，采取资金捆绑使用的办法，将耕地增减挂钩、小流域综合治理、安全饮水、文化惠民、体育工作、农村电气化、历史文化名村保护、农家乐休闲旅游发展等项目资金有机结合，优先捆绑用于美丽乡村建设，保障美丽乡村建设资金投入。各乡镇采取“政府补助、项目整合、群众自筹、部门支持”的办法，积极开辟筹资渠道，着力保障建设投入，基本形成“政府主导、群众主体、社会参与”的资金投入格局。2014 年以来，全县共投入资金 11344 万元，确保了美丽乡村建设项目的顺利实施。

建宁县按照产业兴旺、生态宜居、乡风文明、治理有效、生活富裕的总要求，以改善农村居住环境建设美丽宜居乡村为目标，大力推进农村人居环境整治，制定乡村振兴“一十百千万”的工作目标，并力争再通过两年时间，打造一个省级人居环境整治示范村（高峰村）、推进十个县级乡村振兴精品示范村建设、建设百个村容村貌提升点、整治千户农房、拆除 30 万平方米违章建设、乱搭乱盖等建筑物。为建设美丽乡村，如期实现全面建设小康社会目标打下坚实基础。

第三节　闽江源自然保护区[①]

为更加有效保护全县森林资源安全，建宁县成立了闽江源国家级自然保护区、闽江源国家森林公园、建宁县闽江源国家湿地公园

---

① 本节作者陈雪华。

等3个国家级保护区和建宁国有林场、建宁县闽江源国有林场、建宁县林业建设投资公司、建宁县闽峰公司等4个国有林业企业。国有林业企业经营面积达45.61万亩，占全县有林地面积的23.03%。

一、管理机构

闽江源自然保护区于2006年2月经国务院批准晋升为国家级自然保护区，同年6月成立了福建闽江源国家级自然保护区管理局，隶属建宁县人民政府，机构规格为副处级，2009年1月机构性质由全额拨款事业单位改为参照公务员法管理的事业单位。管理局设有6个职能科室和4个管理站及1个生态监测站，2015年5月增设闽江源森林派出所。管理局党委成立于2007年7月，下设局机关、旅游局、旅游公司、均口管理站、金铙山管理站、黄岭管理站等六个支部，共有党员51名（今年初旅游局并入文旅局）。

二、保护区资源

福建闽江源国家级自然保护区地处武夷山脉中段的建宁县东南部，地跨3镇（均口镇、濉溪镇、溪口镇）、1乡（伊家乡）、14个建制村，属森林生态类型的自然保护区。全区面积13022公顷，2014年9月获批后的功能区划调整为：核心区面积4902公顷，缓冲区面积3447公顷，实验区面积4673公顷。区内的严峰山西南麓海拔950米处，是闽江的正源头。闽江源自然保护区的主要保护对象是：武夷山脉中段重要的生物区系组份、大面积的钟萼木和南方红豆杉原生种群、独特的生物群落类型和福建闽江正源头森林植被。

闽江源国家级自然保护区生物多样性丰富，根据科考统计，区内有维管束植物228科899属2268种，其中国家Ⅰ级保护的有南方红豆杉、钟萼木及银杏3种；国家Ⅱ级保护植物有27种和64种兰科植物；区内的七大植被群落：南方红豆杉群落、钟萼木群落、雷公鹅耳枥群落、福建山樱花群落、深山含笑群落、香果树群落、浙江红山茶群落为武夷山脉中段特有的生物群落；还有建宁金腰、建宁椴和建宁野鸦椿3种的模式标本种。区内至少有脊椎动物99科

385种，兽类21科58种，鸟类48科194种，陆栖爬行类12科61种，两栖类7科25种，淡水鱼类11科47种，其中有云豹、豹、蟒蛇、黄腹角雉等4种国家Ⅰ级保护野生动物和38种国家Ⅱ级保护野生动物，以及256种国家保护的有益的或者有重要经济、科学研究价值的陆生野生动物。

三、自然保护区基础设施建设

闽江源自然保护区分别于2007年7月、2009年7月获得一期建设项目资金816.7万元和二期建设项目资金618万元，自2013年起争取中央林业补助资金645万元，逐步完善保护区基础设施建设，目前，自然保护区已建管理局业务用房1座，建筑面积1625平方米；保护管理站4个，面积887平方米；保护管理点17个，面积1020平方米；完成自然保护区界桩280个、界碑80个、标牌30个；自然保护区大门1座；巡护步道24千米。防火设施设备主要有瞭望塔1座，防火指挥车1辆，扑火装备45套，防火道30千米；保护区远程监控系统一套；生态监测站1处（含测流堰和径流场），面积2600平方米；生态科普馆1处280平方米。

四、主要成效

建区以来，始终遵循"保护第一、科学规划、永续利用"的宗旨，认真做好保护区各项工作。现在闽江源自然保护区主要保护对象的种群分布稳定、生态系统健康，生物多样性不断丰富，保护区已逐步走向了规范化发展的轨道。

（1）保护区的生态结构日渐完整。保护区的森林植被和自然生态系统得到更好的恢复和保护，物种数量得到增加，近年来，保护区通过资源调查陆续发现区内分布新记录种，即在《闽江源自然保护区科学考察报告》基础上，补充了喜树群落、华东山核桃群落和硬皮地星、半枫荷及阳彩臂金龟、白颈长尾雉、白眉山鹧鸪等动植物名录，发现福建分布新记录种——斜线华灰蝶。2016年10月至11月，保护区内的鸳鸯湖有鸳鸯6群700多只，数量较建区前增加了

400多只。

(2)社会和生态功能日见显著。地处闽江正源头的闽江源自然保护区内的森林覆盖率达94.84%,区内丰富的生物多样性,茂密的森林和特殊的地理位置使其在水土保持、涵养水源、调节气候等社会和生态效益方面发挥着巨大功能。

(3)保护区的宣教功能日益显现。区内丰富的动植物资源、完整的森林生态系统,是生态、水文、地质、土壤等的天然资源库,是教学实习和进行科普教育的基地。闽江源保护区先后被授予"三明市环境教育基地""三明市爱国主义教育基地""福建省野生动植物保护科普教育基地""福建省科普教育基地""福建省环境教育基地""全国科普教育基地""中国森林氧吧""中国森林体验基地"等称号。

(4)保护区的生态旅游日趋成熟。生态旅游的发展,带动了周边社区发展,使保护区周边群众由"资源直接使用受限者"成为保护区发展的最大受惠者,仅受聘到生态旅游景区的村民每年每人可增加收入2万余元,使直接受益居民自觉参与生态旅游和自然保护工作;同时,通过开展生态旅游,让旅游者亲历自然保护区,增强对其了解和认识,发挥传播效应,加上媒体的宣传作用,让更多人知道自然保护区建立的意义,有助于采取措施更好的保护生态环境,提高自然保护区的知名度。

(5)学术合作交流日渐丰富。先后与台湾金门国家公园管理处建立了交流交往关系,与厦门大学、福建农林大、华侨大学、三明学院等高校建立了教学科研合作关系,促进了保护区生态保育和建设管理水平提高。2016年7月履行海峡两岸自然保护区(台湾金门国家公园)管理机构签订的交流合作协议,成功举办了"第三届海峡两岸生态保育暨自然保护区建设管理交流会",开展自然保护区与"国家公园"的生物多样性保护与生态旅游保护、管理与研究,不断推动自然保护区向前发展。

第六章　工交商贸

第一节　不断增强的工业经济[①]

一、民国及以前的建宁工业

据里心出土文物表明，远在新石器时代建宁就有石器、陶瓷等手工业制品。宋代，建宁已生产细瓷。南宋德祐元年(1275)，澜溪、石门一带有相当规模的瓷器生产。明洪武元年(1368)，溪口开始制造木船。嘉靖年间，东乡楚上、南乡赤上已有土法造纸。清初兴起纺织苎布。民国时期，木机织布、石版印刷、机器碾米相继出现。1938年，建宁部分手工行业成立生产合作社，采取以合作社名义统一向银行申请贷款再转贷社内各业主的办法，以解决生产资金困难问题，至1936年计有溪口、黄舟坊造船，吴家湾造蓬，河东竹篓，下长吉砖瓦，溪源造纸等生产合作社6家。1943年，在溪口将军庙山下开办建宁第一家使用机电设备的私营企业：三平碾米厂，从业15人，由于企业连年亏损，于1948年倒闭。至1949年建宁解放前夕，县内除被服、棕棉、雨伞、铸锅和碾米、榨油尚可维持外，造船、造纸、酿酒、打铁、石印、木竹加工、土木建筑等大部分歇业，各手工业生产合作社因币值狂跌，生产资金难以为继，相继解体。

① 本节作者张美顺。

二、新中国成立后初创时期的建宁工业(1949—1980年)

新中国成立后，初创时期的建宁工业，是在解放初期私营工业屈指可数且已倒闭、基本只有个体手工业极其落后的基础上过渡并逐步发展起来的。期间，有过"大跃进"的急躁冒进，也经历三年困难时期的煎熬和十年"文化大革命"的挫折，直到1978年中共十一届三中全会后，党中央实现拨乱反正，全党的工作重心转移到以经济建设为中心的社会主义现代化建设的轨道上来，建宁工业开始步入改革开放的春天。至1980年，全县工业企业发展到87家，职工人数2663人，工业总产值2267万元(可比价)，是1950年的14倍。其中，国营工业企业21家产值1007万元(1980年不变价，下同)，实现利润83万元。30年的建宁工业，虽有所发展，但由于资金投入少，所办企业的规模都很小，产品的档次和市场占有率低下，同时受长期以来交通落后、能源不足的瓶颈和工业技术人员、资金短缺等因素制约，工业基础十分薄弱，工业经济所占比重很低。1980年建宁县三次产业结构比例为69.9∶16.1∶14，工业经济只占全县国民生产总值的16.1%，是典型的工业短腿县。其中原因除与建宁的区位劣势有关，更与国家的宏观调控布局有关。据县经委1986年的一次不完全统计，这期间国家拨给建宁办工业的无偿投资只有29万元，每年平均不足1万元。

20世纪70年代，建宁开始打破传统的工业模式，新上一批国营工业项目。1971年创办县电机厂；1975年1月合水口电站建成发电，3台机组装机容量3×2400千瓦。为解决县电网富余电量出路，1976年筹建石灰氮厂，1977年电石车间正式投产，年产电石2000吨。1978年，县委、县政府决定在县郊溪口塔下建设一条日产5吨拷贝纸生产线，建设期3年，投资300万元，于1981年开始试生产，同年8月正式定名为建宁县第二造纸厂，它就是福建铙山纸业集团有限公司的前身。

集体工业从1973年开始进行技术革新，更新设备，部分企业由手工操作转向机械化、半机械化生产。1977年，县手工业联社改称为第二轻工业局，管理城区集体工业；农村工业、手工业由新成立的社队企业管理局管理，社队工业企业逐步发展起来。

至1978年，全县工业总产值1907万元(可比价，1980年不变价1467万元)，较1957年增长近3倍。

三、改革开放时期成长中的建宁工业(1981—2000年)

1981—2000年，建宁县在改革开放政策指引下，工业经济历经从量的扩张到质的提升的艰辛探索、曲折调整过程，从计划经济国有、集体公有制到市场经济民营、个体私营、股份制及合资合营非公有制的重大体制变革，逐步探索建立起有适合建宁自身特点的工业经济结构和发展路子。特别是1985年9月建宁县被确定为全省首批11个贫困县之一后，中央和省上制定实施关于工业、农业、交通、能源(电力)、基础设施、教育、卫生、智力引进、人才培养、劳动力培训等12个方面67条扶持贫困县优惠政策，省委、省政府连续三年分三批向建宁派出扶贫工作队实行具体帮扶指导。县委、县政府适时抓住机遇，认真对接，正确决策，将扶贫资金重点投放在开发工业项目、创办工业企业上，建宁工业经济的发展开始注入新的活力，奠定建宁县域工业经济的基础。

1981年新建县第二造纸厂，1984年1月正式生产，利用进口浆板生产拷贝纸和打字纸，1985年实现利润67.17万元，这是建宁县有史以来单个工业企业创利的最高水平，所产拷贝纸填补省内空白。到1986年，全县发展国营、集体、乡镇不同性质的造纸厂6家，造纸成为建宁县工业企业的支柱行业之一。

1986—1988年扶贫期间，是建宁工业新上项目最多、投资总量最大的时期，也是建宁县使用扶贫资金的最大成功之处。3年共集中“捆绑”各类扶贫资金投入工业新上项目31项，技改、扩建项目86项，总投资4408万元，形成一批骨干企业和拳头产品，乡(镇)村工业企业也得到迅速发展。

至1988年，全县工业企业1279家、从业9776人，工业总产值1.21亿元(1980年不变价为9282.6万元)，比1978年增长5.3倍。

1989年后，随着改革推进与开放扩大，为适应市场经济和竞争态势，建宁围绕转换企业经营机制，增强企业活力，积极探索和推进国有企业厂长任期目标和承包经营及内部分配制度等多种形式的改革，实施工业改制、改造、改组和加强管理相结合，抓大放小、扶优限劣、扭亏增盈、活小求精，陆续投资新办发展潜力与市场前景看好的国营县胶合板厂、针织总厂、缫丝厂、彩色石英地板厂和民营金明竹制品、鑫达莲业、孟宗笋业等7家企业，引导支持个体、民营经济发展。同期，国家提出“治理经济环境，整顿经济秩序”的方针，实行宏观调控，银根紧缩政策，对乡镇企业采取“调整、整顿、改造、提高”的方针。全县有30多家不适应市场竞争环境的国有中小企业和市场调研欠佳、图“短平快”上马的乡镇集体企业，陆续走向关、停、并、转，甚至破产。到1995年，全县民营、个私工业企业发展到1006家，“三资”企业7家，工业总产值2.23亿元(按1990年不变价计算，下同)，比1990年的1.85亿元增长20.87%；乡镇集体企业减至90家，工业产值回落到4477.4万元(当年价5601万元)。

1996年，随着企业法和全民所有制企业转换经营机制条例出台，建宁国有企业开始实施以产权制度改革为主的新一轮企业改制。2000年，实施以国有股退出一般竞争性领域，职工全员解除劳动合同关系，发放经济补偿为主要内容的第二轮深化国有企业改革。列入改制计划的35家国有和集体企业，完成改制31家，改制面达89%。其中15家国有工业企业除电力公司、濉电公司、自来水公司、木材总公司外，其余13家企业完成改制退出国营机制，成为民营企业；二轻工业和县直部门、乡镇办的集体工业，也通过关闭、转产、出让等方式，进行资产重组，成为个资独办或联办的民营企业；8家资不抵债的国有工业依法破产。到2000年，全县工业总产值由1980年的2267万元增加到3.95亿元，增长16倍，其中规模以上工业总产值2.38亿元，工业经济效益指数提升至96.53%。全县工业总产值中，民营个私占71.7%；规模以上工业总产值中，造纸、食品两大支柱产业实现总产值2亿元，占80%以上；5家股份制、股份合作企业和有限责任公司工业产值2521万元，占53%。

四、跨入21世纪后的建宁特色工业(2001—2018年)

进入21世纪后,建宁县委、县政府坚持发展为第一要务,改革开放步伐加快,把做大做强工业经济作为“强县富民、振兴老区”的重大举措,2001年提出实施“生态立县、特色强县、项目兴县、创新活县”的发展战略。全县形成新材料(造纸)、食品、林产、非金属矿产(石材)等有建宁特色的四大主导工业体系。2017年,全县规模以上工业企业达到123家,工业总产值143.39亿元,是1980年的51倍。

“十五”期间,完善工业发展规划,重点发展壮大造纸、食品加工两个产业集群,提升林业、水电两个重点产业,打造黄舟坊工业小区、斗埕工业园区,着力开发具有地方特色的薄页纸、莲子、笋干、黄花梨等系列品牌产品。

“十一五”时期,建宁县委、县政府认真贯彻落实科学发展观,主动融入海西经济区建设,审时度势,适时提出创“四城”、打造“五区”“四地”,建设闽江源生态经济强县的战略构思。随着特种薄型纸、非金属矿建材、生物能源、绿色食品等特色工业规模不断做大,效益不断提升,造纸业、食品加工业、林业、水电业四大重点产业实现产值8.34亿元,占规模以上工业总产值的91.7%。新增规模以上工业企业11家,总数达43家,铙纸集团、闽江源(绿田)公司、兴辉食品、文鑫莲业、孟宗笋业等一批重点骨干企业不断壮大,对工业经济增长的支撑作用进一步显现。

2007年,县委、县政府立足海西前锋区域中的前锋定位,充分发挥生态、交通、国土、水资源、政策、人文六大比较优势,出台工业园区招商引资优惠政策,规划总面积15.27平方千米的翔飞工业集中园,前后共投入5000多万元建设资金,开发土地146.67公顷,建设通用标准厂房10万平方米。拥有县级以上龙头企业28家,其中国家级龙头扶贫企业1家,省级龙头企业2家,市级龙头企业7家,县级龙头企业18家,实现产值12.8亿元,增长7%,全年规模以上工业总产值14.1亿元,增长45%,增幅创下近38年来新高,增幅居全市第二。

至2010年，建宁经济开发区配套设施有序推进，建成标准厂房10万平方米、职工公寓3.5万平方米，翔飞工业园区列入省级山海协作示范园区。当年，全县工业总产值37.95亿元，实现利税总额2.89亿元，其中利润1.64亿元、税收1.25亿元。

“十二五”时期，随着向莆铁路、建泰高速公路的建成，旅游产业的开发和市政建设的发展，建宁县交通制约的区位劣势得到很大改善，建宁的知名度大大提升。2011年县第十一次党代会提出突出“着眼转型，致力建设闽江正源生态新莲乡；着眼开放，致力建设闽赣边界活力新莲乡；着眼幸福，致力建设海西中部富裕新莲乡”宏伟目标和发展定位。五年中，县委、县政府牢固树立新型工业化理念，用更高标准、更快速度、更优质量推进发展，着力突破工业园区、壮大新型工业强县，特种纸、生物能源、非金属矿建材、绿色食品加工等特色产业持续壮大，生物医药、新能源、新材料等战略性新兴产业加快发展。全县初步形成特种纸制造、绿色食品加工、非金属矿建材、生物能源四大重点产业，2015年全县第一、二、三次产业结构的比例为26.3∶47.3∶26.4，工业经济在三次产业结构的比例提升到：47.3%，为支持建宁经济的跨越崛起增强动力。

“十二五”累计实施节能与循环经济项目52项，至“十二五”期末，规模以上企业总数达110家，其中造纸企业4家、食品加工企业33家、林产加工企业28家、非金属矿产11家、劳动密集型及其他企业34家，构建形成新材料（造纸）、食品、林产、非金属矿产（石材）等有建宁特色的四大主导工业体系。全县有发电站58座、发电企业45家，装机总容量50.75兆瓦，年发电量2.2亿千瓦时，供、售电量3.16亿千瓦时。全县有高新技术企业1家，博士后科研工作站2个，省、市级企业技术中心分别为2家和3家，分别占全市的10.53%和8.3%；获中国驰名商标2个，国家地理标志保护产品2个，福建省名牌产品12个，省著名商标11个，有机产品认证的产品2个，绿色食品标志使用权的10个产品，原产地标记准用证企业4个，福建无公害农产品标志证书7项；通过质量管理体系认证9家，通过

HACCP认证企业2家，出口食品生产企业备案4家，职业健康安全管理体系认证2家，环境管理体系认证2家，测量管理体系认证2家。

五、经济开发区与重点企业

（一）福建建宁经济开发区

2006年5月成立建宁县翔飞工业发展投资有限公司，2007年3月正式成立建宁县翔飞工业园区。规划总面积15.27平方千米，范围包括从塔下到渡头沿濉溪两岸地块，北起渡头水库，南至塔下，西至寒坡岭，东至韩家园。2011年8月经省人民政府批复升格更名为福建建宁经济开发区。

目前，已初步建成了具有一定承载功能的工业发展平台，成为县域经济发展的核心区和经济增长极，在2015年省级开发区综合发展水平评价中总分排名全省第35位。至2017年，已入驻企业41家（规模以上企业32家），其中食品加工企业13家、造纸企业3家、非金属矿加工企业2家、生物质能源企业1家、竹木制品6家，其他企业16家。有5家企业投资亿元以上，文鑫莲业、绿田食品等2家企业已在中小企业“新三板”挂牌上市。2017年开发区工业总产值累计38.6亿元，完成工业固定资产投资9.62亿元，实现税收7050万元，完成新开发面积350亩，主要工业经济指标在全县工业发展中占有重要位置，逐步形成了以造纸、特色食品、生物医药及新能源为主导产业的工业经济发展体系。

（二）福建铙山纸业集团有限公司

前身为建宁县第二造纸厂，是1978年由省轻工厅挂钩帮扶筹建的，1993年组建成立松散型企业集团—建宁县铙山纸业（集团）有限公司。2000年，冠省名为福建铙山纸业集团有限公司，2002年由国有企业改制为民营企业。产品主要有17克/平方米拷贝纸、薄页纸，大部分销往香港和东南亚地区，主要用于食品、工艺品、高档服装、皮革箱包、金银器皿、水果、蔬菜、酒类、眼镜片及鞋类内包装。

到2013年，铙纸集团已拥有27条生产线及拷贝纸、薄页纸、彩色纸、卷筒纸、半透明纸、炊蒸原纸食品包装纸、影摹纸、防油纸、密胺纸、格拉辛纸十大特种系列产品，产能 6 万吨，实现总产值 65241 万元，创利税 3727 万元。2013 年，被评为福建省优秀创新型企业、福建省科技创新型企业、福建省知识产权优势企业、福建省造纸产业集群重点单位、省造纸产业集群核心企业、“福建省十强造纸产业”。

2017 年，福建铙山纸业集团有限公司拥有固定资产 3.2 亿元，年创产值 10 亿元，为国内最大、最强的高档特种包装纸生产企业。“铙山”品牌被联合国世界生产力联盟授予“世界市场中国十大品牌”；连续 13 届荣获“中国 500 最具价值品牌”，品牌价值达 112.75 亿元。主导产品拷贝纸、薄页纸、影摹纸、炊蒸原纸、半透明纸先后荣获“福建名牌产品”称号；“铙山”牌高档低定量薄型包装纸荣获“国家免检产品”称号；铙纸集团成为全国造纸工业标准化委员会薄型包装纸工作组及半透明纸、薄页纸标准起草单位，主导制（修）订的 7 项省级标准已有 4 项完成并发布实施；还被评为 2015—2017 年福建林业产业化龙头企业。

（三）福建文鑫莲业股份有限公司

始创于 1985 年，由里心镇农民，第九届、第十届全国人大代表帅金高所创立，1993 年成立建宁县文鑫莲业有限公司，注册资金 566 万元。公司占地面积 3.33 公顷，厂区规划建设 4.5 万平方米，是一家以莲为主产业，集基地建设、科研开发、生产加工、销售为一体，并拥有自营进出口权的民营股份制企业。2015 年更名为“福建文鑫莲业股份有限公司”，注册资本增至 5960 万元，并于同年 6 月在中国北京中小企业股份转让系统新三板挂牌上市，成为中国莲业第一股。公司下辖 5 家子公司。2017 年，公司与榕基软件进行战略重组。

公司创立以来，始终坚持走“公司＋农户＋科研带基地”和“莲产业＋互联网”的产业化发展道路。建有有机和绿色“建莲”、道地药材生产基地 1067 公顷，创建濉溪镇河东村、大元村、高峰村莲子观光农业园，带动莲农 3153 户，户均增加收入 1000 多元。1999 年后，先后荣获省、市级农业产业化龙头企业，农业产业化省级重点龙头企业、省政府“双九一高”企业，福建省“守合同、重信用”单位、国家扶贫龙头企业、福建省创新型企业、国家创新型试点企业、全国绿色食品示范企业等称号，2013年公司开始进入电商领域，并成电商公司，2017年公司被评“社会扶贫先进单位”。

公司建有博士后科研工作站、省级企业技术中心和省级企业工程技术研究中心，拥有食品营养、生物工程、食品检测等中高级科技人员9人，同时与中国农业大学、中华医学科学院药用植物研究所、福建农林大学等六家科研院校(所)建立长期的合作关系。研制开发涉及方便食品、淀粉糖、水果制品、莲叶茶、固体饮料、婴幼儿及其他配方谷粉产品等八大系列100多个品种。

公司坚持“至专、至真、至信、至新、至未来”的经营理念，产品覆盖北京、广东、湖南、湖北、辽宁及华东六省一市，并出口到港澳台、东南亚、北美等地。2017年公司员工203人，实现总产值1.9亿元，销售收入1.9亿元，实现利税1049.6万元，拥有固定资产3100万元。2017年、2018年，连续两年被三明市扶贫开发协会评为年度社会扶贫先进单位。

(四)福建闽江源绿田实业投资发展有限公司

是一家集绿色农产品种植保鲜、深加工及食品研发、市场营销、品牌建设为一体的企业，专注于莲子种植、食品加工、干鲜莲/莲饮品销售、莲生活连锁、农业观光生态旅游产业整合，经国家相关部委认同的绿色食品农业产业化示范企业。

公司拥有万亩莲子标准种植基地，先后获得福建省农民创业示范园种植基地、出口备案基地、供港基地、GAP基地、国家级农业综合标准示范县、“建莲”标准化生产基地等称号。绿田拥有5000吨级冷冻库、10万吨级净化车间、10万吨年产保健饮品和速冻果蔬的生产能力。绿田生产的莲子深加工产品，通过欧美“FDA”认证，出口并畅销欧美。

公司拥有自主核心技术专利29项，其中国家发明专利5项，已成熟应用于莲子产业深加工领域；注册商标63个。公司以质量为本，先后通过ISO9001国际质量体系认证、HACCP食品安全管理体系认证、SC认证、出口食品生产企业备案、FDA认证、GAP认证、有机认证、绿色食品认证、安全生产标准化（三级企业）认证。

公司主要产品有：速冻鲜莲、建宁通心白莲、莲芯雪保健饮品、莲子露果蔬汁饮料、荷叶凉茶植物饮料、莲子饼、莲子即食产品、莲蓉、扣莲等速冻调制食品等。

福建绿田股份有限公司，于2016年12月新三板挂牌上市。至2017年12月，公司占地面积9027平方米，固定资产814.6万元，员工134人，年产值即销售收入2.08亿元，实现利税2892万元。

（五）建宁县闽源电力有限公司

前身为1954年建办的建宁县电厂，1987年12月更名为建宁县电力公司，为发供电一体的县属国营企业。1996年，厂网分家成立建宁县濉溪电力有限公司。2011年5月，由原建宁县濉溪电力有限公司、原建宁县双明电力有限公司、原建宁县武调水力发电有限公司重组成立建宁县闽源电力有限公司，是一家集水力发电和光伏发电的生产及销售为一体的县属国有独资企业，注册资本金为6000万元。2012年，总装机容量7885千瓦，年均发电量3100多万千瓦时。

2013年，合水口电站、罗坊电站、王坪栋四个梯级电站列入“十二五”农村水电增效扩容改造。2016年8月、10月和2017年3月，罗坊电站、王坪栋电站、合水口电站改造项目先后全面完成，通过三明市水利局、财政局联合验收。改造后，装机容量分别为：合水口5500千瓦、罗坊4120千瓦、王坪栋梯级4280千瓦、武调1200千瓦；总装机容量15060千瓦，比改造前扩容近1倍；年设计发电量4300万千瓦时。2017年，在降雨量比往年少20%的情况下，完成发电量4570多万千瓦时，实现电量销售收入1300多万元。2016年，合水口电站获电力安全生产标准化二级企业称号，罗坊电站获电力安全生产标准化三级企业称号。

2017年，闽源公司成立闽源光伏能源有限公司和闽源电力售电有限公司两个全资子公司，注册资金分别为2000万元；公司属下有合水口、王坪栋梯级、罗坊和武调水电站，闽源枫元、闽源水西、闽源黄岭光伏电站。公司拥有固定资产1.46亿元，为集水力发电和光伏发电的生产及销售为一体的国有企业。

2018年，公司响应国家注重生态保护、环境健康、和谐发展的城市建设理念，着眼未来清洁能源市场，展示绿色能源建设，在枫元、水西、黄岭三个村建设分布式光伏发电项目：枫元光伏电站（5000千瓦）、水西光伏电站（600千瓦）、黄岭光伏电站（600千瓦）。建成后不仅能切实缓解地区目前的电力紧张状况，还能节能减排、改善环境，成为当地的可再生能源应用宣传示范的重要基地。

（六）国网福建建宁县供电有限公司

前身为建宁县电厂，始建于1954年，为发供电一体县属国营企业。1987年12月，更名为建宁县电力公司。1997年1月，建宁县电力公司分离成发电、供电两家企业；同年底，供电企业——建宁县电力公司，职工人数186人，供电量1.01亿千瓦时。1999年10月，建宁县电力公司被福建省电力有限公司代管。2006年9月经过股份制改革，成为福建省电力有限公司控股80%、建宁县国资局控股20%的国有控股的股份制企业，更名为福建省建宁县供电有限公司。2011年，建宁县国资局股权上划，福建省建宁县电力有限公司成为“国网福建省电力有限公司”下属的国有独资企业。2012年，公司更名为国网福建建宁县供电有限公司，是国家大型三类企业和三明电网骨干企业。2018年10月，公司因子公司改为分公司，更名为国网福建省电力有限公司建宁县供电公司。公司设7个职能部门、2个业务实施机构，辖7个供电所。在职职工218人，其中全民职工113人，业务委托农电用工105人。担负着建宁县城区及9个乡镇、92个建制村的供电，有高低压用电客户64087户。

近年，公司围绕全县打造“清新花乡、福源建宁”发展战略部署，深化电网规划，创新思路，为县域经济快速发展当好先行官，全面加快主网基建和改造工程、农网升级改造工程、配电网改造工程“三大工程建设”步伐，形成以110千伏为骨干、35千伏为主体的电网网架。有110千伏变电站3座，结构均为半户内形式，主变5台，变电容量14.6万千伏安;线路4条,均为架空单环网结构,长度79.87千米。分布乡镇的35千伏变电站6座,主变8台,变电容量49.6兆伏安。35千伏线路12条,长度174.69千米。10千伏线路公用线路59条,长度1321.51千米,其中公用线路45条,长度1181.17千米;专用线路14条,长度140.34千米。公用线路联络率91.11%,N-1率91.11%。10千伏配变1385台,容量376.716兆伏安,其中公用配变946台,容量209.48兆伏安;专变439台,容量167.236兆伏安。低压线路总长度1120.81千米。

2018年,建宁供电公司全口径售电量完成3.50亿千瓦时,实现连续安全生产4368天。2012年获国家电网公司"新农村电气化"建设先进单位、省公司一流县供电企业称号,2014年获国家能源局电力安全生产标准化二级企业称号,2015—2017年度连续荣获"福建省文明单位"称号。

(七)福建省富强石材有限公司

筹建于2005年,公司有职工400多人,加工区面积34.53万平方米,固定资产总额2.8亿元,成为有规模和规范型的石材开采及加工企业。多年来,公司秉承坚持环境保护、有序开发、可持续发展的理念,企业严格按照绿色矿山的要求进行规划、操作,包括依法办矿、规范管理、环境保护、土地复垦、社区和谐、企业文化、资源综合利用、技术创新、节能减排等方面,严格管理,接受政府职能部门、社会媒体、群众的检查与监督。公司成立以来,先后投入1500万元改造矿山道路6.8公里,实现全程混凝土路面硬化;投入2200多万元用于废料、废渣、废水处理与排放。得到省、市林业、国土部门及新闻媒体的高度肯定,并由2012年5月11日《福建日报》头版刊发报道。

2014—2016年,通过审批办理开采证延续手续。2016年1月,通过审批开采证续证10年。2017年,经上级部门检查验收,矿山植被恢复率达85%,企业恢复正常生产与营销。2018年8月7日,被中国石材协会授予"全国石材行业绿色矿山建设示范单位",同年11月17日,全国绿色矿山会议在福建省富强石材有限公司召开,充分肯定富强石材绿色矿山建设示范成效和给予高度评价。2018 年，公司交税达 1500 万元。

（八）孟宗笋业有限公司

福建建宁孟宗笋业有限公司创建于 1997 年，注册资金 108 万元，是集基地培育、研发生产、销售服务为一体的专业从事笋干深加工的龙头企业。公司占地面积 11000 多平方米，厂房建筑面积 7600 多平方米，建成了二条笋系列产品深加工生产线，主营“孟宗”笋干精深加工、销售业务，1997—2014 年产品以出口为主。在本县建立了 1.6 万多亩天然笋竹基地（其中 1227 亩已通过有机认证）。

公司是福建省“笋干”3 项地方标准的制定者。产品以天然、有机、高品质、高膳食纤维等特性在欧美 13 国及北京华联 BHG、顺风优选、沱沱公社、本来生活、福建名优特产等中高端市场表现优良。公司拥有自主核心发明专利 27 项。

公司先后被评为“中国竹业龙头企业”“福建省林业产业化龙头企业”“福建省农业产业化龙头企业”“福建省科技型企业”“质量管理先进企业”等荣誉称号。“孟宗”牌笋干系列产品先后获“原产地标记准用证”“上海市食品名特优新品奖”，入选“全国名特优新农产品目录”；拥有自营进出口经营权，“孟宗”商标获“福建省著名商标”，已在 20 个国家注册，并畅销 13 个国家和地区。公司是笋干深加工行业的领军企业。2017 年，公司总资产为 3399 万元，实现销售收入 1.2 亿元，利税 1286 万元，出口销售 518 万美元。

（九）福建兴辉食品有限公司

公司前身是县猕猴桃制品厂，1986 年扶贫时技改扩建，占地面积 2.8 万平方米，固定资产 370 万元，职工 117 人。主要生产“中华猕猴桃”果汁、猕猴桃果酱及各类果蔬罐头。2003 年，由台湾商人林寿兴出资 170 万元整体购买，更名为“福建兴辉食品有限公司”，注册资金 1000 万元，固定资产 617 万元。以建宁特产黄花梨、猕猴桃、莲子、笋干为原料，按绿色食品标准，采用先进工艺技术，生产“山雪”牌黄花梨果汁、猕猴桃汁饮料、果醋、果酒、浓缩汁，“莲蓉”牌莲片、笋、梨罐头、笋制品等系列产品。

公司经过多年持续不断地发展，已成为集基地培育、开发生产、销售服务于一体的专业化从事绿色食品加工的农业产业化龙头企业。2016年，公司积极响应政府退城入园号召，整体搬迁至建宁县濉溪镇工业路11号。至2017年12月，公司注册资本1000万元，厂区占地面积2.3万平方米，拥有标准厂房6500平方米，冷库面积500立方米，仓库及配套设施6000平方米，建成了现代化的先进的饮料生产线。

公司立足资源和科技开发为先，猕猴桃系列产品的研发和深加工技术一直处于国内领先水平，拥有猕猴桃、黄花梨基地692公顷。已建立产品研发中心和检测中心，与福建农林大学食品科学学院、福建轻工研究所、台湾食品研究机构建立了稳定的产学研合作关系。公司共获得外观专利25项、实用新型专利13项。“山雪”商标先后获得三明市知名商标、福建省著名商标。公司成为全国经济林产业化龙头企业、省林业产业化龙头企业、市级农业产业化龙头企业，并获“创新型企业”“福建省科技型企业”称号。

（十）福建省晶科硅业研发有限公司

公司成立于2008年9月，位于建宁县翔飞工业园区内，注册资金890万元，专业从事工业硅的生产和销售。公司占地面积10000多平方米，现有12600KVA矿热炉1座、除尘系统设备及自动加料系统等配套设施，有员工80多人，年生产高纯工业硅8000吨，年产值约1亿多元。

2015年2月28日，被国家工信部公告为第6批符合铁合金行业准入条件的企业。2018年，公司进行技术改造，产品质量大幅度提升，生产设备、生产工艺和技术均处于行业领先水平，主要生产2201、2502、3301、441等型号高品位工业硅。产品广泛应用于太阳能光伏行业、电子行业，特种铝合金行业等。

公司坚持以人为本，着力构建和谐劳动关系，使公司经济效益和社会效益得到全面发展，多次被评为建宁县先进企业、先进单位等称号。

（十一）福建源华林业生物科技有限公司

公司成立于2008年12月，注册资金3000万元。2017年6月，融辉集团投资入股，注册资金增至1.2亿元。是一家从事无患子生物质能源林规模化培育与种植，进行生物医药、航空生物燃油和天然日化等系列产品研发和生物资源产业化开发的高科技生物技术企业，系国家林业重点龙头企业、福建省林业产业化龙头企业，国家生物质资源综合利用产业化示范基地。

2011年8月，福建源华林业生物科技有限公司申请的“无患子总皂苷提取纯化的方法”发明专利获国家专利局授权。2012年5月，公司主导制定的《无患子生物质原料林培育技术规程》(DB35/T 1267-2012)，经省质量技术监督局审定，被批准为福建省无患子能源林培育和种植地方标准。

公司旗下有全资子公司福建省源容生物科技有限公司、建宁县原森堂电子商务有限公司。福建省源容生物科技有限公司成立于2010年，注册资金3000万元，成为一家集无患子果实深加工及生物医药、生物柴油和天然日化等系列产品研发、生产、销售为一体的高科技生物技术企业，系国家高新技术企业、福建省知识产权优势企业。2013年7月，公司第一期“年处理5000吨无患子干果，年产2590吨液态皂苷”生产线正式开机试生产。2014年3月，公司申请的“利用无患子果皮发酵生产生物质能源酒精的方法”发明专利获授权。同年11月，公司“一种无患子皂苷生产质控分级标准品制备的方法”发明专利获“2013年度建宁县科技平台创新奖”。2014年12月，公司投资注册成立建宁县原森堂电子商务有限公司，注册资金100万元。2017年10月无患子综合利用项目（二期）动工建设，建成无患子洗涤、沐浴等液态天然日化产品生产线，将在2018年内投入生产。项目首期全部建成达产后预计可实现年销售收入1.5亿元，各项税收1700万元，净利润3300万元。

（十二）建宁生态高新科技园

明一国际是一家具有中国驰名商标、福建省农业产业化龙头企业、福建省名牌产品等称号，生产规模、综合实力和竞争能力位居全国同行业前列的集研发、生产、销售、服务于一体的企业。

随着市场对品质要求更加严格，明一国际借力建宁县得天独厚的优良生态环境，积极整合中国南北方的最优资源，在建宁县着力进行产业融合，建立以乳制品生产为主，生态养殖、绿色观光、电子商务等多产业融合发展的产业集群。建设占地 27.8 公顷、总投资 6.2 亿元的乳制品智能工厂和乳粉、液态乳、婴幼儿饮用水等系列产品智能生产线。项目建成达产后，可年产奶粉 2.5 万吨，实现产值 20 亿元以上，利税 3 亿元以上；投资 10 亿元建设总规模 1 万头奶牛的高山生态牧场 4 个，养殖基地占地 670 公顷。计划引进国际先进的养殖设备及奶牛品种，为乳粉和低温高端液态乳生产线输送优质奶，预测 2025 年将实现产值 5 亿元。同时，以高山生态牧场为基础，以建宁的黄花梨、莲子等特色产业为辅助，以“牧场＋”多模式发展，打造集生态养殖、观光旅游、农牧体验、科研教育和商业服务于一体的田园综合体，并采用“线上＋线下”结合的“O2O”新模式，在线下给人个性化体验的同时，线上销售建宁特色农副产品、绿色瓜果蔬菜等。

第二节　从交通末梢到区域交通枢纽的飞跃[①]

一、新中国成立初期，新修公路掀起高潮

新中国成立前，建宁出行主要是陆路和水路。陆路交通有驿道(即官马大路)一条，有通往邻县的古道六条。这些古道是建宁和外界来往的运输要道，历代建宁人民靠肩挑、杠抬、马驮等方式，把县内米谷、竹木、生猪及土特产运送出去，又将外地食盐、煤油、布匹、百货等用品运回。由于建宁是丘陵地貌，山高林密，又处多地交界，山路崎岖难行，六条古道隘口均有土匪设伏拦路抢劫，洗劫行人财

① 本节作者柯朝周。

物，甚至有威胁人身安全事件发生。水路交通有以濉溪为主干的分支水系 7 条，每年约有 300 多航次的“麻雀”船及排筏在通航河道运载米谷 1000 多万公斤至南平、福州，返回运载食盐、布匹及生活日用品等物资 60 多万公斤。由于洪水泛滥，航道失修，常年通航里程仅 50%，往返时间需一个多月，且多要等到水涨起航，方能多装快运，所以船翻排散，死人损货事故时有发生。20 世纪 70 年代，曾有“濉溪女排”在航运中谱写了一个个巾帼不让须眉的动人故事。

1950 年 2 月建宁解放后，饱受交通困扰之苦的建宁人民在县委、县政府的领导下，发扬优良革命传统，大力发展交通运输事业，全面掀起新修公路的热潮。

1953 年首先修复了沙甘线，自泰宁经县城至里心甘家隘，出江西南丰的省际公路，后来又陆续修建了宁(化)建(宁)线，上(里)广(昌)线两条省际公路，和里(心)客(坊)线等县道公路。

1958—1965 年，县委县政府贯彻党中央和国务院提出的“全党全民办交通，依靠地方，依靠群众，普及为主”的方针，公路建设发展迅速，全县共修建了公路 212 公里。其中省道 50.9 公里；县道38.4 公里；乡村公路和林业公路 122.7 公里。

1966—1976 年，十年“文化大革命”中，公路建设虽然受到了干扰，建设进展不快，但由于公路交通直接关系到全县工农业生产和人民生活的迫切需要，因此，公路建设从未停止过，仍坚持民办公助修建了县乡村道路 148 公里。

二、改革开放，公路建设擂响战鼓

1978 年，改革开放揭开了中国经济发展的新篇章，全国交通运输事业步入了快速发展阶段。建宁县委县政府把交通运输放在优先发展的位置，牢牢把握中央、省市交通发展政策，积极主动号召全县人民，发动全社会力量，营造“要致富、先修路”“大路大富、小路小富、无路不富”的宣传氛围，掀起公路建设新的热潮。修路场面十分壮观，男女老少齐上阵，家家户户修路忙，一条路常常是几个村的数百农户，一家一段完成，修路条件十分艰苦，全靠一双满是血泡、老茧的手,一副肩膀,一挑箕畚,挖方填方靠肩挑,开山打石是一人扶钢钎,一方抡八磅锤。最先进的运输工具是手扶拖拉机,主要运土、石的工具是人力板车,最先进的技术也就是开山放炮。铺路面的碎石是靠人手工破碎的,压路的滚筒是几十人拉,路面灌浆是用黄泥巴水。为了赶时间,抢进度,热天汗透衣裤,雨天浑身泥泞。公路基本上是绕着山势走,没钱没技术架桥,也没有很好的涵洞管道,无法做到高挖边坡、高填方,更没有穿山挖隧道,所以公路普遍等级低,多属等外沙土路,晴天尘土飞扬,雨天泥泞难行。

1978—1985 年期间,公路建设贯彻"以养为主,养改结合,连接成网"的方针,续建了县乡村道 291.1 公里。

1986 年,省委省政府根据中央、国务院《关于帮助贫困地区尽快改变面貌的通知》精神,确定建宁县为省定贫困县,有 25 个建制村为省定贫困村,并制定了优惠政策,同时派出三批扶贫工作队到建宁帮助解决经济发展中的各种难题,解决交通建设问题是重中之重。这年开始运用国家从商业库存中划拨粮、棉、布和中、低档工业品"以工代赈"作为民工修建"老、少、边、穷"建设工程项目的劳动报酬,也积极争取并得到了中央、省、市交通及有关部门和地方财政配套等多渠道补助,还充分发挥群众集资,投工投劳、无偿征地拆迁等,经过几年努力,交通困难状况得到了明显改善。1990 年在全省 17 个贫困县中,率先实现了 92 个建制村通公路,至此,全县公路 68 条,通车里程 643.4 公里。

1993 年,在省、市统一部署下,根据国家"贷款修路、收费还贷"的政策,建宁县公路"先行工程"建设全面展开。县委、县政府成立了"先行工程"建设指挥部,抽调县直相关部门人员组成工作组,领导、协调全县"先行工程"公路建设工作。确定了"八年计划、三年拼搏、五年基本完成"的工作目标,对全县公路主干线 113 公里中的难行路段进行裁弯取直,拓宽改造,县境内省道下甘线、建文线,县道上广线全部铺设油渣路面(其中水泥混凝土路面 2.35 公里),基本实现了建宁至宁化、泰宁、南丰、广昌四个主要出县通道全部路面黑色化,并与邻省、邻县高等次公路顺利接轨。"先行工程"项目建设是举全县之力的又一次公路建设高潮，各乡镇作为公路建设业主，分段、专人负责，累计完成投资5372.38万元，其中，上级补助1293.08万元，全县干部群众个人捐资731.52万元，农村义务投劳32224个工日，征收车辆建勤费、工商附加，旅游附加费1393.83万元。公路“先行工程”建设提高了干线公路的通行能力，公路通行条件的改善，促进了客、货运输业快速发展。1992年，全县摩托车拥有量2611辆，1997年达到了6894辆，增长2.6倍；1992年全县客运量为9.35万人，客运周转量为870.6万人公里，1997年，客运量为41.05万人，客运周转量达3070.75万人公里，分别增长4.4倍和3.5倍。客运量的增长，带动了集镇贸易发展，1992年，全县边贸总额为6542万元，1997年达14200万元，增长了1.2倍。

继“先行工程”后，省交通厅根据省政府提出的“县通地市实现四小时经济交通圈”要求，把各地采取改建、扩建、提高等级的公路工程项目统称为“县通地市路网改造项目”。2001年8月，省发改委同意将明溪经建宁城关至里心甘家隘路段列入全省十条“入闽通道”(又称交战路)之一进行改造建设，全长146公里，建宁境内82公里。2003年9月，建宁境内主体工程竣工，全线完成投资15500万元，上级投入资金11150万元，其中国债补助资金8200万元，省级补助2460万元，市级配套资金490万元。该“入闽通道”是建宁首条等级较高的水泥混凝土公路。

“乡乡通油路”工程是县政府对公路建设的又一举措，1998年投资580万元完成了里心至黄埠16.5公里沥青油路面铺设，2003投资292.92万元完成了黄埠至客坊改建，铺设油路工程。

2004年2月，省政府提出实施“年万里农村路网工程”，省交通厅确定建宁农村道路硬化123.5公里。至2008年全县92个建制村公路硬化率100%，至2011年，全县完成了5个出县道路的改造，全部通乡村道路硬化，交通条件进一步改善，交通瓶颈制约问题得到了突破，连接交通主干线骨架的毛细血管公路全面改善，为建宁经济和社会事业的发展创造了良好的交通环境。

三、“金色十年”，交通事业成就辉煌

“十一五”至“十二五”这十年，是建宁县交通发展史上辉煌的十年，特别是党的十八大召开以来，建宁县委县政府带领全县人民认真贯彻执行党的十八大精神，围绕“一通百通、海西先行”的福建交通精神，按照省交通运输厅关于“跨越发展、交通先行”的工作部署，确定了建设“闽赣省际交通枢纽”的交通工作目标，以服务“三个新莲乡”建设和“2111”行动计划为抓手，抢抓机遇，务实奋进，交通路网建设取得了辉煌成绩。这十年建宁交通发展站上了新的高位，闽赣省际交通枢纽地位进一步突显。历代建宁人民期盼的向莆铁路和高速公路分别于2013年9月和2013年11月建成通车。莆梅铁路、莆炎高速公路又于2017年相继开工建设。建宁至吉安铁路，建宁经宁化至长汀高速公路已列入省厅规划，“三高三铁”的交通主骨架逐渐形成。

公路干线规划成果丰硕。在2013年国务院批准的国道布局规划和省政府批准省道布局规划方案中，建宁县有8条道路列入国省干线规划，并全部按照等级标准完成改造建设。

另外两条新规划公路项目也已开工建设，浦梅铁路建宁县南连接线新建工程2.5公里按一级公路标准新建，投资约1个亿、建宁县经济开发区—建宁县南公路新建工程5公里按一级公路标准新建，投资约1.1个亿。

路网建设投资规模空前。十年中全县交通建设总投资达50亿以上，是新中国成立以来建宁交通投资的2倍多。2013年，建宁境内向莆铁路建宁段19.2公里建成通车，完成投资20亿元。建泰高速建宁段43公里建成通车，完成投资25亿元，结束了建宁没有铁路没有高速公路的历史，为建宁经济和社会事业发展注入了交通运输活力。还完成国省干线公路新建和改造173.7公里，建设农村公路863.3公里，出县通乡通村公路全部改造完成，通较大自然村公路基本实现硬化，交通网络的基本骨架和结构形成。

表 6-1 “十二五”末公路里程数

(单位:条、千米)

	条数	公路总里程	水泥混凝土	沥青混凝土	简易铺装路面	未铺装路面	高速	二级	三级	四级	等外公路
高速	1	43		43			43				
国道	1	64.3	55.9			8.4		44.4	11.5		
省道	2	109.4	88.328	1.072		20		56.4	33		
县道	8	98.2	77.41	3.3		17.49		13.54	25.8	41.37	17.49
乡道	69	415.102	346.059	0.73		68.313		2.849	24.467	319.473	68.313
村道	576	653.674	139.506		0.689	513.479				139.506	514.168
合计	656	1383.676	707.203	48.102	0.689	627.682	43	117.189	94.767	500.349	599.971

交通运输事业全面发展。建宁是全省交通末梢,过去提到建宁总是说“建宁是交通不便的山区县”。随着建泰高速和向莆铁路的建成通车,建宁成了高速公路和快速铁路沿线的重要节点,并成为辐射宁化、黎川等县的区域性交通枢纽。货运方面,至 2017 年底全县有各类在册货运车辆 584 辆,总吨位为 2149 吨,货运量 225.69 万吨,货物周转量 51063.48 万吨公里。同时,电商业务的发展,也促进了顺丰、EMS、邮政小包、“四通一达”、飞远、速尔、天天、快捷、宅急送等快递业务的蓬勃兴起,快递业务的触角已深入到城镇和部分乡村。物流平台的建成,实现了现代信息技术应用与传统物流有效结合。客运方面,全县拥有客运企业 2 家、公交企业 1 家,出租车企业 3 家,营运客车 48 辆 1169 座位,公交汽车 26 辆(2017 年新购置新能源公交车 24 辆投入运营,提前完成了新能源公交置换旧式燃油公交车的任务)374 座位,出租汽车 50 辆 250 座位,旅游客车 5 辆 199 座,客运总座位 1992 座。目前已开通省际线路 8 条,市际线路 4 条,县际线路 5 条,县境内线路 17 条,农村客运班车通村率提高至 97.9%,货运“一单式运输”、出行“一站式服务”、消费“一卡式支付”的运输服务格局和市场“一体化监管”的行业管理格局逐步形成。

第三节　日臻发展的商贸流通[①]

建宁县地处福建省西北边陲，境内山高林密，交通极为不便，造成商业贸易十分落后。新中国成立以前，庙会、集市贸易是当时商品流通的主要形式，粮食是商贸流通领域最重要的物资。苏维埃时期，建宁县苏维埃政权担负着红军军粮供应，同时还协助苏维埃中央政府采购粮食。1932—1933 年共筹集 2.5 万石粮食支援中央苏区，为苏区发展做出了贡献。新中国成立以后，建宁老区的商贸流通经历了公私合营、供销合作社、国营商贸、电子商务等巨大变化。

一、百废待兴，国营企业一统天下

新中国成立初期，除南平专署贸易公司在建宁设立一个商业营业处外，建宁县没有自己的商业网点。全县人民的日常生活所需物资全靠城乡各圩日由老百姓自行调节，互通有无。直到 1956 年，县政府成立商业科，租用民房进行办公及营业，整个商业系统没有自己的一座仓库、一个店面。当年商业部门销售总额仅为 12.54 万元。县商业科成立后，先后组建了县百货公司、纺织品公司、五交化公司、饮食服务公司等专业公司。当时各专业公司，包括县物资局、县供销社，商品流通渠道单一，执行的是指令性计划。商品从分配到销售，坚持专业对口，各公司统一从二级站进货，销售是有什么卖什么，从不考虑市场的需求。全县商贸活动由国营企业，按计划经济一统天下。

二、改革开放，商贸流通百花齐放

1978 年党的十一届三中全会召开，商贸流通得到了迅速的发展，商业网点增加，经营品种不断增多，销售形式不断改变，形成了

---

① 本节作者季炳操。

以公有制为主体的多种经济成分并存的多元化经营格局。至1988年,商业局下属各类公司达9个,商业网点46个,商品销售总额1839万元,全县有各种个体商业网点1487个,从业人员2949人,销售额10627万元。

随着全国改革开放步伐的加快,建宁商业的改革也进一步深化。首先实行的是经营承包责任制、经营租赁制。这一改革改变了长期以来职工吃企业、企业吃国家"大锅饭"的状况。国营商业的商品,采取了各种方法进行促销:(1)组织各种展销会、供货会、交易会、以"会"促销;(2)组织送货下乡,送货上门的方式以"送"促销;(3)增加销售网点,扩大网点面积,以"扩"促销;(4)开展有奖销售,以"奖"促销;(5)积极开展边贸市场,吸引邻县、邻省顾客,以"边"促销。至1990年,取得了国营商贸部门自成立以来的最好的社会经济效益。

1991年,国营商业经营体制改革第二步是推行以"经营放开、用工放开、价格放开、分配放开"为主要内容的"四放开"经营体制改革。企业职工进行了第二轮租赁承包,并实行了优化组合,极大地调动了员工的工作积极性,为进一步迈向市场经济打下了基础。

1994年,国营商业经营体制改革进入最后阶段,推行"国有民营"为主要内容的经营体制改革。"国有民营"就是企业所有制和职工身份不变,实行"国有网点资产租赁,风险抵押库存自理,资金自筹经营自主,盈亏自负照章纳税"的一种经营模式。

党的十一届三中全会,吹响了计划经济向社会主义市场经济转轨的号角,在进行了一系列改革之后,虽然取得了一定的成效,打破了计划经济时期的"大锅饭",树立了市场经济意识,拓宽了市场,但是在长达30余年的计划经济体制下造成的弊病积重难返,一些深层次的问题和矛盾日益突出,企业负担沉重,营业场所简陋,人员老化,负债经营,使得企业不堪重负。

1996年以后,建宁国有商业企业,经县人民政府批复,先后实行以全员解除劳动关系,发给安置补偿费的改制方案,至2002年止,所有国有商业全身退出,县供销社所属公司及基层社全部解体,取而代之的是蓬勃发展的市场经济中的集体、私营企业。

如今的建宁苏区，商业网点遍布城乡，商品丰富，市场一片繁荣。整个城区有农贸市场2个，大型超市6个，9个乡镇都有农贸市场和大型超市。商场美观宽敞，经营灵活多样，服务优质周到，文明经商，购销两旺，城乡处处呈现出社会和谐、歌舞升平的景象。

三、紧跟时代，电子商务异军突起

党的十八大以来，建宁的商贸发展得到了全面的提升，按照"建设一处市场、活跃一方经济、富裕一方百姓"的指导思想，开发了一批物流商贸项目工程及电子商务项目工程，促进了建宁苏区商贸流通的进一步发展。

1.物流工程建设

2012年8月，闽赣省际物流园"公路港"项目竣工投入使用，运输中转货运可达150万吨，建宁现代商务驶入了快车道。

2.外贸经济发展

建宁外销产品以粮食为主，其次是木材、笋干、香菇、芝麻、莲子、土纸等。1977年，成立县外贸公司，开始经营出口贸易。1979年12月，成立对外贸易局。1981年成立进出口办公室。1985年又成立对外经济贸易公司。建宁县能提供出口商品有莲子、拷贝纸、松香、松节油、山苍子油、稀土、石英石等，其中以莲子、拷贝纸为拳头产品。莲子出口量为全省首位，年出口量约40吨(1986年以前)。1986年开始，县第二造纸厂生产的拷贝纸为省内独家产品，销往美国、马来西亚、台湾、香港等地。至2016年，出口总额8.18亿元；商品购进72406万美元，比增34.85%。2017年出口总额8.7亿元，比增13.8%。

3.电子商务发展

县电子商务工作开始于2013年。2015年4月，县委下发建委[2015]50号文决定将原县对外贸易经济合作局、原县经济贸易局、原山海协作领导小组办公室等单位的职责进行整合，组建建宁县商务局，旨在深化流通体制改革，推动内外贸易融合发展和统一的市场监管，促进统一开放、竞争有序的市场体系的建立与完善。

商务局成立以后，电子商务活动异军突起。2015 年 10 月，闽赣省际建宁电商产业园竣工，占地面积 100 亩。园内设有建宁特色馆、O2O 展销中心、众创中心、孵化中心、网络中心、培训中心、公共摄影棚、数据中心、网货中心和企业中心等功能区，采取服务外包方式引入专业电子商务服务商运营，为企业提供全方位的公共服务和个性化服务。园内已有阿里巴巴、农村淘宝、莲缘电商、建宁公主、福州大学千县农汇电商研究院等 65 家电子商务企业及相关机构入驻，已发展成为建宁集产品供应、品牌组合、人员培训、数据管理于一体的电子商务产业园。到 2015 年底完成电子商务交易额 5.2 亿元、网络零售额 3 亿元，电商企业 30 家，电子商务从业人员 2600 人。2017 年完成电子商务交易额 16.01 亿元，增长 61.04%；网络零售额 11.29 亿元，比增 88.8%。全县电商企业总数 205 家，电商从业人员 4992 人。在电子商务进农村综合示范县中期，绩效评价等级被评为优秀，排名列福建省第二名。彻底告别了以往农副产品靠人工甚至靠县领导外出推销、宣传的落后销售方式。2017 年由电子商务销售的农副产品销售额高达 10.6 亿元。

现在的建宁商贸流通只要打开电脑，就能了解外面世界的需求与行情，县内物资的库存、产量、生产日期一目了然，只要下好订单，物流园的车辆就会准时将需要货物运进运出，在最短的时间内安全运达，轻松地按下鼠标，就能掌控一切，苏区人民正在实现伟大的中国梦。

第四节　跨越发展的通讯事业[①]

中国电信建宁分公司积极落实国家建设“网络强国”“数字中国”战略部署，以及福建省委、省政府关于建设“数字福建”工作要

---

① 本节作者魏克新、揭晓。

求，以国有特大型通信骨干企业和社会信息化建设主力军的责任担当，积极推动建宁县通信基础设施以及“互联网＋”信息化项目建设，助力“数字建宁”发展。在光纤宽带网、4G 通信网、窄带物联网（NB-IOT）三张精品网和云平台的建设上取得丰硕成果。

一、通讯快速发展　旧貌换新颜

（一）自动电话进千门万户

新中国成立前建宁的电信工作十分落后，1935 年建宁县政府设一个电话室，装有 10 门交换机 1 部，编员 2 人，隶属建设科。1940 年，添置 20 门总机 1 部，电话可通全县 7 个乡公所，县际可通泰宁、江西蔡川樟村，总机室人员增至 4 人。1946 年，各乡线路因架设质量差大部分报废，仅通里心、均口、桐源 3 个乡。至新中国成立前夕，遭土匪破坏，乡村电话全部中断。

新中国成立后，电信工作有了长足发展。1950 年长途电话总机 10 门，1958 年增至 20 门、1965 年增至 60 门、1976 年又增加到 100 门。长途电话线路共有 11 条，有三路载波，电话均是“摇把式”的。

改革开放后，电信工作有了新的飞跃。1988 年实现市话自动化，原摇把式电话退役。1993 年实现了电话交换程控化，极大的方便和满足市话用户的需求，促进市话用户的大发展。1999 年至 2000 年，开始使用电话拨号（163 或 8163、8169）窄带连接上网，业务量逐渐加大，而后使用 ISDN 拨号上网，逐步发展宽带业务。宽带网络即 ADSL 以及 LN（俗称“网络快车”）。它以普通电话线路作为传输介质，在普通即浅绞铜线上实现下行高达 8 nbivbps，上行高达 640 kbitbps 的传输速度。2004 年宽带用户达 1123 户，2010 年已达 6500 多户。

2001 年，建宁县开通了无绳电话网络，到 2003 年，全县所有乡镇以上已实现无绳电话信号全覆盖，基站已达 110 个，无绳电话用户达 8000 多户。到 2010 年拥有基站 78 个，无绳电话用户已达 7928 户。

1988年实现市话自动化后，至1992年底电话计费用户就达194部。到1993年实现电话交换程控化时，当年底市话用户就达1886部，其中私人住宅电话为890部，占总电话数的47.2%。1998年邮政分营后，采取多种营销策略，加快了市话发展步伐。特别是市民住宅电话发展更为迅速。1999年市内电话上升至8135部，其中住宅电话6187部，区间通话量合计20.4万次。截至2005年，市话用户为11530户，是1988年的15.5倍，公用电话达2357部。截至2010年末，市话用户达28600户。

随着农村经济的发展，为了做好服务“三农”工作，促进农民奔小康，虽然发展农话投入大、成本高、效益甚微。但电信部门仍然加大了农话的投入与普及，使农话用户逐年上升。1991年，农话用户为209部。1999年已拥有农话用户3288户，公用电话259部。区间通话量合计1115.86万次。2005年农村电话用户达13104部，其中住宅电话12550部。

1988年，长途电话电路总112路，其中省内二级10路、省际二级1路。长途电话种类除继用代号、特种、紧急调度、政务、普通、公务业务等6种和“173”立即接续长话业务外，还开办了长途有权电话用户。1990年后，实现了长途电话自动化和电话交换程控化，开办了国际长途电话业务。电话业务量：1990年长途出口国内10.56万次，国际港澳出口长话480次。截至2010年底，国内长途通话数221436次，通话时长105520分钟，国际港澳台通话次数494次，通话时长4563分钟，电信业务总量达2200万次。

1998年邮电分营后加快了电话交换程控化和自动化的发展步伐，业务量迅速增长。1999年国内长话通话次数达127.13万次，国际长途通话次数为456次，港澳台长话通话1025次。2002年国内长途电话通话次数上升至195.74万次，国际港澳台电话通话次数944次。至2008年，国内长途通话224838次，通话时长9202136分钟；国际港澳台通话次数为81次，通话时长6632分钟。

加快电信网络建设，提高通话质量和经济效益。1992年，开通了三明—将乐—泰宁—建宁480路数字微波电话。1995年，县电信局又扩容6000门共1.1万程控电话，拥有长途业务电话60路均为全自动、数字、光缆电路。

在1988年实现市内电话自动化、市内电话线路电缆化、多路化后，至1992年，全县拥有本地电话中继电路240路，均为酝网内市至县中继电路，拥有本地电话网至数字网中继电路60路。电缆长度为16皮长公里，本地中继光缆线路长度为421公里，城乡管道95孔，管程公里为15公里。1997年3月开始，加快了农村村村通电话建设，至1998年仅一年时间，全县92个建制村实现通电话的村达78个，通信建设驶上快车道，通话面达79%，中继电路发展到270路，光缆线路长度发展到421皮长公里，按入网光缆长度为12皮长公里。截至2004年，电信业务总量达2356.94万元，比1988年的50.41万元增长46.76倍；业务收入达1713.23万元，比1988年的48.81万元增长35.1倍。至2010年底，电信业务总量比2004年略有上升。

（二）网络全覆盖，惠民全县

2012年，中国电信福建公司建宁分公司（简称县电信公司）重视抓好网络建设，重点发展天翼3G、智能手机终端和宽带业务，取得较好的经营业绩。全年主营业务收入完成年计划的92.80%，全区排名第四。建宁县人民政府数字办、电信公司坚持服务与创新同步推进的方针，根据建宁的县情实际，加快建设以3G、光纤宽带等为代表的高速信息网，助力地方经济社会健康发展和信息化建设水平不断提高。

2013年，围绕“超常、超越”这一发展主题，坚持走全业务融合的经常性发展之路，努力扩大天翼、宽带、固话全业务市场份额，加快企业转型步伐，着力提升服务水平，取得较好的经营效益。建宁电信公司下设电信服务网点90个，遍及全县各村委会。政务外网接入纵向网43个单位，接入横向网28个单位，共享共用系统的网络设备、光纤线路等资源。满足县财政局国库集中支付、法院“点对点”网络执行系统应用的需要，县数字办在现有政务信息网的基础上，开展了政务网三期工程建设，优化升级网络架构，以最节约的投资和通信费用完成项目建设，新增17个接入单位，总接入单位数达98个。建宁县数字建宁建设办公室以省政府印发的《2013年数字福建工作要点》为指导，狠抓电子政务基础设施建设，较好地发挥了电子政务和信息化对提高机关办公效率、辅助决策、优化经济社会管理环境的支撑和引领作用。

2014年，建宁电信分公司共计投入900多万元，用于完善建宁基础通信设施及信息化应用推广建设。县城区、里心、溪源、均口、黄埠集镇已具备光纤入户接入能力，光网络端口达到14000个，已完成4382户的光纤入户改造；互联网覆盖面进一步扩大，建制村村村实现有线接入，自然村互联网覆盖率达到75%，4M速率以上比例用户达到85%。光缆网络通达全县所有建制村，总长达3615皮长公里。互联网端口总数26102万个，其中已占用端口总数14620万个，宽带接入用户1.32万户，比上年增加1200户，平均带宽6.8M。互联网总出口22G，基站143个，信号覆盖全县所有建制村，光宽带端口到达7510个。实现宽带到建制村，光纤到大楼，全县全光智能网络建设也已具规模，为全县实施三个新莲乡和信息化建设奠定基础。

2015年至2017年，建宁电信分公司积极响应国家宽带大提速工程，持续加大建设投资，累计投入超过3000万元，实现全县92个建制村光纤宽带入户，总长达4615皮长公里，宽带服务客户数超过两万户，实现宽带平均速率超过50M，互联网总出口带宽40G；启动第四代移动通信网（即4G）800M基站建设，新开通站点103个，乡镇以上，发达农村，高速、省道沿线，旅游景区均已覆盖，手机上网速率最高可达150M；9月份传统程控数字交换机完成退网。

二、建设三张精品网　助力“数字建宁”发展

（一）光纤宽带精品网

深入实施“宽带工程”，加强建设网络强县。持续开展宽带网络提速行动，进一步提升宽带网络供给能力。2015年6月，中国电信建宁分公司在通信运营商中率先完成全县92个建制村光纤入户升

级改造工作，全面完成“三网融合”建设任务，用于光纤网络建设。截至2018年12月底，电信光缆网络已覆盖全县所有建制村，总长达4615皮长公里；100M光纤宽带通达全县92个建制村，建制村宽带覆盖率达100%。同时，我们持续开展提升光纤网络健壮性工作，县城到所有乡镇的光纤网络均实现物理双路由，已具备较强的防灾抗灾能力。

（二）移动4G精品网

2018年，中国电信建宁分公司共投资570万元，新建4G室外基站38个，新建4G室内分布基站78个，进一步完善了全县高速公路、铁路沿线、动车站快速通道等高流量区域的网络覆盖工作。同时，自然村的4G信号覆盖率得到进一步提升。经过近五年的4G网络建设和网络优化，全县92个建制村已实现4G网络信号全覆盖，基站总数达到297个。全县所有的高速、高铁、国道、省道、县乡主干道以及金铙山景区等重点区域实现4G网络全覆盖，累计建设投资约5980万元。

中国电信建宁分公司认真贯彻落实县委、县政府的工作精神，积极向上级争取建设资金。2019年，公司已争取到投资成本500万元（达到永安、尤溪等大县建设规模，小县最高），预计新建基站25个，主要进行向莆铁路建宁段红线内4G信号全覆盖建设，完善城区办公大楼、高密度小区楼层室内覆盖，对城区主要的电梯、地下停车场等弱覆盖进行网络补足，同时对闽江源保护区、农村弱覆盖区域的持续完善补足等工作。

（三）窄带物联网（NB-IOT）

2017年率先建成首张覆盖全县的窄带物联网（NB-IOT）。该网络的建成，为全县今后在现代农业、工业、水利、旅游、交通、城市建设等方面奠定了网络基础，目前在全县农业局建设的农业追溯平台中推广使用。

（四）云平台

随着云计算成为IT数字化智能化转型的关键路径，越来越多的政府、企业开始尝试把信息系统和核心系统上云。这对云服务商的云网协同、安全可信等提出了更高要求。中国电信自2012年起就推出了自己的云计算服务——天翼云。自成立起，天翼云就以云计算行业的“国家队”为己任，致力于成为最懂网的云运营商，最懂云的网络运营商，经过多年的实践，已在云网融合、产品服务、安全保障等方面具有领先优势和丰富经验，能够提供完整的政务云、行业云等解决方案。并且构建了5S的安全体系，从系统、保密、持久、标准和服务五大板块打造安全可靠的云生态。2018年中国电信启动了“智能云改”战略，构建国家级云网融合基础设施。重点是以云化数据中心为节点，以云化的数据中心互联网络为平面，整合全国数据中心资源，为政府及企业客户提供高可靠的、跨资源池的云主机高速互联，形成专业化、自动化、全流程的一站式云服务体系。

走进新时代，站在新起点，踏上新征程。中国电信建宁分公司将认真贯彻落实习近平新时代中国特色社会主义思想，贯彻落实十九大报告中关于建设网络强国的重要精神，进一步把握“数字福建”“互联网＋”建设的新机遇，按照建宁县委、县政府的工作部署，勇于担当，乘势而上，打造“万物互联、人机交互、天地一体”的新一代信息基础设施，全面提升建宁县信息基础网络水平和信息化应用服务品质，为推动“再上新台阶、建设新建宁”做出积极贡献。

三、全力打造政务信息化平台

（一）全力打造建宁县政府政务信息化平台

2013年，建宁县政府办公大楼智能化建设项目由中国电信建宁分公司独家完成，并于当年12月正式投入使用。该项目内容包括综合布线子系统、计算机网络子系统、视频监控子系统、停车场管理子系统、电子巡更子系统、机房设备子系统、多媒体会议子系统及弱电综合管理系统等八大项目，要求按照先进性、实用性、开放性、可靠性、集成性和经济性的原则，进行系统的优化设计和配置。为保障网络正常应用，县数字办严格按照电子政务内、外网络管理法和数据中心标准机房管理规定，认真做好网络线路、电源线路、网络交换存储设备、消防系统、防雷系统、防盗系统等设备及环境维护，与省政务网主管单位和建宁电信公司加强协作，共同抓好网络、政务网设备巡检，及时整改薄弱环节和安全隐患，有效带动保障电子公文交换、视频会议及应急视频会议、部门各业务系统正常运行。

电子政务是信息社会管理发展的一种趋势，为解决现在电子化办公系统应用未能覆盖到整个县政府及下属单位，缺少移动办公解决方案，传统纸质公文办理转交的方式已经不能满足现有办公效率的需要等问题，建宁县政府于2015年委托中国电信建宁分公司建设建宁县政府办公OA系统。建宁电信秉持着规范、先进、可靠、实用、安全、易用、可扩展、易维护等8项开发设计原则，利用信息化和业务融合的力量，改变传统的纸质办公模式，全面提高行政运营的效率；提升了信息发布的效率，实现政令通达，确保关键信息及时传送目标人员；提升流程运行速度，规范工作流程，减少人为错误；实现工作中各种项目文件和知识的采集、沉淀、积累、分类、流转、归档、分享和持续创新；随时掌握业务情况，实现实时的管理监控；有序安排好会议、日程等各种资源的分派和管理；降低沟通成本、丰富沟通方式，提高沟通效率，提高紧急、重要事件的快速反应和处理能力，实现指挥调度和快速反应的现代化；构建一体化的门户，提高各系统调用的易用性和便捷性。通过该系统的建设和推广，帮助政府实现实时化、网络化、协作化、规范化组织管理模式的改进。

（二）建设“雪亮工程”，为“平安建宁”助力

2014年，在县政法委的统一部署下，在全县范围内布设了56路“全球眼”视频监控系统，通过“网格化＋网络化＋信息化”思路，应用现代信息技术和手段，为建宁县量身打造网格化社会管理服务平台，创造性地将“全球眼”监控产品融入综治服务，实现网格内人、地、事、物、情“一目了然”。该项目由中国电信建宁分公司承建。自该平台投入使用以来，建宁县犯罪率得到有效遏制，也为公安机关破解案件提供了强有力的技术支持。县政法委为更好地实现“平安建宁”建设，于2017年11月由中国电信建宁分公司新建76路“全球眼”视频监控系统，整个项目涵盖了里心、均口等9个乡镇，“全球眼”视频监控系统为“平安建宁”贡献出更大的力量。

（三）搭建“教育云桌面”平台，建设智慧校园

2015年中国电信建宁分公司与建宁县三所中小学成功签约“教育云桌面”项目，为其提供240个点的计算机教室和多媒体办公桌面云解决方案，为学校打造智能课堂，建设智慧校园。借助“教育云桌面”，学校管理员仅需登录一个Web控制台即可对所有桌面进行统一管理，学校教师可通过各自的教学账号访问专属的办公桌面，无须再使用U盘等工具进行资料拷贝。在进行计算机教学时，教师可以统一界面，直接监控操作学生电脑使用，严肃课堂纪律，提高了教学效果。特别是学校进行统一阅卷时，极大地提升了学校统一阅卷速度，提高了阅卷及稽核效率。

（四）创新运用互联网VR技术、物联网技术助力农村电商发展

2015年中国电信建宁分公司牵头成立建宁县电商协会，并成为首届电商协会会长单位。2017年，由县商务局牵头，中国电信建宁分公司创新运用互联网VR技术，通过三维仿真技术和虚拟现实技术创意设计制作关于建莲VR旅游影视宣传片。通过VR全景拍摄，拍摄建宁的莲子产业和旅游景点特色，拍摄开发金饶山峰顶、修竹荷苑、坪上莲田、反围剿纪念园、报国寺5个景点。

2015—2018年，由农业局牵头负责，共建设三期农产品可追溯平台，创新运用互联网技术，对农产品种植培育阶段实现自动采集、传输环境数据、生产数据，对农产品质量实现数据化可控、可感知、可评估，对提升建宁县农产品的质量品牌提供数据支持。至2018年3月份，已建设完成15家农产品生产企业。

第五节 苏区铁路梦终圆[①]

2007年11月23日，这是海峡西岸交通建设史上又一个具有里程碑意义的日子：全长603.6公里，总投资518亿元的向莆铁路动工

① **本节作者邱树青。**

了。这一天,也是建宁人民永远铭记的日子,终于圆了多年的铁路梦。苏区建宁沸腾了,苏区人民激动地落泪了,老人、青年、孩子们奔走相告:“向莆铁路开工了,向莆铁路开工了……”

建宁人民知道,向莆铁路项目来之不易,它凝聚了党中央、国务院和国家发改委、铁道部,省委、省政府,市委、市政府和县委、县政府各级领导大量的心血和精力,也得到了老红军、老同志以及社会各界人士的大力支持。建宁人民明白,向莆铁路过境建宁并设立站点是在各级领导关怀下运作而来的。

一、打响苏区牌,铁路项目从无到有

2004 年 4 月的一天,建宁县领导在市里开会时,得到一条令人振奋的信息:为振兴三明老工业基地,三明市会同莆田市、抚州市正在策划一条由江西向塘经抚州、三明至莆田沿海铁路的信息。可翻开三明市政府与莆田市政府关于向莆铁路走向的会议纪要,却没有将建宁列入其中。

建宁县委立即召开常委会议,研究争取向莆铁路事宜。会上,县领导统一了思想,达成了共识:向莆铁路是苏区建宁将来拥有铁路的唯一希望,一定要全力争取,而要争取铁路过境建宁并设立站点,就一定要打响苏区牌。

建宁是红色苏区,第二次国内革命战争时期,为了中国革命的胜利,建宁先后有 7000 多名儿女参军参战。建宁曾是中央苏区五次反“围剿”的筹粮扩红之地、决胜之地、决策之地和指挥中心,为中央苏区反“围剿”战斗做出了重大贡献。毛泽东、周恩来、朱德等老一辈无产阶级革命家曾在这里度过了艰苦卓绝的峥嵘岁月,十大开国元帅中有八位在建宁从事过革命实践。这一座座红色丰碑,已载入共和国的光辉史册。

如何通过多种渠道宣传,打响苏区品牌,把建宁宣传出去,使建宁老区处处焕发出红色的芬芳、洋溢着红色的氛围、凝集着红色的情结,不断引起上级部门和领导的重视。县委、县政府要求各级各部门从思想上高度重视,以高度负责的精神宣传好建宁,打响老区、

苏区品牌，不论是走出去还是请进来，要求人人都当好宣传员。

县里先后开办了"建宁苏区历史地位论坛"，组织人员开展建宁与五次反"围剿"的史料研究，策划建设全国唯一的大型反"围剿"纪念园，探究"八大元帅在建宁"的历史贡献，邀请中央、省、市党史研究专家到建宁调研，结合建宁史料组织总结建宁苏区精神。同时，通过网络、电视、报纸、杂志等多种宣传媒体报道建宁苏区的历史、经济社会发展情况，不断扩大建宁苏区的知名度。

通过全县上下的共同努力，建宁苏区的地位进一步提高，苏区的知名度进一步扩大，建宁的社会影响力进一步增强，同时还得到多方面老区、苏区政策的扶持。而最让苏区人民欢欣鼓舞的是，原本并没有考虑经过建宁的向莆铁路，如今过境建宁并设立了站点。

二、坚守与感动，绕经建宁多投资20亿元

从向莆铁路的策划到开工建设，整整四年零七个月。而这1670多个日子，建宁县的领导干部和群众一直坚守着。

铁路专家、领导23次现场踏勘，县委、县政府先后18次召开"申铁"专题会议，12次前往省市专题汇报，9次前往北京、武汉铁四院专题汇报。这些数字后面，凝聚着建宁领导干部和群众的心血，体现着苏区人民的执着，同时也感动了一批专家和领导。

就在建宁县刚刚提出让向莆铁路绕经建宁时，一种反对的声音让苏区人民盼铁路的心沉重了许多："20亿元，足够将整个建宁县搬迁走，没有必要花这么多资金绕到一个小县去，还得多出近20公里的里程。"

可这种声音很快被另一种声音所替代。"建宁是苏区、老区，为中国革命的胜利做出了重大贡献，我们不能忘记他们，铁路一定要想办法过境建宁并设立站点。"

2004年7月18日，铁道部第四勘察设计院铁路走向踏勘。在专家的行程中，不论是县城还是乡村，老百姓都自发列队欢迎，燃放鞭炮，送水献茶。"苏区人民盼铁路"的迫切心情让专家们感动得难于言表。此后，2005年8月16日铁道部第四勘察设计院方国星、王

海潮等专家来建宁现场调研。2005 年 12 月 25 日，铁道部副部长陆东福带领铁道部、铁二院、铁四院领导、专家来建宁踏勘向莆铁路线路走向和站点设置……专家们每次都为苏区建宁的革命历史和苏区群众对铁路的期盼而深受感动。

建宁人民盼铁路的迫切心情和全县上下"申铁"热情也深深地感动着各级领导。时任县委书记洪明德、县长盛福江联名向市委书记叶继革、市长张健写信，要求市委、市政府向上反映建宁苏区人民迫切要求向莆铁路过境建宁并设站点的心声，帮助建宁人民圆铁路梦。两位领导立即回复，一定竭尽全力协调，力争让铁路过境建宁并设立站点。随后，张健市长、张发录副市长带领建宁县领导前往北京拜会铁道部、发改委等部委领导，得到了他们的理解和支持。在铁道部组织召开的向莆铁路项目预可研审查会上，张健市长提出了铁路过境建宁并设站点的要求。

与此同时，时任县委书记洪明德、县长盛福江和政协主席徐水泉多次赴省政协向陈明义主席汇报向莆铁路前期工作进展情况，充分阐述建宁人民的要求和愿望。陈明义主席从 1986 年就开始挂包扶贫建宁，对老区人民盼铁路的心情非常理解，并在县委书记洪明德、县长盛福江的联名信上做出批示，要求省发改委在论证向莆铁路项目时，一定要注意考虑建宁县的要求。2005 年 12 月 26 日，铁道部、福建省政府在福州共同召开向莆铁路现场踏勘汇报会。会上，苏增添副省长转达了黄小晶省长关于向莆铁路过境建宁的意见，得到了铁道部陆东福副部长的认可。第二天，省人民政府就向莆铁路走向问题向国家铁道部发文，文中明确要求向莆铁路从江西进入福建走建宁线路并在建宁设站。

向莆铁路绕经建宁并设立站点，整整多行了近 20 公里，多投资了 20 亿元。"感谢党，感谢政府，国家没有忘记我们苏区人民，各级领导时刻都把我们苏区群众的利益记在心上。"建宁老区人民被这一义举深深感动了，全县上下纷纷表示将全力配合支持向莆铁路建设。

三、铁路建设加快推进

2008年10月，建宁人民期盼已久的向莆铁路正式动工建设。向莆铁路项目建宁境内总里程19.32公里，分为两个合同标段，由中铁二十四局、中铁十八局、中铁三局3个施工单位参与建设，共建设3座桥梁、4个隧道、2个斜井和1个车站。

两年多来，铁路参建人员攻坚克难，不辞辛劳，日夜奋战，向莆铁路建设取得了阶段性成效。截至2011年3月，向莆铁路（建宁段）由中铁二十四局承建的武夷山隧道出口及武调一号隧道已全部贯通，正进行隧道铺轨前的底板施工及附属工程施工，火车站站场已完成填方90万立方米；中铁十八局承建的建宁隧道（建宁武调至泰宁大田）及武调二号隧道全部贯通，正进行隧道铺轨前的底板施工及附属工程施工，黄坊溪1号、2号、3号大桥正进行上部施工，路基开挖已完成，正进行路基防护施工。中铁三局承建的芦岭坊上斜井进入武夷山隧道施工掘进3160米。

武调火车站站区配套工程建设已累计完成投资3860万元。安置小区一期安置房73幢已全部完工，正进行基础配套设施建设；进站公路路基开挖、路基工程及防护工程施工已全面展开，武调桥已完成水下工程施工；站前广场已完成块石垫层施工；深溪桥桥墩施工已全部完成，正进行桥梁预制及盖梁施工；正在加快推进深溪河改道及防洪堤工程建设。

就在向莆铁路如火如荼建设同时，浦建龙梅铁路项目又在全力推进。县铁办正按照县委2010年12月24日会议纪要关于浦建龙梅铁路火车站设置问题的要求，加强与铁三院及省市铁办的联系，争取浦建龙梅铁路在建宁县的最佳线路走向和站点设置，积极配合铁三院在建宁县开展的项目初测工作，目前项目初测工作已全部完成。

为加快形成“三铁三高”的现代交通网，将建宁建设成为闽赣边界区域性交通枢纽。目前，县委、县政府正在积极配合省、市加快推进江西吉安至建宁铁路的各项前期工作。

第七章　新兴旅游业

第一节　四城战略指方向　建宁旅游展新颜

——激情打造海西生态休闲旅游城[①]

旅游经济是最具拉动力的“绿色经济”，旅游产业是充满生机活力的“朝阳产业”，是促进生态文明、经济文明、社会文明协调发展的动力产业。加快旅游产业发展，对于扩大建宁对外知名度，提升建宁魅力形象，推动建宁实现跨越式发展具有十分重要的意义。“十一五”初期，建宁县委、县政府审时度势，抓住历史机遇，确立了“四城”发展战略，提出了打造“生态休闲旅游城”的战略目标，正式开启了建宁旅游发展的新篇章。历经五年多的发展，建宁旅游初步确立了“莲乡度假·中国建宁”的主题形象，培育形成了“红色经典、绿色生态、田园风光”三大旅游品牌，开发建设了各具特色的五大景区，旅游综合配套设施逐步完善。2010 年，主景区——闽江源生态旅游景区和中央苏区民俗陈列馆正式对外开放，吸引了江西、福州、泉州、厦门、三明等地游客纷至沓来，全县共接待游客 19 万人次，实现收入 1.12 亿元，分别比 2005 年增长 578％和 275％。建宁已从原先“养在深闺人未识”的旅游空白县发展成为海峡西岸经济区具有一定知名度和美誉度的新兴旅游县，呈现魅力初显、蓄势待发的良好态势。

---

① 本节作者陈晓明。

一、起步篇——挖掘资源，规划先行

（一）建宁旅游资源富集

建宁县有丰富的生态旅游资源。建宁为千里闽江正源头，国家级生态示范区，全县森林覆盖率80%。地质结构形成于26亿年前，是福建最古老的陆地，被誉为“华夏古陆”。境内“秀起东南第一巅”的金铙山（主峰白石顶海拔1858米），是泰宁世界地质公园重要组成区，为华东最高的花岗岩出露观赏区。区内有气势磅礴的叠层瀑布群、碧波荡漾的高山平湖、造型各异的石蛋群、依山而立的圣主像、连绵起伏的高山草甸、国内罕见的南方红豆杉野生群落、高峰古道、红河峡谷、千年名刹报国寺等生态自然景观，极具开发价值。对于饱受现代城市喧嚣、紧张和污染之苦而向往返璞归真、崇尚自然和谐的人们，建宁是绝佳的生态旅游目的地。

建宁县有重要的红色旅游资源。建宁是21个原中央苏区县之一，毛泽东、周恩来、朱德等老一辈无产阶级革命家都曾在建宁度过了艰苦卓绝的峥嵘岁月。十大开国元帅中除贺龙、徐向前外的8位元帅均先后在建宁指挥过红军作战。建宁是红军第二次反“围剿”最终大捷的主战场，毛泽东为此满怀豪情写下了《渔家傲》的光辉诗篇，为其公开发表过的7篇诗词之一。现有保存完好的红一方面军总司令部、总前委旧址（毛泽东、朱德旧居）和总政治部旧址（周恩来旧居），为全国第六批重点文保单位，温家宝总理等领导同志曾到此参观并给予高度评价。此外，东山、东门楼第二次反“围剿”旧址、客坊水尾的红军医院、红军兵工厂、苏维埃银行、被服厂等革命遗址、红军历史上第一台无线电台遗址、西门红军莲塘等这些遗迹遗址，都具有极高的历史价值，是发展红色旅游，开展爱国主义教育的重要资源。有独特的农业观光旅游资源。

建宁是著名的“中国建莲之乡”“中国黄花梨之乡”，大自然赋予建宁桃梨花开的婉约娇艳，杜鹃啼血的绚丽夺目，金针摇曳的华而不艳，荷花映日的美丽圣洁，桃花、梨花、杜鹃花、金针花、荷花这“五朵金花”，使建宁成为花的世界、花的海洋，构筑起了建宁美丽的田园风光，形成了建宁在全省具有鲜明特色的农业观光旅游资源。尤其是建莲，建莲是千年贡莲，《红楼梦》中两处提及的“建莲红枣汤”即为建宁白莲，具有悠远而深厚的历史文化底蕴，赋予了建宁农业观光游更多的文化内涵。

（二）加强领导规划先行

县委、县政府确立“四城”发展战略后，将旅游业发展纳入建宁县四大经济增长极之一，专门成立旅游工作领导小组和特色旅游工作团队，统筹协调旅游发展过程中遇到的问题，并定期或不定期召开会议，专题研究旅游工作，逐步形成政府积极推动旅游、企业大力发展旅游、群众热情响应旅游的合力。同时在旅游开发过程中，坚持规划先行，严格实施，自 2005 年以来，先后聘请省内外专家和有资质部门高起点编制了一系列规划。聘请厦门思迈设计公司编制《中央苏区反“围剿”纪念园规划》，华东林业勘察设计院编制《闽江源国家级自然保护区生态旅游规划》，福州大学建筑学院编制《上坪古村落保护规划》，省林业勘察设计院编制《闽江源国家森林公园总体规划》，浙江远见旅研机构编制《金铙山白石顶景区修建性详规》，为旅游开发和建设提供科学指导。

二、建设篇——激情创业，打造精品

（一）精品景区独具特色

五年来，围绕打造“红色经典、绿色生态、田园风光”三大旅游品牌，深度挖掘旅游资源优势，基本建成了闽江源生态旅游区、中央苏区反“围剿”纪念园、修竹荷苑、枫元桃梨观赏园、闽江源漂流五大特色景区，莲乡旅游以其独特的魅力向世人展示出无限风光。

有红之魂的光辉诗篇：重点建成占地 5.4 亩的中央苏区反“围剿”纪念园，彰显“反‘围剿’中心、红军长征发起地”主题形象，通过保存完好的红一方面军领导机关旧址、大型群雕“红军颂”“战地黄花——中央苏区反‘围剿’斗争史迹”展览等展示了中央苏区反“围剿”斗争那波澜壮阔的历史画卷。同时，还建设了占地面积 1000 平方米的建宁民俗陈列馆，集中展现了独具建宁地域特色的民俗民风。

有绿之幽的自然流韵：重点以闽江源国家级自然保护区和世界地质公园五大园区之一的金铙山为依托，开发建设闽江源生态旅游区。已建成的主要景点项目有：闽江正源第一瀑——闽江源瀑布群、千年古道——高峰古道、福建省最长且海拔最高的客运观光索道——金铙山索道以及金铙山 1000 米凌空栈道、777 米时空隧道、603 米极限滑索。闽江源生态旅游区已成为科考、健身、休闲、安养、旅游的理想境地。

有花之娇的灿烂妖娆：着力培育了建宁旅游“五朵金花”——荷花、桃花、梨花、金针花、杜鹃花，进一步丰富了旅游产品内涵。阳春三、四月间，桃梨花开；初夏五月，高山原生杜鹃绽放；仲夏六月，金针花摇曳；七、八月份，荷花映日，“五朵金花”使建宁成为“花花”世界，莲乡月月花海美景，构筑起了美丽独特的田园风光和生态景观。

有古之韵的厚重民风：着力培育高峰特色景观村，以闽江源漂流、省级历史文化名村上坪、千年古道、报国寺等为依托，大力开发森林旅游、文化旅游产品，建成全省首批“森林人家”示范点——高峰农家乐、全市首个全国工农业旅游示范点——修竹荷苑、建莲文化购物展示中心——将屯莲乡大观园，成为人们休闲避暑的好去处。

（二）项目亮点持续不断

近几年来，为加快发展旅游业，通过政府主导，多渠道筹资等方式，着力开发旅游项目，加大旅游事业投入，项目亮点持续不断。2008 年以来，投入 3000 多万元，建成全国唯一的中央苏区反“围剿”纪念园，通过采用声、光、电等高科技手段和喷绘物、近景人物塑像与民俗实物相结合的表现手法，集中体现建宁苏区革命斗争史和特色的民俗民风。闽江源生态旅游区投资 5000 多万元，建设了大陆唯一的高山轻轨小火车、福建唯一的高山滑雪（草）场、高山露营旅馆等项目，这批项目的建成必将为建宁积极打造闽江源山地休闲运动基地增加新的亮点。

(三)配套要素逐步完善

旅游交通条件日趋完善,随着向莆铁路、浦建龙梅铁路、建泰高速、莆田湄洲湾经建宁至重庆高速等一批交通项目的开工和规划建设,可以预见,在不久的将来,这“两高两铁”将为建宁旅游提供更加便捷舒适的快速通道。旅游接待能力不断提高,新增按四星级标准建设的建宁大饭店以及按三星级标准建设的云深国际花园酒店、荷花酒店等一批星级酒店,大批小型、商务酒店的建成投用,极大地提升了建宁旅游接待水平和能力。

三、展望篇——跨越崛起,前景灿烂

在福建省“五区两带旅游大格局”中,建宁既在“闽北生态旅游区”内,又在“闽西客家文化红色旅游区”内,还处在“西部红色生态旅游带”中,特别是毗邻泰宁世界自然遗产地和宁化客家祖地,与两大景区山水相连,有利于承接两大景区的辐射带动,并形成互为补充、错位竞争的发展格局。随着过境建宁的高速铁路、高速公路相继建成,建宁的外部大跨度交通条件即将发生深刻变化,建宁将成为海西连接两洲(长三角、珠三角)拓展腹地的重要通道,可从根本上提升建宁旅游的可进入性,拓展建宁旅游客源市场,促进全县旅游经济的跨越式发展。

(一)开局之年乘势而上

2011 年是实施“十二五”规划的开局之年,建宁县将继续以建设生态休闲旅游城为发展目标,深化项目带动战略,全力打造精品旅游项目,努力将建宁打造成闽西北旅游经济重要增长极和大武夷旅游经济圈的重要支撑点。

在做优景区上力出精品。按照创建国家 4A 级旅游景区的要求,全力打造闽江源生态旅游区,将重点建设完成高山轻轨小火车、高山宿营旅馆和金铙山滑雪(草)场等特色项目。同时,整合“五朵金花”特色资源,完善桃梨观赏园、黄花菜基地、修竹荷苑等农业观光旅游点的服务配套设施,推进莲乡大观园旅游示范点和高峰星级乡村旅游示范点创建工作。加快福建对台(慈航)文化交流基地建设，建成集对台交流、佛教朝圣、旅游观光为一体的旅游新景点。

在项目开发上创新机制。积极开展招商引资，吸引更多的旅游企业、旅游集团进入建宁参与旅游项目的投资和运营管理。重点加快星级酒店建设，推动建宁大饭店等酒店评星工作，力争首座五星级酒店项目尽快动工建设。同时，做好埔前温泉开发项目的前期工作，加快项目推进力度，不断丰富建宁旅游产品。

在对外广宣上加大投入。结合建宁旅游特色设计制作广宣品，加强旅游网站建设和资讯共享，加强亮角传媒，加强与主要目标市场旅行社合作，推出多种优惠政策，扩大建宁旅游影响面。同时，建宁以金铙山滑雪（草）场的建成为契机，精心策划举办首滑式及表演赛，配合于 2011 年 6 月中旬举行的以慈航法师为题材的电视连续剧开拍仪式和海峡两岸慈航文化论坛，策划宣传造势活动，扩大两岸文化旅游交流，进一步提升建宁旅游魅力形象。

（二）展望未来前景灿烂

到 2012 年全面建成生态休闲旅游城，实现游客年接待量达到 27 万人次以上；旅游收入占 GDP 的 4%～5%。同时巩固以福建和江西市场为主的传统市场，加大对闽东南、长三角、珠三角和江西市场的营销力度，推进客源市场稳步增长，提高市场份额。针对细分市场进行产品套餐设计，挖掘客源市场潜力，使建宁县旅游产业体系初步形成，旅游业成为国民经济新的增长点。到 2015 年争创全国优秀旅游县，年接待游客达到 50 万人次，旅游收入占 GDP 的 6%～7%。建宁旅游形象和城市品牌进一步提升，在国内重点市场的知名度大大提高，旅游产品框架发生根本变化，以休闲、度假、红色旅游、佛教朝圣等为主体的旅游产品体系全部完善，城市品牌基本确立，成为海西腹地旅游中心城市之一，建成海西特色旅游精品区，成为海峡西岸旅游目的地的重要组成部分，闽西北旅游重要增长极和大武夷旅游经济圈的重要支撑点。

第二节　全域旅游　花样绽放[①]

旅游业是满足人民日益增长的美好生活需要的有效手段。近年来，建宁县紧紧围绕国家全域旅游示范区的创建目标，加快推进旅游业供给侧结构性改革，积极探索“景县合一、全域建宁”旅游发展模式，着力建设资源优化、区域联动、产业融合、机制协调、环境优良、全民参与的全域生态旅游，打响“清新花乡·福源建宁”品牌，进一步提升建宁县旅游吸引力和核心竞争力，把旅游业培育成建宁县新兴支柱产业和新的经济增长点，带动全县经济社会快速发展。

截至目前，建宁已建成2家4A级旅游景区，1家3A级旅游景区，1个国家农业旅游示范点，1个省级农业旅游示范点，1个省级历史文化名村，1家省级观光工厂，1个省级乡村旅游休闲集镇，6个省级乡村旅游特色村，拥有37个乡村旅游经营主体。高峰村被评为全国乡村旅游模范村，建宁县连续4年入选全国“百佳深呼吸小城榜”，先后被评为“全国森林旅游示范县”“中国森林氧吧”“中国森林体验基地”。据统计，2013—2017年度，建宁共接待游客419.1万人次，旅游总收入达37.83亿元，2017年度较2013年度，游客增长143.8%，旅游总收入增长130.1%。“清新花乡·福源建宁”品牌逐渐享誉全国。

一、政策引领，旅游业转型升级

建宁生态环境得天独厚，旅游资源独具特色。境内的金铙山海拔1858米，被誉为“秀起东南第一巅”。建宁是闽江正源、生态胜地，福建“母亲河”千里闽江发源于此。建宁是闽地之母、古老陆地，地质结构形成于26亿年前，被誉为“华夏古陆”。作为“中国建莲之乡”，拥有5万亩的建莲和12万亩的桃梨园。作为中央苏区县，有

① 本节作者李金枝。

红一方面军总司令部、总前委、总政治部旧址等全国重点文物保护单位。毛泽东、周恩来等老一辈无产阶级革命家和朱德等八位元帅在这里战斗、生活、实践过。

山区旅游要发展，还得打破瓶颈，实行大规划。建宁县立足当地丰富的红色、绿色、生态资源，围绕“红色、绿色、田园”做文章，全力打造生态特色旅游，做大做强“全域旅游”。

借助2015年被列为福建省全域旅游试点县，2016年被列为国家全域旅游示范区创建单位为契机，建宁县成立了以县委书记为组长，县长为第一副组长的全域旅游工作领导小组，建立了县、乡两级旅游发展联席会议制度，协调解决旅游发展过程中存在的困难和问题。将旅游工作列入全县年度绩效考评，形成合力、共同推进全域旅游发展格局。

同时，相继出台了《关于加快旅游产业发展的实施意见》《关于进一步加快产业转型升级的实施意见》《全域赏花地建设实施方案》《建宁县绿化花化彩化工作方案》等一系列配套政策，全力推动建宁全域旅游发展；编制出台《高峰乡村旅游提升规划》《建宁县金铙山民宿修建性详细规划》等乡村旅游发展、提升规划，从源头上提升乡村旅游品质，打造建宁特色精品乡村旅游点，助推全域旅游提档升级。

2014年以来，县财政每年加大旅游专项资金投入，用于旅游项目建设，先后实施闽江源生态旅游区提升工程、闽江源头拜水溯源、修竹荷苑、托斯卡纳欧洲风情园等56个旅游项目，累计完成投资7.6亿元；投资1.22亿元，启动实施建宁县首个旅游产业基础设施PPP项目，包含闽江源生态旅游区（金铙山）旅游基础设施和闽江源头拜水溯源旅游景区基础设施建设项目。

二、做精产品，打造赏花产业格局

近年来，建宁县把生态资源、农业资源和旅游资源结合在一起，围绕打造全域赏花地，做到新业态的融合发展，现已形成了“春看桃梨夏观荷，秋览红叶冬品梅”的四季赏花格局，打破了“赏花经济”的季节性局限，初步形成赏花产业体系。

建宁大力开发四季赏花产品，加快枫元百花乡村主题公园、里心花果山、香溪花谷、鸳鸯湖、高家岭等赏花基地的桃梨花海和油菜花景观培育，打造春季赏花景点；提升修竹荷苑、坪上梯田莲海、西门莲塘景观，做强夏季赏荷产品；做好香溪花谷格桑花海、油岭背金针花园种植工作，营造秋季赏花亮点；推动闽江源生态旅游区提档升级和里湖梅花岬项目建设，打造雪花、梅花赏花基地，丰富冬季赏花景点。通过系列产品打造，以点串线，以线带面，形成“春看桃梨夏观荷，秋览红叶冬品梅，五月云端杜鹃红，九月黄玉金针香”全域赏花格局。

同时，积极探索“旅游＋”产业融合发展模式：一是旅游＋农业，全县建设高峰香溪花谷、修竹荷苑。枫源桃梨观光团等农业点观光、休闲采摘园，把农区变成景区，把农田变成公园；二是旅游＋工业，以建宁绿田省级观光工厂为样板，推动建宁富强、明一等企业建设集旅游观光、购物、休闲、体验体的旅游工厂；三是旅游＋文化、发挥江源文化、红色文化、建莲文化、慈航文化等人文资源，举办了苏区论坛、“海峡两岸慈航文化论坛”“海峡诗会”等特色旅游文化节庆活动，推动闽江源头拜水溯源项目、周恩来旧居提升、西门莲塘、报国寺建设，讲好文化故事；四是旅游＋体育，举办了“中国・建宁”国际自行车公开赛、全省山地自行车赛、千人瑜伽秀、花海跑、高山大极、花海骑行，打造体育旅游休闲运动基地。

以《建宁县旅游发展总体规划(2015—2030)》为基底，以旅游景区建设为抓手，抓好闽江源生态旅游区提升改造、闽江源生态旅游区拜水溯源、溪源上坪书香水村、客坊水尾村红色旅游教育基地等景区建设，形成“以绿带红，红中有绿”全域旅游产品体系。

三、夯实基础，提供优质旅游服务

“厕所革命无小事”。近年来，建宁县深入贯彻习近平总书记就我国“厕所革命”和“推动旅游业大发展”重要指示精神，按照省、市和县委、县政府的有关部署，积极推进“厕所革命”。2015 年以来在主要旅游景区、乡村旅游点，新建、改建、扩建旅游公厕28座。持续开展旅游景区“厕所革命”建设提升行动、管理服务提升行动、用所文明提升行动，逐步实现旅游景区厕所“数量充足、分布合理、管理有效、服务到位、卫生环保、如厕文明”的目标。

同时，积极畅通交通网络，按照二级公路标准，提升改造了动车站至城区、城区至金铙山景区的主要干道，开通主景区直达公交车，完善“最后一公里”工程；对照省级旅游特色村创建标准，结合“美丽乡村”建设，对上坪、高峰、修竹等村落进行外墙立面改造、旅游服务中心建设、村容村貌整治等；完善公共服务，建设了全县旅游交通标识系统，新建、改建全县旅游交通标识20余座，在主景区、乡村旅游点合理配套建设生态旅游停车场，总面积超3万平方米。

为了给游客营造温馨的旅游环境，提供最优质的旅游服务，近年来，建宁还围绕全省A级旅游景区专项整治、星级酒店复评、加强旅游市场综合监管和“放心游福建，满意在三明”服务承诺工作，着力做好A级景区、星级饭店、观光工厂、旅行社等旅游企业的管理；开展行业技能培训和比赛，提升从业人员综合素质和服务水平；强化A级旅游景区旅游交通、智慧闸机和城区游客集散中心建设；紧抓旅游市场综合治理，落实综合监管，推进文明旅游和标准化建设，在优化服务环境上取得突破。

四、多元营销，唱响“福源建宁”品牌

近年来，建宁县创新思路，多元营销，通过策划系列活动、传统媒体与新兴媒体相结合等方式，不断叫响、唱响“清新花乡 · 福源建宁”品牌，取得了明显成效。

充分利用“中国建莲之乡”“中国黄花梨之乡”的资源优势，以花为媒、以节为点，精心策划，先后在溪口镇、滩溪镇、均口镇持续举办“花海跑”“为荷而来”、中国建莲文化旅游嘉年华系列活动，在里心镇举办“朝花节”、均口镇举办“蟹蟹你来”、黄埠乡举办“桂阳萝卜节”、客坊乡举办“中畲半年节”、黄坊乡举办“喜羊羊农家汇”、溪源乡举办“上坪晏神节”、伊家乡举办“稻花香‘鲤’说丰年”等系列活

动,形成“一月一活动、一季一亮点”的全域旅游活动格局。

特别是“花海跑”“为荷而来”、中国建莲文化旅游嘉年华系列活动和“梨王争霸赛”“蟹蟹你来”、采摘季、赏雪季等活动,集商务、旅游、体育、美食等为一体,全面展示建宁健康养生、花海美景、趣味乡村和人文体育等特点,初步形成一定的品牌效应。

同时,充分借助平面媒体、电视媒体、网络媒体多渠道、线上线下互动,全方位开展全域旅游营销,不断深化“清新花乡·福源建宁”旅游主题形象。近年来,建宁与新浪福建、福建旅游官微、三明旅游官微等主流媒体开展合作,通过微信、微博、网站进行网络营销。结合“花海跑”“为荷而来”等活动,通过央视、新华网等上百家媒体进行全方位宣传和话题营销。福建省广播影视集团新闻中心直播团队选择了坪上蓬海梯田、修竹荷苑、溪口桃梨观赏园等极具建宁特色的地点进行直播报道,展示中国建莲之乡夏日荷花盛开的美丽风光、悠久的建莲文化和非物质文化遗产,以及建宁做大做强建莲旅游产业,推进精准扶贫的成效,直播在福建电视台综合频道《午间新时空》栏目播出,旅游频道、海博TV、新闻中心官方微博、微信也同步关注。“花海跑”活动宣传广告“我爱建宁花海跑,更爱北京天安门”“三生三世不如建宁花海跑一次”登上北京长安街,并几度上央视新闻报道,有力的凸显了“为荷而来”活动品牌,唱响了“清新花乡,福源建宁”主题形象。

此外,加快融入“深呼吸旅游联盟”,围绕“深呼吸、慢生活、大健康”主题,共同打造三明深呼吸线路,积极融入大武夷旅游圈,逐步形成优势互补、资源共享、客源互送、线路互推、信息互通、市场共赢的旅游营销新格局。

五、旅游扶贫,让百姓共享美好生活

近年来,建宁不仅让旅游与各大产业“联姻”,多元营销打响品牌外,还积极实施旅游扶贫,在推动全域旅游发展的同时,也让当地百姓实实在在享受旅游带来的“红利”,共享这美好生活。

建宁县全力抓好旅游扶贫,对民宿、农家乐、采摘园、旅游商店等乡村旅游经济实体采取“保底收入，盈利分红”的原则，吸纳贫困农户通过出租农田、竹山、资金等入股，参与当地旅游项目经营管护。

建宁县濉溪镇高峰村，有6个村民小组，179户，826人。早些年，由于交通不便，生产、生活条件差，高峰村的村民几乎过着原始山寨生活，“贫穷”“脏乱”成了这个村的代名词。这些年，村里利用大自然赋予的天然“礼物”’越变越美，从全县第一贫困村发展成为生态旅游村，百户人家搭上了旅游快车。如今，高峰村还被列为三明市唯一的国家旅游扶贫观测点。

近年来，建宁积极开展就业帮扶，出台旅游产业扶贫政策，引导乡村旅游经营企业为贫困户提供就业岗位；借助旅游活动现场、旅游景区景点及特色采摘园，推广枫源、上坪、高峰等国家旅游扶贫村竹编产品、竹雕工艺品、农副产品等，借助各类宣传平台带动贫困户实现产品销售，促进贫困户增收。强化宣传帮扶，持续依托“建宁县旅游局”官方微信平台对全县旅游扶贫重点村开展乡村旅游宣传，把资源特色明显的高峰村、修竹村、上坪村、枫源村等全国旅游扶贫重点村纳入旅行社推广线路，通过赏花、赏荷、采摘等乡村旅游活动做旺人气。

据统计，通过系列旅游扶贫举措，建宁县现有乡村旅游经营主体37个，辐射带动5000多农民致富，带动贫困户500余人，约占全县总贫困人口9.2%。

建宁县红色旅游资源丰富。近年来，该县还利用红色资源优势，做活红色旅游文章，打赢红色文化扶贫攻坚战。

客坊乡水尾村位于两省三县交界，地处偏远，距县城70公里，距乡址19公里。当年这里成了红军的后方根据地和建宁苏维埃的大本营，被称为“红色小井冈”。村里较完整地保留着闽赣基干游击队司令部、红军医院、红军银行、红军兵工厂等旧址群。近年来，县、乡依托红色遗址景观进行修缮复原，按照“特色化、差异化”的原则选择红色旅游扶贫示范项目进行策划，对村里的旅游资源进行整合。目前，水尾村已成为全国乡村旅游扶贫示范村、省级红色游路线、省级传统村落。

2017年以来，建宁县推动周恩来旧居和水尾村红色革命遗址群修缮，中央苏区反“围剿”纪念园、西门莲塘、苏区银行、红军兵工厂、红军医院等红色遗址，形成了一条独一无二的红色文化产业链，建宁还被省纪委确定为省级党性教育基地。截至目前，党政机关、企事业单位各类红色体验培训班人员共计5100余人次到建宁学习培训；省、市、县共有1.7万余人次到建宁接受红色教育。红色文化产业带动了该县的餐饮、住宿、服务等相关行业的发展，延伸了产业链，富裕了苏区群众，将山区建宁的短板变成了发展的样板。

展望未来，建宁上下信心满怀。下一步，建宁将全力推动全国知名乡村旅游目的地和全域赏花地建设，全面唱响“清新花乡·福源建宁”旅游品牌，促进建宁全域旅游实现新提升、新发展。

第八章　社会事业

第一节　日益繁荣的群众文化[①]

一、群众文化活动向社会化多元化发展

新中国成立以后，建宁县继承传统文化和弘扬红色文化，积极开展群众文化活动。解放初期，成立了群众文化馆。为配合土地改革和“三反”“五反”斗争形势，组建了业余剧团和文艺宣传队，排练了传统歌剧《白毛女》《刘胡兰》《采茶扑蝶》等歌舞演唱节目，既教育了群众又活跃了群众文化生活。1952年，为纪念毛泽东同志《在延安文艺座谈会上的讲话》发表10周年，建宁县举办了老区第一次农村文艺调演，参加组建了将（乐）、泰（宁）、建（宁）三县巡回演出京剧团。1957年，成立了建宁县电影一队。在城关中山南路建造了一座礼堂，内有920多座位，后改为人民会场，兼作影剧院固定放映35毫米的影片，每晚放映一场。同时，文化馆组织了业余文艺骨干，排演了建宁南词说唱、蚌壳舞、木偶剧参加南平地区文艺调演。京剧团后更名为建宁京剧团。1963年，原京剧团上调并入南平京剧团。调沙县越剧一团到建宁，成立建宁越剧团。1967年，在“文革”中越剧团被迫解散，组建毛泽东思想文艺宣传队。

20世纪60年代初，建宁县成立了三支农村电影队，确保每个乡

---

① 本节作者廖光朗。

村平均一个月放一次电影。县林业系统也成立了一支电影队,深入基层伐木场、林场工区放映。电影成为当时活跃农村文化生活的主要形式。

党的十一届三中全会后,改革开放的春风带来了日益繁荣的群众文化活动。建宁县恢复了越剧团,并从浙江等地招收了一批年轻演员,扩大剧团队伍。同时,全县成立了图书馆、纪念馆和电影公司,各乡镇成立了电影队。溪口、里心、均口等乡镇建起了电影院,各建制村均兴建了礼堂,供集会、放映电影、演戏之用。80 年代后期,城区新建了濉城影院、电影公司办公楼、图书馆、博物馆等文化设施,维修了毛泽东、周恩来旧居等革命旧址并对外开放。90 年代初期,闽赣边界建宁、泰宁、明溪、清流、宁化、广昌、南丰、黎川等革命老区县市每年举办一次文化联谊活动,以歌手赛、征文比赛、书画、邮展和文艺会演等形式,把老区的群众文化活动推向了一个新高潮。

1993 年 8 月 18 日,建宁县隆重举办了融文化与经贸为一体的"首届中国建莲节",开展了大型群众文艺踩街活动和民俗表演,各类演出人数 1800 多人,踩街活动有 37 支队伍,20 辆彩车,19 个文艺方队,是新中国成立以来规模最大、参与人数最多的群众文化活动。

1990 年以后,建宁县逐步普及电视,电影和舞台戏剧市场开始逐渐萧条。同时,个体兴办的书店、歌舞厅、桌球、电子游戏厅、录像厅、网吧等娱乐场所遍布城乡,群众文化活动的形式更加多样化。

21 世纪以后,建宁的文化活动不断向社会化、多元化发展,传统文化、红色文化、江源文化、校园文化、企业文化、社区文化等文化活动高潮迭起。2004 年,在原濉城影院处建设县宣传文化活动中心大楼,占地面积 4250 平方米,总投资 974 万元,由文化活动中心、青少年校外活动中心、濉城影剧院三部分组成,是县委、县政府为民办实事重点项目。县影剧院坚持开展国产影片下乡展播活动。2016 年,城区新增华彩万星影视城,内有大小放映厅 4 个,国产爱国主义教育片、反腐倡廉教育片备受欢迎,电影重新成为城乡群众文化生活中不可或缺的内容。建宁县图书馆经专家评审被评为二级馆。

在活跃群众文化、社区文化中，由宣传部、文体局组织开展了建党90周年、新中国成立60周年、抗日战争胜利和红军长征胜利等重大节庆纪念系列活动，举办了大型文艺晚会、广场歌舞晚会、歌咏比赛、知识竞赛、演讲比赛等文娱活动。

在继承传统文化中，由宣传部、文体局举办了多届民俗调演。具有建宁地方特色的文艺有均口宜黄戏、马灯舞、黄埠木偶戏、溪源傩舞、蚌壳舞、伊家花钵灯舞、黄坊板桥灯、客坊伞舞等，传统文娱活动在群众文化中重放异彩。同时，宣传部坚持每年组织2～3次文化、科技、卫生“三下乡”活动，丰富城乡文化生活，深受广大群众欢迎。2008年，新建的建宁县民俗馆再现了建宁城区旧貌和农村传统嫁娶习俗，展示了农耕、砻谷、竹编工艺等非物质文化遗产。2011年，完成了第三次全国文物普查工作。岩上村、节孝坊、上坪村的七叶衍祥牌坊被列入第七批省级文物。澜溪瓷窑址、艾阳慈航故居、罗源黄氏宗祠、滩角黄氏宗祠、上坪古建筑群等列入省涉台文物。

在弘扬红色文化中，县委、县政府大力发展红色旅游，对原溪口革命纪念馆进行修缮，并扩建展馆和大型铜雕群“红军颂”，完善展陈设计。2006年，原建宁县红一方面军领导机关旧址被国务院公布为第六批全国重点文物保护单位。2008年，建宁县举办了中央苏区反“围剿”纪念园竣工开园庆典系列活动，邀请了中共中央党史学会常务副会长陈威等专家13人，周秉德等新中国开国元勋的后代12人前来参加开幕式、苏区论坛、文艺演出等活动，展示了建宁苏区风采。建宁反“围剿”纪念园是全国首个以中央苏区反“围剿”为主题命名的专题纪念园，第六批全国重点文物保护单位，全国100个红色旅游经典景区之一，全国爱国主义教育基地，福建省廉政教育馆，三明首个国家4A级红色旅游景区。各乡镇积极做好红色遗址保护，客坊乡对水尾村红军医院、银行、兵工厂和游击队总部等红色遗址进行修复，已列入市爱国主义教育基地，成为开展爱国主义、革命传统和廉政教育的重要场所。2018年，在纪念馆三楼布置了全省首家习近平新时代中国特色社会主义思想教育馆。

在做好公共文化服务中，建宁的文化工作紧密结合推进经济建设和旅游事业的发展，积极创建国家级公共文化服务体系示范区。每2～3年举办一次大型歌咏晚会和龙舟比赛。宣传中央八项规定精神，举办“八闽清风”廉政文化走基层活动。在文化下乡活动中，“快乐墟日行”成为老区群众文化活动的特色品牌。2016—2018年，连续三年开展“为荷而来”中国建莲文化旅游嘉年华系列活动，举办了千人瑜伽赛、万象太极展示、花海骑行、美食节、电商大会等活动，文化发展推动建宁特色经济发展的成效更加明显。

随着老龄化步伐的加快，中老年的文化活动成为老区群众文化的重要组成部分。县老年大学成立了艺术团，退休干部协会组建了荷韵民乐队，老体协组建了舞蹈队。老年协会等组织还不定期地组织老年合唱团，参加县宣传文化部门歌咏晚会。各类群众舞蹈队每年在绿荫广场举办一次综合演出。近十年，各类老年文化群体结合庆祝建党90周年、抗战胜利70周年、红军长征胜利80周年，举办了“光辉历程”“民族魂、中国梦”“不忘初心、丰碑永恒”、庆祝改革开放40周年等大型文艺演出。

二、文学艺术创作园地花繁叶茂

20世纪50年代，建宁文化部门组织编写了一些反映老区人民革命斗争精神的小戏、快板、诗歌等供街头宣传演出，并不定期地编印了小报《建宁文艺》和小册子《建宁歌声》。70年代初，文艺专业人员庄南鹏创作的油画《毛主席在建宁挖莲塘》和陈一航创作反映当年红军到建宁撒下革命种子的诗歌朗诵剧《四个鸡蛋》，代表三明地区参加福建省书画展和文艺调演。1977年，文化馆干部陈克宁反映女子水运队战险滩的摄影新作《金溪女将》参加全国摄影艺术展，成为新中国成立后建宁第一件国家级展品。1979年，文化馆创作民间小调南词说唱《歌唱小白楼》、器乐曲《牡丹花》参加三明地区器乐调演。

改革开放带来了文艺的春天，《建宁文艺》复刊，1986年，建宁成立了文学艺术联合会，设有文学、戏剧、音乐、舞蹈、美术、书法、摄影等分会，发展首批会员106人。1987年至1991年，县文联成立民间文学集成编委会，组织文学爱好者编印了《建宁民间故事集成》《建宁民间歌谣集成》和《建宁谚语集成》(即“三套集成”)共 40 余万字。1993 年，配合当年中国建莲节，出版了报告文学集《莲乡飘万里》和建宁首本摄影作品集《建宁》画册。举办了首次书画展，邀请了福建籍的杨成武、陈丕显、方毅、项南、彭冲等十几位老革命家和中央领导以及本省书画家为建莲节题词，聘请市文联词曲作家为建莲节创作主题歌《莲乡情》。

新世纪初期，建宁的文艺创作更加丰富多彩，每年在市级以上报刊发表文学作品 50 篇以上。宣传部组织撰写了建宁“四种精神”(即：红军的革命斗争精神，金溪女将的顽强拼搏精神，史火林的爱岗敬业精神，帅金高的艰苦创业精神)的散文通讯集《莲乡风范》；创作了《莲乡美》《心中的丰碑》等“建宁人唱建宁”十首歌曲。2015 年，宣传部向全国书画界征集“感悟红色苏区——建宁”书画作品 100 多幅，出版《全国书画作品选》。2007 年，县文联从文体局划出为专设机构，各级协会会员发展到 282 人，创办了《莲乡文艺》季刊。

党的十八大以后，文艺创作更加深入地挖掘建宁的红色文化资源，并全力推进产业经济和旅游事业的发展。2014 年，举办了“知名文艺家走进建宁——莲乡音画诗会”；2015 年 7 月，由中国作家协会港澳台办公室、福建省文联、三明市人民政府共同主办，由福建省作家协会、三明市文联、建宁县人民政府等联合承办，邀请著名诗人郑愁予、舒婷、巴桐等参加，在修竹荷苑举办了“中国・建宁第十届海峡诗会”。2016 年，建宁县被省委宣传部、省文联授予“福建省特色文艺创作示范基地——建宁莲乡文学”创作基地，举办了第十七届“红土地、蓝海洋”笔会暨纪念红军长征胜利 80 周年采风活动。2017 年 7 月，举办了“苏区胜地，红色之约”庆祝建军 90 周年走进建宁文化之旅系列活动。同年 7 月，福建省炎黄文化研究会和作家协会何少川、徐怀中、杨少衡、陈章武、施小宇等省市著名作家一行 32 人来到红色苏区建宁采风，创作出版走进海西纪实文学丛书《清新花乡，闽江正源》(建宁专辑)。2017 年 10 月，一批来自全国各地的作家到建宁采风，汇编出版《为荷而来》文学丛书。2018 年，有关乡镇编撰出版了《站在高高的中畲村》《罗源古村》等乡土文艺作品。县委宣传部、党史办、红色文化研究会挖掘水尾村革命遗址的红色资源，出版了文学汇编《水尾革命历史故事》。

第二节　丰富多彩的文体广电事业[①]

一、体育和全民健身运动

新中国成立初期，建宁城区有南门广场和北门南岗堡体育场，是群众体育锻炼、健身的场所，也是建宁县第一中心小学（现实验小学）和建宁初级中学（也称建宁中学，现建宁县第一中学）的操场。1956 年，县成立了体育运动委员会（简称为“体委”），机关、职工、中学生除每天坚持工间操、课间操外，还积极参加国家实施的“准备劳动与卫国制度”（简称“劳卫制”），开展体育锻炼。1958 年，举办了第一届全县田径运动会。同年，成立了一支 50 多人的冬泳队，坚持在下坊码头（现悬索桥头）训练。1960 年，县冬泳队参加全省冬泳运动会获团体第二名。县体委在影剧院（原称“人民会场”）门前建灯光篮球场。1961 年，县女子篮球队获南平专区升级赛第二名，获省篮球升级赛第六名。1972 年，拆除了旧城隍庙，兴建了一座体育馆，内设灯光球场。1973 年，兴办青少年业余体校，设有四个田径班，一个乒乓球班，学员 100 人左右。20 个世纪 70 年代后期，县内各中学、小学、机关、工厂、伐木场陆续建起了标准的篮球场、排球场。

1988 年，建宁县成立了县老年人体育协会，不断推进体育健身活动。1997 年，机构改革，县体委与文化局合并，成立文体局，同时成立体育总会，下设篮球、棋牌等 7 个协会。2003 年，省老体协授予建宁老体协先进单位，省老龄办、老体协颁发建宁县“亿万老年人健

---

① 本节作者廖光朗。

身活动”优秀组织奖。2006 年，在省十三届运动会上，建宁代表队共获得 3 金 5 银 3 铜、一个第五名、3 个第六名的好成绩。2007 年建宁籍运动员杨德婉在捷克布拉格举行的世界青年举重锦标赛，获女子 53 公斤级 2 金 1 铜奖。此外，建宁县特殊学校学生也曾在全国中小学生残疾人运动会上也获得多项奖牌。

2008 年，为了改善体育基础设施，县委、县政府在水南建设体育中心，占地面积 9.7 公顷，总投资 1.2 亿元，中心设有室内体育馆、400 米标准塑胶跑道运动场、篮球场、网球场、乒乓球训练馆、游泳馆、演艺中心等文体活动场所。建宁县少体校举重训练点被列为三明市少年举重训练基地。各乡镇体育活动场所、建制村体育健身活动点等一大批场所陆续建成投入使用。2009 年以后，县老体协在每年的全民健身日举行大型的“弘扬奥运精神”体育健身活动，组织千人以上老年人健步行或拳剑操表演。2010 年，举办了由各乡镇、县直机关为单位的 23 个代表队，700 余名运动员参加的建宁县首届运动会。2012 年，福建省体育局授予建宁县为全民健身先进单位。2013 年，被国家体育总局评为全国群众体育先进单位，县委、县政府在水南东山下新建老年大学(老年活动中心)。2014 年，在水南新建图书馆、健身馆。2016 年，由福建省体育局、建宁县人民政府主办的“花海骑行、追美建宁——中国·建宁国际自行车公开赛”在建宁开赛，吸引了来自 9 个国家和地区 810 名自行车爱好者参加，成为老区建宁打造知名乡村旅游目的地和建宁莲文化旅游嘉年华系列活动的重点体育项目。是年，建宁县体育中心还承办了福建省中学生(初中组)篮球锦标赛，有来自全省各地市 20 支队伍 240 多名运动员参加。2017 年，为促进全民健身运动，结合发展旅游业，在修竹荷苑举办“为荷而来”千人太极拳展示活动。建宁县少体校运动员在国家级的比赛中，获得举重、田径两项赛事冠军，举重赛事 3 个第二名、1 个第三名、田径锦标赛第四名。在省级比赛中荣获过跆拳道、皮艇、划艇三项赛事 4 个冠军，举重比赛项目 5 个总成绩第三名，在市级比赛中获得少儿举重团体总分第三名。

二、广播电视逐渐普及进入寻常百姓家

1953年,建宁县委宣传部设有收音站,收听记录中央和省广播电台的新闻后油印给各单位学习。1956年,正式成立广播站。1958年,广播网络扩大到各公社(乡镇),借用电话线路,每晚7—9时为广播专用,不通电话。20世纪70年代初,建宁县新建了一栋广播大楼,“建宁县人民广播站”正式挂牌。除转播中央和省台新闻外,增设了本县新闻、文艺节目、科技知识,农事活动和天气预报。广播成为宣传党的方针政策,服务经济建设、服务农业生产的主要宣传媒体。

20世纪80年代初,建宁开始有黑白电视,广播站在金铙山建差转台,转播江西电视台节目。1982年,差转台迁至武调天台山,可转播福建台节目。1985年,又在龙堡山建差转台,可接收中央电视台节目。80年代后期,各乡镇相继建立了电视卫星地面接收站,解决了乡镇群众看电视难的问题。1988年,广播站从文化局分离出来,单独成立广播电视局,下设有广播站、电视转播台、广播电视服务中心、音像管理站和乡镇广播站。

20世纪90年代后,老区建宁的广播电视事业有了较大的发展。1993年,县委、县政府在黄舟坊新建广播电视中心大楼,建设城区有线电视网络,有线电视入户达3400户。广播电视中心大楼有调频发射机房、编辑室、播音室、办公室,功能齐全。1994年,电台、电视台搬入广电中心大楼,成立有线电视台和电视新闻中心,在公共频道开设《建宁新闻》电视节目。1999年,建宁县实施广播电视“百乡千村覆盖工程”,92个建制村都能收看到24套节目以上的电视,并开辟了《经济广角》《对农村广播》等专题栏目。至2005年,全县调频广播覆盖率达89%。

2004年,撤销广电服务部,成立闽江源广播网络有限公司实施城区有线电视升级改造和乡村光纤网络工程,逐渐扩大有线电视的覆盖面。按照省委省政府部署,实施全省有线广播“村村响”工程。2012年,全县累计投入1400多万元,92个建制村全部实现有线电

视联网“村村通”、有线广播“村村响”。电视新闻结合形势，每年开辟《聚焦莲乡》《农事广角》《两会视点》《扶贫攻坚》等专题栏目。电视成为更加贴近群众、贴近生活的主要文化媒体。

第三节　方兴未艾的教育事业[①]

新中国成立70年来，建宁教育事业发生了深刻变化，办学条件持续改善，教育质量逐年提高，为高等院校和各行各业输送了成千上万的人才，为振兴建宁经济，促进社会发展，做出了巨大贡献。特别是十一届三中全会后，建宁教育日新月异，成效显著。如今，教育先行、全方位育人的大教育观已深入人心，尊师重教蔚然成风，教育事业进入了稳步快速发展的新时期。

一、教育管理不断推陈出新

建宁教育秉承培养德智体美劳全面发展的社会主义一代新人的宗旨，以教学为中心，加强品德教育、安全教育、劳动社会实践教育和艺术美学熏陶教育。

（一）加强德育教育

发挥党组织的核心作用，积极开展各校支部党建工作，以“做优秀党员，当师德标兵”活动为载体，提高党员教师的服务意识和服务水平。各校把践行社会主义核心价值观作为德育工作的首要任务，以“红色文化”“荷文化”“绿色文化”为主题，本着立德树人的宗旨，贯穿法治教育。以《中小学生守则》《中小学生日常行为规范》为标准，充分发挥班会、队会、思想品德课、国旗下讲话的作用，广泛开展“文明校园”“书香校园”“绿色校园”“法治校园”活动，全县20％的学校被评为省级文明校，40％的学校被评为市级文明校，100％的学校通过县级文明单位评审。党的十八大以来，先后建立了“青少年法

---

①　本节作者阮承富、陈学辉。

治教育基地""中小学生校外活动中心""中小学生社会实践基地"，仅最近5年参加三大基地活动的中小学生就超过10万人次。以县教育局"福源家长成长中心"为龙头，各校积极开展家庭教育活动，并设立"学生心理辅导室"，强化家校联系，对学生进行心理辅导。全县90%中小学生家长接受过家庭教育培训，对5%学生进行过心理辅导。目前，全县形成了全方位、多层次的德育体系，争当"懂礼仪、守规矩、爱学习、爱祖国"的好少年已蔚然成风。

（二）坚持教学创新

小学阶段实施"强基工程"，近年来开展"梦想课程"教育教学探索，引进先进地区的教育理念与方法，大力推行文明礼仪教育、阅读教育、汉字书写三项工程；初中阶段实施"壮腰工程"，以对接江西"金太阳"导学案为切入点，深化课堂教学改革，推进素质教育；普通高中实施"筑梦工程"，探索课堂教学模式改革，逐步建立高效课堂模式；职业教育创新办学模式，县职业高中强化市场导向，实时调整专业，推行政府扶持、企业资助、学校奖学、保障就业和免试升学等优惠政策；加强教育督导作用，2011年通过省政府高水平高质量普及九年义务教育评估，2015年在省政府对县"两项督导"评估中获得"优秀"等级，并被授予"2014年福建省教育工作先进县"称号，2016年通过国家义务教育均衡发展评估。

（三）抓好队伍建设

新中国成立初期，师资力量薄弱，全县教职工队伍仅31人。此后，教师数量逐年增长，但长期存在公办、民办、代课不同形式教师编制。1998年逐步实现教师专业化。2000年起，由于生源减少，教师充裕，很长一段时间内停止招收新教师，随着生源的增加和大量教师退休，出现教师断档与结构不合理现象。2013年至2017年，全县陆续招聘了142名新教师，补充到农村中小学和学前教育，缓解了师资紧张状况。教师队伍逐渐发展。目前，全县有各类教师1589人，其中中小学、幼儿教师1369人，高中教师220人。

2013年以来，建宁县认真贯彻执行《福建省中长期教育改革和发展规划纲要》、省政府《关于进一步加强中小学教师队伍建设的意见》、《建宁县人民政府关于批转建宁县教师队伍管理若干规定的通知》等文件精神，制定了校长、教师培训计划。全县教师做到全员培训、年年轮训；参与国家级骨干教师、学科带头人培训、校园长能力提升培训；成立名师工作室，评选出两批 18 位县级名师。许多教师在一线教学岗位兢兢业业、任劳任怨，做出了突出贡献。十八大以来，建宁一中教师徐祚寿获省"五一劳动奖章"、三明市首届杰出人民教师，36 位教师被评为省优秀教育工作者、优秀教师、省实事杰出教师，42 位教师被评为市先进教师、市优秀班主任。

（四）开展安全教育

20 世纪 80 年代，各中小学全面开展校园治安综合治理，学校安全教育摆上校园管理的重要位置。90 年代开始，各中小学同当地公安派出所开展警校共建活动，净化校园周边社会环境。2000 年以后，各校逐步聘请公安干警担任学校综治副校长，与家长签订学生安全协议书。2003 年，全面推行学生周末班车，加强学生安全保障工作，强化学生周末往返途中的交通安全，学校实行封闭式管理，幼儿园、小学低年级实行家长接送制和路队制，校园创安工作力度不断加强。2012 年，校园安保工作全面升级，各校成立安保室，校园综治安全管理工作以"大平安、大稳定"为目标，形成了集人防、物防、技防为一体的治安防控体系和家庭保护、学校保护、社会保护的安全防护网络。

（五）实施教育扶贫

围绕脱贫攻坚"两不愁、三保障"的要求，制定了《建宁县实施教育精准扶贫工作方案》，对建档立卡贫困学生以及其他贫困学生实行应助尽助，确保建档立卡家庭子女义务教育阶段无辍学；稳妥推进"小升初"划片招生改革，落实进城务工人员随迁子女升学考试政策；加强扶贫资金使用管理，设立了政府采购、校安工程、资助中心等专户，做到独立专账、专户管理，独立核算，专款专用，封闭运行，防止和杜绝挪用扶贫资金现象，确保义务教育学校寄宿生营养餐及生活费补助，学前教育资助，普通高中教育资助，中职教育资助等各项补助资金按时到位。

二、学校布局持续提档升级

新中国成立初期，全县95%以上的学校在各类寺庙、祠堂办学。直至70年代，办学条件仍十分艰苦，农村还有相当部分的学校办在庙堂和民房里，教室破烂，桌椅不齐，常有学生站着上课，各类实验仪器缺乏。十一届三中全会以后，全县掀起了集资办学的热潮。1985年，全县农村学校的D级、C级危房面积仍有1.12万平方米。县委县政府持续加大投入，逐步消除危房，到1987年，基本实现了“一无两有”，即：校舍无危房，班班有教室，人人有课桌，但标准较低。1994—1997年是建宁县“两基”（基本普及九年义务教育、基本扫除青壮年文盲）达标验收建设年，也是全县办学条件改善的重要时期。全县上下全力以赴筹集资金投入学校基本建设，投入2200多万元，扩展校园和操场，兴建校舍、围墙，添置教学设备，完善教学设施，共新建教学楼35栋，新建校舍面积21000平方米。1988年至2005年，县、乡两级财政共用于改善办学条件和学校基本建设投入6702.6万元，新建校舍面积78760平方米；用于危房改造资金2981.7万元，改造中小学危房面积23487平方米。

党的十八大以来，遵循“高标准、建精品、现代化”的原则，建宁实施城乡中小学、幼儿园校园建设提升工程。各类功能齐全、美观大气的教学楼、综合楼、学生公寓拔地而起，校园绿化美化全面提档升级，现代化数字教学装备实现全覆盖，实验室、仪器室、艺体室等多功能室配备齐全，学校面貌焕然一新。

为配合城镇化发展，服务经济社会发展需要，2008年县城关小学整体迁建水南，城关小学原校址作为建宁一中初中部。2013年制定了《建宁县城区学校布局调整实施方案》。2014年正式启动实施“11244”（即1所普通高中，1所职业高中，2所中学，4所小学，4所公办幼儿园）城区学校布局调整工程。2017年，民生事业“补短板”再次为教育发展提速。第二实验幼儿园于2017年10月开工建设，计划2019年8月交付使用；新建将屯小学、闽江源幼儿园、溪口中心幼儿园于2018年动工，将在2020年交付使用。城区每一座校园都实现了绿化美化,成了靓丽的风景线。

十八大以来,全县教育投入规模空前,仅2013年至2017年,新建各类校舍项目20个,总投资达3.09亿元。其中:新建学前教育项目5个,分别是建宁县实验幼儿园、建宁县第二实验幼儿园、里心中心幼儿园、伊家中心幼儿园、斗埕园区幼儿园,总投资7700万元;新建"全面改薄"和"长效机制校安"工程14个,分别是职业中学学生实训楼及运动场、第三中学教学综合楼、实验小学教学综合楼B栋及运动场、里心等乡镇中小教学楼、溪源等中小学教师周转房等;新建城关中学1所,占地73.5亩,建筑面积21800平方米。完成校舍改造项目19个。投入1425.23万元更新添置教学设备,全县所有班级实现了"班班通"。

三、教育质量成效显著

新中国成立前,由于建宁县地处偏远山区,教育相当落后。新中国成立后,1950年2月,县人民政府接管了城区"大成""华美"等小学,复办了建宁初级中学,全县的基础教育走过了一段曲折发展的道路。党的十一届三中全会后,全县教育进行了调整充实,压缩了高中,加强了初中,普及了小学,教育结构、学校布局日趋科学。1986年国家颁布了《义务教育法》,把发展基础教育纳入法律法规,促使教育朝着健康的方向稳步发展。党的十八大以来,全县教育生态发生了质的飞跃,城乡校园面貌焕然一新,基础教育质量稳步提升,高考成绩屡创新高。如今,随着城镇化进程,推进了全县学生城区集中就读,但每个乡镇仍然保有一所初中、一所中心小学和一所公办中心幼儿园,一些村还有学前教育和小学村级教学点。现根据教育发展,列举几个时期的数据加以说明:

表 8-1　1950、1988、2017 年建宁县教育发展情况统计表

项目		1950 年	1988 年	2017 年
学校数（个）	高中	0	2	2
	初中	1	11	7
	完小	4	289	11
	教学点	0	0	16
	幼儿园	0	4	14
	特校	0	0	1
班级数（个）	高中	0	27	48
	初中	3	103	82
	完小	20	697	210
	教学点	0	0	28
	幼儿园	1	133	131
	特校	0	0	6
教师数（人）	高中	0	104	220
	初中	8	371	382
	完小	34	986	665
	教学点	0	0	62
	幼儿园	1	63	244
	特校	0	0	16
学生数（人）	高中	0	900	2507
	初中	40	4770	3546
	完小	403	13700	8670
	教学点	0	0	313
	幼儿园	35	2886	4509
	特校	0	0	71

（一）学前教育

新中国成立初期，建宁县的幼儿教育几乎空白，幼儿上学寥寥无几。1979 年以前，幼教事业发展仍然缓慢，全县幼儿入学不到

500人。1988年，95%的村完小附设了幼儿班，幼儿入学率大面积提高，但与发达地区还存在很大差距。此后，全县推行公办幼儿园和民办幼儿园"双轨并进"制，促进学前教育发展。2017年，全县有县属幼儿园2所，乡镇公办中心幼儿园8所，民办园4所，村级幼儿巡回支教点26个，共有适龄幼儿4465人，在园幼儿4309人，入园率达96.5%，公办幼儿园与普惠性民办园覆盖率为100%。城关幼儿园于2017年通过"省级示范园"评估，晋升为省级示范园。

（二）义务教育

中小学义务教育是教育工作的重中之重。新中国成立前，全县只有大成、华美、阜安等小学，一所初级中学，兼少数私塾。新中国成立后，全县广大农村办起了许多耕读小学，采取半日制、隔日制、巡回制、夜小学和送教上门等形式，不断提高儿童入学率。1980年12月中共中央国务院颁布了《关于普及小学教育的若干规定》后，建宁县不断提高小学教育普及率，至1997年"两基"验收达标，全县小学适龄儿童入学率达100%，中学入学率达98%以上，中小学教育迈入强基础、重素质、促均衡的发展阶段。党的十八大以来，建宁县提出"实施高位均衡，关爱弱势群体；实施精细化管理，提升教育质量；密切家校配合，促进学生自信成长；充分利用地方资源，开展特色教育"的均衡发展理念，2016年通过县域义务教育发展基本均衡国家级评估验收。2017年，全县有义务教育学校35所，其中完全小学11所，小学教学点16所，初级中学7所，特殊学校1所。城乡校舍基本完成了校安工程改造，小学适龄人口入学率100%，初中适龄青年入学率98.65%，6～14周岁三类残疾人口入学率96.88%，基础教育为高一级学校输送了成千上万优质生源。

（三）高中教育

新中国成立初期，建宁只有一所高中。20世纪60年代受"文革"影响，教育脱离实际扩大办学，1969年起实行高中二年制，到1978年全县有9所高中，教育质量全面下滑。1979年后，全县集中力量办好一所普通高中，一所职业高中。1981年，建宁一中被列为省重点中学。1982年秋，恢复高中三年学制。2013年至2017年，建宁一中平均每年高中毕业生600人以上,"985""211"重点院校录取率年平均30人以上,本一录取率年平均达19.2%,本二录取率年平均达71.1%。大批学子从建宁走进了大中专院校和各类工作岗位。

(四)职业教育

建宁职业中学不断探索办学路子,坚持与时俱进,加强管理,坚持多层次、多门类的办学策略,开设了园艺、师范、财经、林业、乡村行政管理、美术与装潢、电子电工电器、计算机应用、市场营销、纺织、幼教等专业。30年来,平均每年毕业生超过250人,为各行各业输送了大批合格人才。

(五)成人高等教育

1985年,成立了电大工作站和自考办。首批招收党政干部管理专业、中文汉语文学专业大专班学员,后来又招收了师范英语、乡镇企业管理、行政管理、法律检察等专业学员。1990年以后,随着各行各业对提高学历层次的重视,电大办学规模不断扩大,增设了财务会计、法律金融等大专班和文秘、电子、农经等中专班。2004年2月,经中央电大确认,建宁电大工作站开始招收本科学员。2005年4月顺利通过省教育厅对人才培养模式改革与开放教育试点验收。2013年至2017年,电大、奥鹏招收学员共计905人。目前,电大开设了法学、汉语言文学、会计等本科专业和小学教育、学前教育、工商企业管理、劳动与社会保障等专科专业;奥鹏远程教育授权的院校有大连理工大学、东北师范大学、四川农业大学等土木工程、行政管理、农学、林学等三十多个专业。电大等成人教育为提高建宁全民素质做出了巨大贡献。

(六)扫盲工作

新中国成立前,全县5万人口中95%以上为文盲,新中国成立以后,党和政府采取有力措施,办起了许多速成识字班、扫盲夜校。1956年成立了县扫盲协会,各乡镇配备了扫盲干部。十一届三中全会以后,为适应农村经济体制改革和发展农业的需要,建宁县一方面抓农村12～40周岁居民的脱盲扫尾和巩固提高,一方面大办农村技术学校。脱盲率逐年提高，1997 年 7 月，经省教委组织人员对建宁县扫盲工作检查验收，全县基本扫除青壮年文盲。

习近平总书记提出：时代越是向前，知识和人才的重要性就愈发突出，教育的地位和作用就愈发凸显。新中国成立 70 年来，建宁县教育为各行各业培养了数以万计的优秀劳动者，正在为中华民族伟大复兴的中国梦添砖加瓦，努力工作，开拓进取。建宁虽小，但从这里走出去的优秀人才遍布祖国大江南北和世界各地。早年曾获国际中学生奥林匹克化学竞赛一等奖的苏朝辉已是国内著名研究所资深研究员；1989 年福建省高考文科状元吴有昌，毕业于北京大学，现就职于美国俄勒冈大学；2004 年福建省高考理科状元李人望，毕业于清华大学，现已成为国内金融界精英人士……随着校外活动中心、校外社会实践基地和家庭教育指导中心的成立，建宁县已从单纯的学校教育发展成为社会、家庭、学校三位一体的整体教育体系。基础教育的工作重点转移到为提高全民素质、培养综合性人才、促进经济社会发展、实现中华民族伟大复兴的中国梦源源不断输送人才上来。

濉溪河畔，人才辈出书盛世；金铙山下，园丁辛勤写春秋。追忆往昔，桃李芬芳，硕果累累春满园；展望未来，任重道远，信心满满春意浓。习近平新时代中国特色社会主义思想，为教育改革向纵深发展指明了方向，建宁的教育事业正朝着更高层次飞跃。

第四节　迅速发展的医疗卫生事业[①]

新中国成立以来，建宁县的医疗卫生事业在党和政府的高度重视和社会各界的大力支持下，取得了长足的发展。医疗卫生事业经历了从无到有、从小到大、从弱到强的发展历程，健康保障能力大幅提升，全民健康水平显著提高。

---

① 本节作者刘钰。

一、以推进公共卫生发展为重点,群众健康权益得到有力保障

建宁县坚持预防为主、以基本公共卫生为重点的卫生工作方针,公共卫生保障能力不断加强,各项工作取得了辉煌的成就。1952年后,霍乱、天花、鼠疫等烈性传染病已经绝迹,1958年荣获国务院和全国爱国卫生运动委员会授予的“卫生红旗县”称号,受到中共中央和福建省委省人民政府的嘉奖。1978年被闽赣两省三地九县评为“灭疟先进县”。1979年全国丝虫病考核调查组授予建宁县“基本消灭丝虫病县”证书。1982年被闽赣两省三地十县抗疟联防会议评为“抗疟红旗县”,1985年疟疾基本消灭。1990年取得“省级灭鼠达标县”。1992年被国家卫生部授予“中国农村实现2000年人人享有卫生保健规划达标县”。1994年被省爱国卫生运动委员会命名为改水先进县。1995年通过了省级卫生县城验收,1996年、2001年两次复查均保持了“省级卫生县城”称号。2000年10月实现了无脊髓灰质炎目标。2005年,结核病防治工作通过省市联合督导考核验收,达到国家结核病规划(2001—2010年)中期目标。2017年建宁县基本公共卫生、疾病防控和应急、妇幼健康及爱国卫生工作取得了有效的发展。

(1)扎实推进国家基本公共卫生服务项目。建立电子居民健康档案11.3184万份,建档率为92.4%;儿童健康管理率85.58%;早孕建册率86.24%,产后访视率91.82%;老年人健康管理率54.57%,高血压患者规范管理率59.96%,糖尿病患者规范管理率68.75%,严重精神障碍患者规范管理率76.21%;辖区内经上级医疗机构确诊并通知基层医疗卫生机构管理的肺结核患者管理率100%。

(2)疾病防控和应急能力不断加强。全县未发生流感暴发疫情,儿童常规免疫接种率均保持在95%以上,城区娱乐服务场所艾滋病防治DOTS覆盖率达100%。从业人员健康体检率100%,放射个人剂量监测率100%。

(3)妇幼健康项目有效落实。农村孕产妇住院分娩补全面纳入

城镇居民基本医疗保险,全面做好新生儿出生缺陷监测和疾病筛查工作。

二、以医疗机构人才发展为根本,医疗技术水平不断提高

1949 年,全县公立卫生机构仅县卫生院一家,医疗卫生技术人员仅 7 人,承担着全县 5 万人的医疗保健任务。为改变医疗机构少、人才匮乏的现状,建宁县执行"把医疗卫生工作重点放到农村去"的战略方针,加强县乡村三级农村卫生服务体系建设,形成了以县级医疗单位为龙头,乡镇卫生院和社区卫生服务中心为枢纽,村卫生所和医养结合卫生服务站为网底的三级医疗卫生保障网。通过"定向委培、传帮带、请进来、送出去"等措施,不断解决全县医疗技术人员短板问题。截至 2017 年,全县有公立医疗卫生机构 13 家,其中县总医院、县疾控中心、县妇幼保健院、县卫生监督所等县直医疗单位 4 家,乡镇卫生院 8 家(其中中心卫生院 2 家),城区社区卫生服务中心 1 家。全县卫生事业单位在编人员 349 名,实有卫技人员 623 名,注册乡村医生 196 人。

三、以医药卫生体制改革为抓手,县、乡、村一体化建设不断推进完善

1988 年,全县医疗卫生单位实行院(站、所)长负责制和任期目标责任制,实行党政分设。乡镇卫生院管理实行条块结合、以块为主的管理模式,乡(镇)政府承担办卫生的财政责任,卫生行政主管部门承担着管理卫生的行政责任。1992 年,全县医疗卫生单位实行综合目标管理责任制,建立院科两级负责制,通过与科主任签订综合目标责任书,实行"四定"(定人员编制、定工作量、定质量、定经济指标)管理。1998 年 4 月,县委、县政府出台《关于加快卫生改革与发展的决定》,卫生事业发展实行分级负责、分级管理。卫生行政部门转变职能,由原来的办卫生逐渐向管卫生转变。医疗卫生机构继续实行并完善院(所、站)长负责制和综合承包责任制。2005 年,县卫生局加强乡镇卫生院行政、业务、人事、财务等综合管理,出台

《建宁县乡镇卫生院管理意见》和《建宁县乡镇卫生院财务制度管理方案暂行规定》，成立卫生局会计中心，实行乡镇卫生院会计委派制。

2012年起，建宁县贯彻落实中央、省委省政府的部署和全国卫生与健康大会精神，突出问题和目标导向，坚持县、乡、村统筹推进，形成了“三医联动”“三保合一”“两票制”“医生年薪制”等医改体制。在政府改革上，落实政府办医责任，按照“硬件投入靠政府，运行管理靠医院”的原则，基层医疗单位的基本建设、设备购置及更新、周转房建设由县政府负责。组建医疗保障管理局，综合履行药品耗材采购、医疗服务价格调整等职能，在组织架构上解决“九龙治水”问题，构建“三医联动”格局。在医药改革上，采取药品零差率销售、“两票制”“一品两规”、联合限价采购等措施，遏制药品、耗材价格虚高，同时实施重点药品监控，严控大处方、大检查。在医疗改革上。改革医院工资总额核定办法、内部分配制度，推行现代医院管理制度，实行院长目标年薪制、全员目标年薪制、年薪计算工分制和编制使用备案制、总会计师制，强化院长代表政府管理医院的责任，推动医务人员收入与药品耗材、检查化验收入脱钩，促进医院回归医学本质、医生回归看病角色。在医保改革上，成立了三明市医疗保障基金管理中心建宁管理部(简称县医管中心)，实行城镇职工、居民医保和新农合“三保合一”、药品“招采合一”，并改革医保付费方式，推行部分免费提供慢性病药品、大病补充医疗保险、第三次精准补偿等措施，充分发挥医保基金的杠杆作用和控费、监管功能。深化医改在国民经济和社会发展中的重要作用日益显现，初步实现了人民群众得实惠、医疗机构得发展、医务人员受鼓舞的目标。

四、以完善医疗机构软硬设施为基础，人民群众医疗卫生服务需求得到满足

1988年前，全县医疗卫生单位的医疗设备比较简陋。县医院只有200毫安X光机、电动吸引器、洗胃机、心电图机和检验科用的双目显微镜、分光光度计、离心机、干燥箱、电冰箱、恒温水箱等一般

生化检验设备以及五官科、眼科、妇产科、外科的一般手术设备。县防疫站只有100毫安X光机、显微镜等检验一般设备。县妇幼所只有显微镜、电动吸引器等一般妇产科常用设备。乡镇卫生院也只有显微镜、50毫安X光机、胃肠减压器、脚踏吸引器等一般小外科、妇产科小手术设备。

随着医疗业务技术的发展,医疗卫生单位的医疗设备逐步增加。1995年卫Ⅳ项目和利民工程项目启动后,县乡医疗卫生单位更新了大批新型医疗设备。2000年,县医院陆续添置了动态心电图机、纤维电子胃镜、彩色B超机等各科临床医疗专用设备。2002年,县医院购进CT扫描机。县防疫站更新了冷链车,购置了200毫安X光机、全自动生化仪、超低温电冰箱等卫生防疫检验检测设备;县妇幼所增加了B超机、乳腺治疗仪和生化检验全套设备;乡镇卫生院普遍增加了半自动生化仪、血球计数仪、胎心监护仪、200毫安X光机等大型医疗设备,并配有电脑、传真机、空调等办公设备。2017年,全县医疗设施较齐全,1.5核磁共振、16排螺旋CT、数字化X光摄影系统(DR)等先进诊疗设备,为临床诊疗工作发挥了积极作用。建宁县不断发展的医疗卫生事业,更好地满足了人民群众对卫生服务的需求。

第九章　精准发力　攻坚脱贫

第一节　扶贫开发　助力经济发展[①]

新中国成立后，政府就开始抓老区扶贫开发工作。随着经济的不断发展，扶贫工作形式上有所不同，却不断朝着更高层次发展。新中国成立初期，政府根据当时的实际，采取解决老区群众眼前生活困难和抓发展生产有机地结合起来。据统计到 1959 年，人民政府发放老区救济款 20.8 万余元，救济粮 3.89 万公斤，还发放大批棉被、棉衣等实物，又减免老区公粮达 150 多万公斤，政府安排发放农业生产贷款 353 万元。老区群众生活得到基本保证，生产也得到了发展，

1980 年，改革开放不断深入，县委、县政府在新形势下，根据民政部门提出“双扶”(即扶建扶贫)的要求，确定在伊家公社扶持 194 户农户作为扶贫对象。共安排扶贫资金 8700 元，为扶贫对象购买耕牛 9 头，小猪 150 头，长毛兔 420 只，鸡、鸭苗 600 只，修房 60 间，帮助特困户 8 人治病解决医药费。1981 年扶贫工作扩展到均口、客坊两个公社。后来全县各公社均开展扶贫工作。1984 年全县扶持贫困户 865 户，全县发放扶贫资金 17.3 万元。在扶贫资金的资助下，各公社兴办了 13 个厂矿。城关公社办起石料厂、客坊公社兴办沙砖厂、稀土矿等等。

---

① 本节作者陈宝发。

1985年9月初，省委、省政府召开全省专员、市长、县长会议。会议中心议题是“认识山区、开发山区、加速山区经济发展”。会后省政府下发了“闽政[1985]68号”文件，制定了67条扶贫政策，确定建宁县为全省首批11个贫困县之一(后增加至全省17个贫困县)，均口、伊家、客坊、黄埠、里心为省定贫困乡(镇)，确定25个省定老区贫困村。全县有贫困户2499户，12061人，占全县总人口数的11.2%。1986年起，省委、省政府连续三年派出扶贫工作队和讲师团驻建宁扶贫支教，第一批扶贫工作队33人，队长王能光，时任省轻工厅副厅长；第二批扶贫工作队30人，队长徐金罕，时任省国防科工办副主任；第三批扶贫工作队30人，队长陈秀榕，时任省妇联副主席。1986年起，时任省政府副省长，后历任省长、省委书记、省政协主席的陈明义同志连续22年挂钩帮扶建宁县。在帮扶建宁的22年中，陈明义同志职位变了，工作更忙了，但他每年都要抽空到建宁调研，帮助总结经验，指导工作实践，有力地推动建宁县的两个文明建设。经过全县干部群众的艰苦奋斗，建宁县1994年通过省里验收，摘掉了贫困县的帽子。但是，陈明义同志认为，不能忽视平均数下掩盖着的问题，不能忘记生活困难的群众。因此，1996年他又选择了建宁县最困难的龙溪村作为挂钩扶贫村，抓点带面，扶持建宁县更快走上小康富裕路。

三年扶贫，注重打好三个基础(教育、交通、能源)，发展四级经济(县、乡、村、户)，逐渐改变建宁县贫困落年面貌。县委、县政府认真贯彻中央、国务院和省委、省政府及市委、市政府的各项方针政策措施，以改革统揽全局，带领全县人民自力更生，艰苦奋斗，广泛深入地开展脱贫致富工作，并在省扶贫工作队的帮助支持下，取得了显著成效。一是商品经济有了较快发展。全县工农业总产值大幅增长，1988年达1.7亿元，比1985年增占84.3%，工业总产值第一次超过农业总产值。二是农村产业结构日趋协调合理。扶贫的三年中有近1万个农民从农业转入第二、三产业。三是教育、能源、交通建设有重大突破。三年统筹资金9387万元用于教育投资，新建、修缮校舍7.3万平方米，全县初等教育普及达到省一类标准，小学

"四率"连年达标;三年新建5座水电站,新增装机容量5305千瓦,还建成泰宁至建宁11万伏输电线路,实行与大电网并联,缓解了建宁县长期以来严重缺电状况;新建、续建和改造公路12条88.3公里,极大改善了交通条件。四是经济发展后劲显著增强。县、乡(镇)两级三年共投资4408.3万元,新上、扩建86个技改项目;全县建立商品用材林基地41.4万亩,毛竹林13.3万亩,松脂林3.3万亩。同时改造低产田、兴修水利、实施"星火计划"等工作取得成效,实现资源的系列开发。五是城镇建设有新的发展,县城建起了电影院、儿童公园、医院门诊部、电视地面卫星接收站和日产5000吨的自来水厂等等。六是农民生活水平明显提高。全县2499户里就有2426户达到省定脱贫标准,占97%。相当部分贫困户开始迈向致富的新征途。1994年摘掉贫困县帽子后,全县经济总量仍然很小,省、市对建宁县的扶持仍然继续。

第二节　奋力攻坚　脱贫致富奔小康①

一、压实攻坚责任　构建攻坚合力

2013年建宁县被省委、省政府确定为新一轮省级扶贫开发重点县之一,客坊乡、黄埠乡、伊家乡等三个乡镇被市委、市政府确定为市级扶贫开发重点乡。党的十八届五中全会提出了到2020年我国现行标准下农村人口实现脱贫,贫困县全部摘帽,解决区域性整体贫困;动员全党全国全社会力量,向贫困发起总攻,确保到2020年所有贫困地区和贫困人口一道迈向全面小康社会的奋斗目标。

十八大以来,建宁县委、县政府审时度势,开启了决胜脱贫攻坚,共享全面小康的新征程,把脱贫攻坚作为重大政治任务和第一民生工程,把脱贫攻坚作为工作总揽,坚持以时不我待的担当精神、

① 本节作者姜德前。

决战决胜的战斗姿态，带领全县上下举全县之力，创新思路、因地制宜、攻坚克难，提出了到2018年提前2年摘帽、3个重点乡退出的脱贫攻坚目标，并提出“四个切实”要求，狠抓工作落实。

（一）切实落实领导责任

建宁县成立由县委书记、县长任组长，县委、县政府分管领导任副组长的县扶贫开发工作领导小组，成员由县委办、县政府办、县委组织部等45个单位主要负责人组成，下设扶贫办，配备8名专职人员，负责全面统筹推进全县扶贫开发工作；9个乡（镇）对应成立扶贫开发领导小组，设立扶贫办，明确了一名分管领导，配齐2名以上工作人员；全县92个村设置了扶贫工作站，配备了扶贫协管员，确保了各级扶贫工作“有专人抓、有专人管、有专人干”。另外，为进一步抓好扶贫工作责任的落实，县委选派了9名科级干部到各乡镇担任扶贫督察员，督促乡镇履行扶贫职责、完成扶贫目标任务以及县直驻村单位帮扶责任的落实。

（二）切实做到精准扶贫

建宁县在实施精准扶贫，推进脱贫攻坚摘帽中，立足建宁实际，找准工作切入点，实现贫困村、贫困户精准脱贫。一是在精准帮扶上，全面落实“县领导挂乡（镇）、部门驻村、干部包户”三级挂包责任，全县92个村都有一个单位挂包，51个贫困（空壳）村均安排了一名省、市或县下派任第一书记或村主任助理，1579户贫困户都有一名体制内干部作为帮扶第一责任人。二是在精准施策上，强化工作指导，编印《精准扶贫应知应会手册》《脱贫摘帽冲刺作战图》《精准扶贫参阅资料》《精准扶贫扶持政策汇编》《建档立卡贫困户扶贫保险服务指南》《扶贫两册填写示范》等资料发放给挂包干部和贫困户，做到人手一册。全面推行“六个一”工作机制（制定一份脱贫计划、选准一项主导产业、解决一笔发展资金、确定一个帮扶主体、落实一套优惠政策、安排一类技能培训），实行挂图作战，做到“一村一业”帮扶措施到村，“一户一策”脱贫计划到户，确保项目、资金、帮扶力量精准到村到户。三是在精准奖补上，为推进产业扶贫，对贫困户发展生产，分别制定了建莲种藕补贴、种业生产资料、果树品种结构调整等资金奖补政策，每年给予贫困户发展生产补助300万元；县财政从2016年起每年安排400万元专项预算，每年实施20个贫困村村财增收项目，村集体的“造血”功能不断增强。四是在精准实效上，充分利用各乡镇、村优势特色资源和产业基础，合理布局、科学规划，因村因户分类指导，每一个贫困村突出一个主导产业，高标准制定产业发展规划，努力形成“一村一品”的产业格局；为每一户贫困户制定产业规划，做到每户有一本产业发展台账、一个脱贫计划、一套产业帮扶措施，使每户贫困家庭都有一个脱贫致富的产业。

（三）切实强化社会合力

从2016年起，县委、县政府每年召开的第一个会议都是脱贫攻坚大会，对脱贫攻坚工作早安排、早部署，签订责任书，立下军令状，形成上下贯通、责任到底、合力攻坚的责任落实体系。同时，县委常委会、县政府常务会、县扶贫开发领导小组及时传达学习习总书记关于扶贫开发工作重要讲话精神和省市有关会议精神，认真研究部署脱贫攻坚推进过程中存在的困难和问题。2018年10月起，县委、县政府坚持每月至少1次研究脱贫攻坚工作，严格落实党政主要领导每月至少5个工作日用于抓扶贫的要求；实行精准扶贫联席会议制度，每季度召开一次脱贫攻坚现场推进会，现场推动和解决扶贫领域问题，推动各部门职责落实。县人大常委会和县政协也围绕脱贫攻坚大局认真开展专题调研或视察，对脱贫攻坚提出意见建议，形成了全县上下抓脱贫攻坚的合力。同时，充分发挥工青妇和工商联、扶贫开发协会、侨办、志愿者联谊会等桥梁纽带作用，鼓励社会组织、非公企业、新型农业经营主体、建宁籍乡贤参与扶贫开发，“百企帮百村”、“10.17”扶贫日、捐资助贫等活动实现常态化。目前，全县有160多家企业、专业合作社、家庭农场等参与扶贫开发，涌现了文鑫莲业、富强石材、鑫锦宏、海宏达、精准农机专业合作社等一批社会力量扶贫典范，形成了全员参与脱贫攻坚的强大合力。

（四）切实加强基层组织

一是选好领头人注重抓好“领头雁”，结合2015年、2018年村级组织换届，把能带来希望、能带领发展、能带出和谐的能人选入村级班子和农村"六大员"队伍，打造一支不走的扶贫队伍。二是增强帮扶力量为增强村级组织扶贫力量，对全县51个贫困（空壳）村选派第一书记到村任职，其中省派7名，市派6名，县派38名，做到贫困村选派驻村干部全覆盖。全县共落实驻村帮扶工作队79支189人；落实各级扶贫干部1248人，其中省市级55人、县级672人、乡级521人。三是强化党建引领通过组建"党员110"服务队和开展农村"信誉党员"评选管理，充分发挥农村基层党员在脱贫攻坚中的引领作用。

二、坚持精准发力，筑牢攻坚基础

建宁县紧紧抓住"两不愁、三保障"（不愁吃、不愁穿，保障义务教育、基本医疗、住房安全）工作核心和"五个一批"（发展生产脱贫一批、易地扶贫搬迁脱贫一批、生态补偿脱贫一批、发展教育脱贫一批和社会保障兜底一批）扶贫要点，认真落实中央、省市各项扶贫开发工作要求，确保实现扶真贫、真扶贫，脱真贫、真脱贫。

（一）突出"造血式"扶贫

持续深化"五抓五送"（抓增收送项目、抓就业送岗位、抓兜底送保障、抓扶智送技术、抓挂钩送温暖）扶贫模式，建立全县脱贫攻坚项目库，大力支持贫困户发展莲业、种业、果蔬、林业、烟叶、旅游、电商等七大扶贫产业，确保每个贫困户都有两个以上增收项目，夯实贫困村和贫困户可持续增收产业基础。近年来，全县稳定杂交水稻制种13万亩，建莲种植5万亩，"两桃一梨"12万亩，烟叶面积3万亩，林下产业20万亩，培育9个全国旅游扶贫重点村、电商企业292家。农村电商助推精准扶贫工作得到省政府李德金副省长充分肯定，全省农村电商助推精准扶贫现场推进会在我县召开，有力拓展了全县贫困户的增收渠道。

（二）突出"融合式"扶贫

持续深化"348"工作机制，大力推进党建带创、特色产业带动、经营主体和社会力量助推、抱团融合发展、量化折股"123"机制［围绕"一个目标"（实现"贫困户和贫困村双增收、持续增收"的目标）、抓住“两个关键”(科学选准经营主体、优化选好入股项目)、突出“三个精准”(收益主体精准、资金监管精准、收益可持续精准)]、种业整村推进、扶贫开发基金会等扶贫模式,实施“五子”特色产业、乡村旅游、电商和光伏等扶贫项目,有效推进贫困村和贫困户同步增收,46个退出的贫困(空壳)村村级集体经济收入均达10万元以上。比如,全县首批确定里心镇、均口镇为扶贫资金量化折股试点示范乡镇,在试点取得阶段性成效的基础上,逐步扩大试点范围,增加溪口镇闽赣省际农机植保服务中心、黄埠乡桃路际水电站、客坊乡海宏达、闽源电力等实施主体,投入扶贫资金5194万元,每年可实现收益363万元以上,辐射带动试点村51个、贫困人口3500多人实现增收。建宁县精准扶贫特色亮点和典型做法先后在人民网、《福建日报》、东南卫视等多家新闻媒体宣传报道,量化折股扶贫模式获评全国“2017精准扶贫十佳典型”。

(三)突出“政策性”扶贫

全面落实中央和省市决策部署,出台了契合建宁实际的《建宁县推进精准扶贫打赢脱贫攻坚战2016—2020年实施方案》和《产业扶贫实施办法》《金融扶贫实施办法》《社会力量扶贫实施办法》《新型农业经营主体扶贫实施办法》《农村低保兜底和医疗救助工作实施办法》《易地扶贫搬迁实施办法》《贫困(空壳)村脱贫攻坚实施办法》等“1+N”系列政策。同时根据中央和省市有关精神,及时研究制定扶贫政策,出台了《建宁县“十三五”扶贫开发专项规划》《建宁县打好精准脱贫攻坚战(2018—2020年)行动计划》《建宁县村级集体经济发展三年行动计划(2018—2020年)》,为精准扶贫工作提供了有力政策保障。

1.安居扶贫方面。2016—2018年全县累计完成造福工程扶贫搬迁694户2849人,其中建档立卡贫困户386户1381人,完成危房改造382户,委托第三方对贫困户住房(除享受造福工程和危房改造的外)逐一进行排查,确保每户贫困户住上安全住房;建成黄埠乡鑫埠小区、里心镇尊上排、伊家乡伊水佳人等造福工程集中安置区7个。

2.教育扶贫方面。严格落实《关于做好建档立卡等家庭经济困难学生精准资助工作的通知》文件精神，在客坊、黄埠、伊家设立乡村教育扶贫基金，按规定标准对建档立卡贫困家庭学生落实资助与补助政策。2013年以来全县贫困学生累计享受免除杂费、国家助学金、生活补助等政策扶持43704人次、2524.28万元。另外，省市纪委、“5＋1”挂钩帮扶单位积极开展教育扶贫，采取党支部挂钩长效帮扶形式，为全县119名贫困家庭学生捐资助学58.82万元，有效阻断贫困代际传递。

3.健康扶贫方面。组建家庭医生签约服务团队90个218人，将建档立卡贫困户全部纳入精准扶贫医疗叠加保险政策范围，落实经补助后个人自付医疗费用年度累计300元封顶政策，开通了医保即时结算业务，取消保障对象住院预付金，实行“先诊疗、后付费”，采用报账一站式服务，阻断因病返贫因素。

4.金融扶贫方面。设立扶贫小额信贷风险担保金1560万元，累计发放扶贫小额信贷1117户4530.75万元，其中存量贷款655户2978.65万元，贫困户贷款覆盖面达41.48%；落实贫困户残疾家庭小额贷款贴息、居家托养等扶持政策，为703户农村建档立卡贫困残疾人提供了特别扶持和资助。

5.智力扶贫方面。开展“雨露计划”培训贫困户1312人次、补助贫困户子女就读中职、大专院校55名，组织了13名贫困村致富带头人和45名农户进行创业培训。开发公益岗位103个，安置建档立卡贫困户63名，每个岗位每月增收1280元；帮助介绍贫困户外出务工224人。

6.兜底保障方面。民政局与扶贫办定期进行信息比对工作，及时将符合低保条件的建档立卡贫困户纳入低保范围，及时享受低保相关政策；制定《建宁县重点贫困人群脱贫帮扶工作实施方案》，7个乡（镇）相应注册成立扶贫开发基金会，基金会每年投资产生的效益优先用于重点贫困人群分红或救助，编密织牢兜底保障安全网。

（四）突出“廉洁性”扶贫

深入推进脱贫攻坚作风建设年活动，出台开展扶贫领域作风问题专项治理实施方案，确保脱贫攻坚工作风清气正、廉洁高效。

1.加强项目管理。健全扶贫项目管理机制，重点监督项目规划、审批、招标投标、建设管理、竣工验收等关键环节，扶贫领域项目监督检查面达到100%。强化制度约束机制，制定出台《建宁县加强项目建设管理打造廉洁示范工程实施意见》，通过政府招标采购，选择质量好、重信誉的产品材料生产商进行集中供货，推行工程项目廉洁承诺制，防止工程预算决算优亲厚友、在隐蔽和增量工程上做手脚，把控好各个风险点，着力打造廉洁示范工程。

2.加强资金监管。作为第一批全省扶贫资金在线监管系统建设试点县，积极配合完成省县联动调试，有力推动了全省扶贫资金在线监管系统正式运行。严格落实中央和省市财政专项扶贫资金管理办法，先后制定《建宁县造福工程补助资金管理办法》《建宁县扶贫小额信贷资金管理暂行办法》等文件，对项目资金流向实行全程监管，每个环节责任人实行签字背书，做到资金项目可追查、工作责任可追究。同时发挥财政、审计等职能部门作用，加强内审内控，强化审计核查，重点检查项目资金是否做到专账、专款、专用，各类资金补助是否真实、公开、合规、到位，确保资金分配办法科学、依据合理、程序规范、及时到位，做到过程严查、用途严管、效果严评。

3.加强作风建设。对照扶贫"六个精准"要求，研究制定《建宁县扶贫开发精准监督工作方案》《建宁县扶贫开发项目监督管理十四条措施》《建宁县扶贫工作自查自纠实施方案》等文件，深入开展"三必访"(当年脱贫的要"常访"，近年来已经脱贫的要"回访"，特殊家庭的要"查访")"六必查"(扶贫责任分解落实必查、贫困人口建档立卡准确性和贫困退出机制执行情况必查、扶贫措施制定和落实情况必查、挂钩帮扶落实情况必查、扶贫项目和资金落实情况必查、扶贫工作廉洁自律情况必查)，做到"3个100%"(贫困户100%入户核查、扶贫资金项目100%现场核查、脱贫数据100%核对)。同时，注重发挥好"乡镇纪委、派驻纪检组、巡察办、县纪委监察机关"四支队伍力量作用，持续开展扶贫领域"1＋X＋Y"专项督查、机动式专项巡察、"全交叉"专项巡察，打好扶贫精准监督组合拳，对胆敢向扶贫资金财物“动奶酪”的严惩不贷，对因在工作中作风不实、优亲厚友、中饱私囊的干部严肃追究问责。2016年以来，全县纪检监察机关牵头处理了相关责任人210人，其中：党纪政务处分14人（移送司法3人），诫勉谈话62人、批评教育66人、提醒谈话41人、通报批评27人。

三、巩固脱贫成效

经过几年来的努力，建宁县脱贫攻坚各项主要指标均已达到省级扶贫开发工作重点县退出标准，3个重点乡达到了市级扶贫开发工作重点乡退出标准。2019年3月初顺利通过了省扶贫办委托的第三方评估机构的现场评估，3月中旬又圆满完成了省委、省政府组织的实地考核检查。

1.农村贫困人口大幅减少。截至2018年底，全县“回头看”后建档立卡贫困人口全部脱贫，46个贫困（空壳）村退出，3个市级重点乡可实现全部摘帽退出。新识别因病致贫的建档立卡贫困户5户15人，贫困发生率从2013年的7.74%下降到0.01%。3月初，建宁县接受省上第三方评估检查，综合贫困发生率、漏评率、错退率、群众满意度均达到了重点县退出标准。

2.农村居民收入快速增长。2018年全县农村居民人均可支配收入达15470元，比增9.8%，比全省平均增幅9.1%高0.7个百分点，占全省平均水平17821元的86.8%。近3年（2016—2018年）平均增幅9.7%，比全省平均增幅8.9%高0.8个百分点。

3.农村生活条件显著改善。2018年，全县基本公共服务主要领域指标接近全省平均水平，九年义务教育巩固率99.9%；城乡居民基本医疗保险参保率为98.2%，加上在异地参保人数，参保率可达99.27%，其中建档立卡贫困人口参保率达100%，家庭医生签约率100%；农村居民最低生活保障标准提高到每人每年6144元，高于省定农村居民最低生活保障标准（3350元）和国家扶贫标准（3100元），占上年度农民人均生活消费支出9076元的67.69%；农村居民安全饮用水率100%，农村集中式供水覆盖率达85.59%；农村贫困户厕所改造率达100%；所有通村公路全部硬化，农村公路里程达901公里，农村公路密度为68.17公里每百平方公里，实现100%建制村通硬化公路，获评省级“四好农村路”示范县；广播电视、宽带、供电网络实现全覆盖。2018年全县地区生产总值首次突破百亿大关，地方一般公共预算收入完成3.28亿元，再次获评福建省县域经济发展“十佳县”，各项指标均达到重点县退出要求。

附录

附录一　历届建宁县委、县政府发展战略及发展目标

一、七届县委(1993年11月—1998年10月)

(1)兴工强农、活商重教、优化环境、扩大开放、加速发展；

(2)强农兴工、活商重教、优化环境、深化改革、扩大开放、突出特色,促进国民经济持续、快速、健康发展。

二、八届县委(1998年11月—2003年10月)

农业立县、工业壮县、三产旺县、科教兴县、依法治县、文明建县。

三、九届县委(2003年11月—2006年5月)

生态立县、特色强县、项目兴县、创新活县。

四、十届县委(2006年6月—2011年5月)

(1)“四城战略”:闽江正源第一城、闽赣省际物流城、三明新兴工业城、生态休闲旅游城；

(2)“五区四地”目标:建设海西现代农业示范区、新型工业新兴区、特色旅游精品区、闽赣交流合作区、生态文明先行区;打造海西特种薄型纸生产基地、非金属矿建材生产基地、生物能源生产基地、绿色食品生产基地。

五、十一届县委(2011 年 6 月—2016 年 6 月)

“三个新莲乡”:闽江正源生态新莲乡、闽赣边界活力新莲乡、海西中部富裕新莲乡。

六、十二届县委(2016 年 7 月至今)

(1)“五县”发展战略:生态立县、农业强县、园区壮县、三产活县、文旅旺县;

(2)发展定位:闽赣省际生态产业集聚区;

(3)发展目标:打造成为生态优美、农业精致、产业发达、文旅兴旺、城市靓丽的福源建宁;

(4)城市品牌:“清新花乡·福源建宁”。

附录二　习近平同志在福建工作期间两次到建宁调研时的讲话主要精神

（1998 年 2 月 17 日　根据记录整理）

一、1998 年 2 月 17—18 日来建宁开展调研活动的重要讲话

建宁是省委陈书记和省委办公厅的挂包点，今天很高兴来建宁，建宁是我在全省走到的最后一个县。来建宁后，八闽大地我就都到过了。所以，虽然省里事情很多，但还是下决心来一趟建宁。建宁是革命老区，也是中央苏区，建宁儿女真正是为中国革命做出了牺牲，我对建宁印象深刻，同时（建宁）对我的教育也很大。前几天在清流县调研时，一位老同志说现在可以告慰先烈了，的确是这样，革命老区建设取得了一定成绩。老区建设取得的成绩，同沿海地区相比，付出了更多的努力。由于你们的努力，建宁发展硕果累累，有了很多的荣誉。比如，建宁是边贸重点县，省里 21 日就来验收。这次来建宁，看了几个点，听了情况汇报，与干部群众进行了交谈，我对建宁印象是好的，对你们的发展很欣慰，总体感觉中央和省委农村工作会议等各种精神在建宁县得到贯彻，大家要按上级部署抓好各项工作的落实，这对全面完成“九五”计划至关重要。这里，我谈几点看法和体会。

第一，建宁农业资源丰富，应大力发展现代农业。建宁地处山区，不在沿海，虽然没有大型的工业，但有很好的农业。比如，里心镇的农民人均有 3 至 5 亩地，耕地非常充裕。全县八大产业形成规模，“三子”立县、“五子登科”等发展路子都很好，有几样很像样子。

莲子种植规模很大，黄花梨全省独具特色，市场预测前景好。好资源要下定决心，站稳脚跟，咬定青山不放松，把农业做好就可以致富，同时还要推进农业现代化。现代农业不一定要在沿海地区才能搞，要走自己的路。首先要把粮食基地县做好，我省是缺粮大省，粮食自给有差距，工业、饲料用料都不能满足。要把粮食做成农民致富、农业立县的基础，为全省做贡献，当前要抓好春耕各项工作，支农服务要做好，不误农时，落实粮食面积，形成氛围，掀起高潮。要防微杜渐，不允许出现农民饿肚子的事情。再有一点就是要奔小康，要不断提高初级阶段的低水平，向富强型迈进要做很多工作，要在全面巩固的基础上不断迈进。现在，有些基础设施比较差，这里打造专业乡、村工作还要加强，应积极发展，出台扶持政策，真正做成农业强县，形成产业化。一要扶持龙头。帅金高以销售为龙头，形成了莲业公司，应支持。只要是龙头不论出身，就要支持，国有、乡镇、个体龙头企业，政策都要支持，让龙头企业带动千家万户。二是种子工程。省市县都要支持，种子工程是基础。当前工作有待进一步加强，省里形成政策性文件，落实工作有待进一步执行。建宁农业资源如此丰富完整，必须延长产业链条，特别要注重加工业，农副产品的深加工增值，八大产业基地要考虑加工方向，加工内涵。比如，莲子，现在基本上卖原料，被日本人买去做老年食品，附加值提高几十倍。我们不应停留在卖原料基础上，应组织科研攻关，小试、中试，搞一些高端产品。不仅限于莲子，像粮食加工，黄花梨加工成梨脯、秋梨膏等大有文章可做，都可以产业化。另外，建设农业强县，要调动各方支农的积极性，凡是在农业发达的地区，多元化投资是必需的。要把方方面面的积极性调动起来，吸引工业企业、外资企业投资农业，多元化投资才能兴旺发达。

第二，要积极发展区域经济，着力培育县级财力。如何县强民富，路上何团经同志谈了几点体会。大田县富民穷，建宁县穷民富，人均收入 2500，群众不能说穷了，县财政 7000 多万，人均也不算差，宁化 30 多万人口才 8000 万财力。在财力方面，建宁的国有和集体财力比较差，做到县强民富还要积极培育增长点，大力培育经济发展。小河有水大河满。要有目的抓骨干企业、支柱产业，扶持龙头企业产业化发展可以起到事半功倍的作用，政府应抓基础设施建设，为发展创造良好的内外环境。

第三，要加快基础设施建设，为提高生产力打下基础。地方水电要适时开发、要发展。水电开发有个周期，有钱可以上，水电开发也要量力而行，不要负重负债拼搏。总而言之，水电资源要开发，公路建设也要抓紧，还要大力抓好农业综合开发、基础设施建设、中低产田改造、防洪设施建设、林果开发等工作，促进建宁由农业大县变成农业强县。

第四，要发挥省际优势，加快发展边贸交易。建宁跟沿海比落后，跟江西比发达。建宁要提升自己的特色，发挥边贸效应，辐射吸引江西，把闽地产品推广到江西去，把江西优势因素聚合到建宁来，提高我们综合实力。所以，打进引进江西这篇文章要做深做透。

第五，建新村与造福工程要扎实有序进行。这方面建宁非常努力，取得了一定成效。造福工程讲究一步到位，建设新农村，不要拖泥带水。新农村建设要重视规划，既要适应跨世纪的需要，同时注重老百姓的承受能力，因势利导，把公共设施建设好。

第六，要弘扬老区精神，抓好精神文明建设。参观毛泽东朱德同志旧居深受教育，这里曾经是中国革命的中心地带。建宁干部作风比较扎实，要弘扬。建宁条件比较艰苦，但要有艰苦奋斗的精神，干部优良的作风要不断发扬光大。“两个文明”建设方面都有典型，比如帅金高、史火林、王克明。欠发达地区要积极进取，奋力拼搏，不断开拓，很好地总结这方面的经验。农村基层建设非常重要，要培养“四有”新人、新型农民，引导农民红白喜事不攀比，树立健康的生活方式。

第七，要俯下身子，集中精力抓好农业和农村工作。我们国家过去有一段时间工作以粮为纲，改革开放后纠正了左的倾向，现在有一种倾向，无工不富，没人搞农业。中央农村工作会议要求各地要把主要精力放在农业和农村工作上。所以，农业“信天游”不行，不仅分管农业的领导主要精力要放在农业上，还要建立责任制，转变观念抓农业。一是不仅要抓粮食，还要抓多种经营，做大农业。比如建宁温差大、土壤含沙量大，适合发展黄花梨，怎么发展要有人来研究，要注意精心研究产业化的问题。以此类推，各种产品要研究如何发展，有很多讲究。现代农业离不开科技支撑，要具体分析指导。二是既要跑田头，还要跑码头(流通、加工环节)，光跑码头是不务正业，一味地跑田头也不一定抓得好，反而增产不增收或少增收，应该围绕如何抓市场，适应市场经济。三是大农业不仅是种粮食问题，农业还有加工业，第一、二、三产业联动发展，信息业、观光旅游、乡村旅游也是新农业，内涵更丰富，要不断延伸，加强引导。

二、2002 年 6 月 22—23 日，福建省委书记宋德福、省长习近平同志陪同中共中央政治局委员、国务院副总理温家宝等领导深入建宁指导抗洪救灾工作

2002 年 6 月 16 日，建宁县遭受百年一遇的特大暴雨灾害袭击，党中央对建宁的灾情十分关注，正在外地考察的温家宝副总理在福建省委书记宋德福、省长习近平等领导的陪同下，专程赶往建宁指导抗洪救灾工作。温家宝副总理等领导先后深入县防汛办，城区基础设施损毁点(万安桥头)，濉城镇水南村，均口镇均口村、隆下村等地视察灾区受灾情况，指导救灾工作，慰问一线干部群众。

(一)温家宝副总理的重要指示

2002 年 6 月 22 日晚，温家宝在省、市主要领导的陪同下沿着刚刚修复的山区公路长途跋涉，赶到建宁县，连夜召开会议听取灾情汇报，部署下一步救灾和重建工作。温家宝强调，当务之急是要解决好受灾群众的衣、食、住、医。天气越来越热，防疫工作非常重要。灾区地处山区，群众看病难，要派医疗队下乡下村，给群众检查身体，医治疾病。温家宝要求，要抓紧开展生产自救，组织群众排水清淤、修复农田，整修水利工程；要引导农民调整结构，抢种、补种适宜作物，努力减轻灾害损失。恢复生产、重建家园要与生态保护结合起来。闽西北地区森林茂密，碧水蓝天，在抗灾救灾、发展经济的同时，要注意把这片青山绿水保护好。各级党委、政府要大力宣传和

表彰英雄模范，弘扬他们的好思想、好行动、好作风，使之成为我们宝贵的精神财富。同时，要严厉打击违法犯罪活动，搞好社会治安综合治理，让灾区群众安心。温家宝指出，在暴雨洪水来临的时候，预报早发出一小时、一分钟，都能挽救许多群众的生命。一定要以高度负责的精神，做好灾情的预警预报，保证防汛信息畅通，最大限度地减少人员伤亡和财产损失。

（二）习近平省长的重要指示

习近平同志陪同温家宝副总理在水南村慰问受灾户艾桂英时，掷地有声的告诉大家："不要怕，在灾难面前，有党和政府，你们要稳定心思，迅速开展家园重建工作。"在均口村看望重灾户陈贤柱时表示："如果有困难，就去找政府，一定让你有一个新的家。"在隆下村慰问受灾户林培根时，鼓励他要树立信心，把精力投入到灾后重建上来。另外，习近平同志还专门对建宁做出重要指示，强调要一手抓生产自救，一手抓扶贫帮困，建立健全形式多样的政府与社会相结合的有效扶贫机制，加快经济落后地区的发展速度。

在 22 日晚上听取建宁县委的灾情汇报会上，习近平指出，建宁县是山区县、苏区县，是由赣入闽的主要门户之一，有 7000 多名优秀的建宁儿女参加红军、献身革命，是"中国建莲之乡"，要多宣传，提升苏区地位，使各方面更加支持苏区建设。近年来，建宁县抓农村扶贫和小康建设都很有特色，抓得不错。习近平强调，农村扶贫和小康建设是一项长期而艰巨的任务，不可能一蹴而就。要特别重视一些基础较差的经济欠发达地区和贫困户，他们离小康目标要求还有一定距离，农业的基础设施还相对脆弱，抗灾防灾能力不足。我们要全力做好"一手抓生产自救，一手抓扶贫帮困"工作。因此，如何推进扶贫工作和小康建设，宽裕型小康走什么样的路，"造福工程"怎么搞，怎样采取哪些更为有力的措施加快扶贫攻坚步伐，还有必要再做一番认真研究。要继续在信贷、税收、财政等方面加大扶贫力度，建立健全形式多样的政府与社会相结合的有效扶贫机制，加快经济落后地区的发展速度。

附录三 2002年"6·16"建宁县抗击特大洪灾纪实[1]

受低层切变和地面静止锋的影响，县境内从6月13日至16日，72小时总降雨量达541毫米，城区和上游的均口、伊家、客坊等乡镇总雨量大于600毫米。为水文设站观察以来的最大值，6月16日03:30时，县城出现超警戒洪水，至中午12时洪峰水位达299.5米，超危险水位6.3米，城区一片汪洋，平均淹没水深3.5米，最深5.6米。沿河两岸的村庄、工厂、商店、机关、学校、道路、市政设施等被洪水吞没，全县水、电、交通及对外通讯全部中断，县城和五个乡镇立刻变成"孤岛"，被洪水围困的群众有4万多人。此次暴雨之急、时段之密、雨量之大、洪水之猛、破坏之烈、损失之重，均为历史之最，为建宁县两百年一遇的特大洪涝灾害。据统计，山体滑坡11000多处，泥石流480多处，溜方达1100多万立方米。因灾造成死亡52人，失踪7人，受伤860多人，5300人无家可归。冲毁、倒塌民房5288户；受淹农作物2万多亩，绝收7.2万亩，毁坏耕地5.6万亩。漂走木材和木竹制品计6000多立方米。冲毁水库15座、防洪堤79公里、护岸1328处、塘坝763处，渠道决口381公里。毁坏桥涵2826座(处)，县城一座拥有774年历史的万安大桥和1996年新建的悬索桥被洪水冲毁，3条出县公路和5条乡镇公路多处坍塌，毁坏路基660公里。冲毁输电杆15700根合1561公里，冲走变压器87台，毁坏水电站18座；倒塌通讯杆7800根，冲断光缆72条。7个乡镇87所学校的126幢校舍被淹受损，面积达18900平方米。7

---

① 本文由县委办公室提供。

个乡镇卫生院被淹受损，县医院CT机、X光机、B超碎石机及中西药房全部被淹。城区65%的店面和4个乡镇街道95%的店面被淹。全县10个乡镇92个村(居)委会全部受灾，受灾人口高达98%，造成的直接经济损失达11.8亿元。

这场特大洪灾牵动了党中央、国务院和省、市领导及驻闽部队首长的心。洪灾发生当天，国务院总理朱镕基、国家副主席胡锦涛、国务院副总理温家宝、军委副主席张万年、国务委员王忠禹等中央领导分别做出重要批示。省委书记宋德福、省长习近平、省政协主席陈明义和市委书记苍震华、市长叶继革等省、市领导对建宁抗灾救灾提出具体要求。在洪灾发生后的危急关头，省委、省政府、驻闽部队及时派出600多名部队官兵和300多名武警、消防官兵跋山涉水、日夜兼程赶赴建宁抗洪救灾。同时派出两架直升机，空运救援物资。6月22—23日，中央政治局委员、国务院副总理温家宝受中共中央总书记江泽民、国务院总理朱镕基的委托，亲自带领国务院办公厅、水利部、国家计委、民政部、国土资源部、卫生部、财政部等7个部委领导，在省、市委、政府领导的陪同下，深入建宁灾区第一线，视察灾情，慰问灾民，指导灾后重建工作。

在这次抗洪抢险过程中，县委、县政府始终把人民群众的生命财产安全放在第一位，及时组建全县抗洪救灾指挥部，成立由县领导挂帅的紧急抢险、医疗救护、双重动员、信息联络、安全保卫、物资供应等6个领导小组和恢复供水、供电、交通、通讯及卫生防疫等12个工作小组。6月16日当天，组织了由公安干警、武警、人武干部、民兵、机关干部、企业职工组成的城区抗洪抢险突击队3000余人，充分利用冲锋舟、橡皮艇、竹排、木板等一切可以抢险的工具，全力解救被洪水围困在危房内的城区群众5000多人、学生200余名、解救伤病员17人、抢救财物160余万元，全县共解救并安全转移被洪水围困的群众4万多人，涌现出“舍小家、为大家、不顾疲劳、连续作战”和“亲帮亲、邻帮邻、轻灾帮重灾、无灾帮有灾”等许多可歌可泣的动人场景。洪水过后，县委、县政府及时把工作重心转移到“一清”(清淤)、“五通”(通电、通水、通路、通讯、通广播电视)、“四有”

(保证灾民有饭吃、有衣穿、有药医、有房住)上来,全县各级各部门迅速投入到恢复生产、重建家园中去。在驻闽部队、武警、消防官兵和省、市交通、电信、电力、移动、联通、水利、农业、建设等部门技术力量的帮助支持下,不到一周城区基本恢复了“五通”,清理了堆积如山的淤泥。中央、省、市紧急下拨救灾款物,社会各界纷纷献出爱心。县民政部门共接收上级下拨的救灾款 976 万元、救灾捐赠款 445 万元,救灾帐篷 620 顶,县外捐赠款 89.78 万元,县内捐赠款 51.81万元,县内外捐赠衣物 22 万件,棉被毛毯 6816 床,方便面、饼干等食品 2150 件,矿泉水、纯净水 1901 件,其他 1229 件,大米93.64 吨,水泥 622 吨。全县抢种、补种、改种 5 万亩,补栏仔猪 2.5 万只,投放鱼苗 1967 万尾,修复塘坝 428 座、修建临时草木坝 250 处,分别占水毁塘坝总数的 56%和 33%,修复水毁水渠 310 公里,投入修复水利、水毁设施的资金达 1940 万元,劳动工日 93 万多个,恢复和临时恢复农田灌溉面积 16 万亩,修复水毁农田 4.08 万亩;因灾需重建的 5288 户,进行集中重建 2665 户、分散重建 2623 户,年底基本建好一层以上,春节搬进新居的有 4895 户;修复校舍 105 所,重建校舍 18 座。

附录四　2008年建宁县抗击雨雪低温冰冻灾害纪实[①]

从2008年1月24日起，建宁县遭受57年来最严重的雨雪低温冰冻灾害，为历史罕见，持续反复，受灾极为惨重，全县电网完全瘫痪、供水工程和管网全面受损、林业遭受灭顶之灾、通信严重受损、出县通道一度中断，工业、种植业、畜牧水产业、民房等均不同程度受损，全县直接经济损失达10.98亿元，给国民经济和人民财产造成重大损失，受灾程度为全省之最。

一、受灾情况

此次雨雪低温冰冻灾害历史罕见，体现在：持续时间长，从1月24日至2月8日，持续反复出现雨夹雪、冻雨、小雪、雨凇天气，长达16天；受灾范围广，全县9个乡镇99个建制村（居）全部受灾，受灾人口11.2万人，占全县总人口的75%；受灾程度重，全县直接经济损失达10.98亿元，特别是电力、通讯、广电、供水等重要基础设施和林业遭受重创。全县主要受灾情况如下：

1.供电方面：电网停运线路10KV以上48条，630台配变停运，倒断杆10963基。直接经济损失约8000万元。

2.通讯和有线电视方面：各类通讯基站受损226个，倒杆、倾杆4440根，线路受损649.5公里；广播电视损毁光缆186公里、电缆702公里，光发射机13台、光接收机117台。直接经济损失约2019.9万元。

---

① 本文由县委办公室提供。

3.供水方面:损坏城区供水工程1个,损坏乡镇供水工程7个,损坏村级供水工程343处,供水管网180.4公里,一度影响饮水人口11.35万人。直接经济损失的1480.4万元。

4.林业方面:林业受灾面积208万亩,占林业用地面积的98.1%,特别是马尾松中幼林、阔叶树类的生态公益林、混交林、毛竹林遭受毁灭性破坏。直接经济损失约8.2亿元。

5.农业方面:农作物受灾面积4.83万亩,其中绝收0.72万亩。死亡牛490头、生猪2089头、家禽20510羽,水产养殖损失2218亩,牧草受灾面积2350亩。直接经济损失约2290.7万元。

6.交通方面:交通受阻最严重时,曾一度造成5条出县公路中的建宁至广昌、南丰、泰宁、明溪方向4条公路中断,通7个乡镇所在地公路中断,通25个建制村公路中断,绝大部分通自然村公路中断且行走较为困难。直接经济损失约1305万元。

7.工矿企业方面:因电力中断,造成全部工矿企业停产,部分工矿企业厂房、仓库压塌、机器损坏。直接经济损失约9295万元。

8.房屋财产方面:因灾倒塌房屋337间、受损房屋92445间。直接经济损失约2799万元。

9.文化教育方面:城区和乡(镇)文化设施及各中小学校基础设施不同程度受损。户外文化设施损坏12处,村级文化室损毁20间,省级文化示范产业基地受损严重。直接经济损失约607万元。

二、抗灾救灾工作

面对恶劣的天气、严峻的形势、特殊的时刻(春节),全县抗灾救灾工作在省市委、省市政府的亲切关怀和有力指挥下全面展开,省委书记卢展工除夕前率张志南副省长及省直有关部门负责人亲临建宁视察灾情、慰问灾民、指导抗灾,李川副省长多次来电了解灾情、部署抗灾救灾工作,市委、市政府领导多次深入灾区一线,指导抗灾救灾,慰问受灾群众。省民政、电力、通讯、交通、财政、林业等部门和武警总队领导深入灾区一线坐镇指挥。动员全社会一切力量和资源投入抗灾救灾。

全县广大干群迎难而上，有序、有效地防抗了这次历史罕见的冰冻灾害。县委、县政府灾前连续下发通知，要求做好防抗低温冰灾的工作，随天气恶化，及时启动抗灾救灾预案，对防抗冰灾工作进行全面安排部署。全县取消双休日，取消影响抗灾救灾的一切会议、活动，一切以抗灾救灾为中心。紧急成立了县防抗低温冰冻灾害抢险指挥部，下设农村生活生产、电力保障、交通保障、供水保障、通讯保障、市场供应、社会稳定、紧急救援、宣传报道等9个应急工作组。灾情初步缓解后，又立即成立电力调度、林业生产恢复、重建电网和救灾捐赠款物接收发放等4个工作组，有效指挥、高效运作，推进灾后重建和恢复生产迅速开展。围绕“保民生、稳秩序、促重建、快复”的目标，根据灾害的不同阶段，分别采取了确保群众生活、确保电力抢修、确保道路畅通、确保信息畅通、确保市场供应、确保安全稳定、确保高效调度等“七个确保”以及灾后自救、恢复重建的具体措施。根据灾害损毁情况，县委县政府制定了《电力重建调度方案》《林业灾后恢复工作方案》《农业灾后恢复工作方案》《灾民倒房损房恢复重建方案》以及《工矿企业生产恢复方案》，进一步明确阶段性工作目标和工作任务，确保灾后恢复各项工作有条不紊、有序进行。中央、省、市紧急下拨救灾款物，社会各界也纷纷献出爱心。县民政部门共接收上级下拨的救灾款429万元，下发棉被5685床、棉大衣300件、棉衣裤1000套、绒衣裤1000套、毛毯490条，食用油1836升，蜡烛13万支，多功能灯1390台。

妥善安置受灾群众生产生活：灾情发生后，县主要领导、各级领导干部迅速动员组织各驻村工作队、应急小分队、民兵预备役等奔赴抢险救灾第一线，转移危险地带群众。全县组建163支应急小分队，成立26个临时党支部，深入受灾最重地区帮助清雪、清除路障、运送物资。组建了3个供水专业抢修分队，深入灾区，帮助抢修受损管道。针对房屋受损的，立即组织调瓦片等原材料，发动群众自力更生，及时、全面开展修复工作；对房屋严重受损户及倒房户，及时转移灾民并帮助他们落实临时住所。同时，设立粮油供应、燃料供应、市场秩序整治、食品安全等7支专门工作组，加大对大米、面粉、面条、猪肉、食用油、蔬菜以及成品油等生产生活必需品的调运，紧急调进 47 台小型柴油动力碾米机分送至各灾区，紧急调进大米 900 吨、生猪 300 头，并指定定点超市平价供应，有效平抑市场物价。储备柴油 100 吨，汽油 90 吨，液化气 25 吨，确保市场供应充足。通过采取一系列保障措施，确保抗灾救灾和受灾群众生产生活需要。

电力方面：认真制订抢修方案，合理调度整合人力、技术员工、工程机械，分乡镇、分片区全力抢修电网。省、市电业局大力支持，及时调配 9 辆移动发电车供建宁县应急使用。省电力系统共调集 280 多支队伍 1 万多名电力抢修人员，省武警总队调派 1400 多名武警官兵，县乡组织 4000 多名壮劳力全力抢修受损电力设施。为加快电网抢修重建、全面恢复，2 月 21 日，县委、县政府发出致乡（镇）党委书记、乡（镇）长的信，要求各乡（镇）必须强化后勤保障、强化劳力保障、强化交通保障，落实责任、加强力量、合理调度、确保安全等四项工作要求，全面有序推进电力线路修复和杆线架设工作，经过抢修人员奋战，共新立电杠约 15000 根，恢复线路 774.49 公里，2 月 21 日 110 千伏荷泰线恢复与省电网连接，2 月 26 日全县城乡基本恢复正常供电，在近一个月的时间内完成了全县电网的抢修重建，创造了全市乃至全省电力建设的奇迹。

道路方面：全县出动道路抢修人力 2100 多人次，在结冰路面抛洒融冰工业用盐 30 吨、沙粒 650 方，及时抢通了建宁至宁化、泰宁、南丰等方向道路。全面清除路障，在危险路段设置安全警示标志牌 156 块，对极易引发交通事故的路段进行封闭并安排专人值守。加强运力调度，停止路况危险的客运线路营运，疏散车辆 683 辆次，疏散滞留旅客 2170 余人，全县未发生交通事故，确保了旅客生命安全。相继恢复所有出县通道、县通乡、乡通村、村通组道路。

信息方面：组织电信、移动、联通、广电等部门抢修队伍对全县各类通信线路进行拉网式巡查，及时抢修受损线路。针对基站停电不能发送信号的情况，移动、联通、电信公司紧急调运 80 多台柴油发电机分送各乡镇，临时恢复通讯信号。移动、联通基站 100％修复，通信信号恢复正常；至 2 月底全面修复了受损广电设施。

林业方面：全县组织林业技术人员 43 人组成 18 个受灾山场鉴定设计小组，按照“就地鉴定，就地签字，就地设计，就地审批”的原则，简化规划审批手续，加快推进受灾林木鉴定工作，确保受灾林木得到及时清场下山。抢抓林时，采取有效措施组织县内、外劳动力投入受灾林木清理、苗木调运、林地准备、补植补种和更新造林。设计清理面积 48.2 万亩，完成更新造林 3.41 万亩；完成受灾林木鉴定 4214 片，设计清理面积 51.6 万亩；完成受灾林木清理 3400 片，清理面积 39.2 万亩；造林地准备 23 万亩。

农业方面：派出农业技术人员指导农民加强田间管理，通过清沟排水、防治病虫害、补种补植、整修栽培棚架等措施，减少农民损失。重点对全县 15 万亩黄花梨、桃等果树实施修剪整形、高接换种，更新品种等果园改造措施，加强果园管理。蔬菜补苗 3500 亩、改种 2200 亩、果园改造恢复 3.1 万亩；整修食用菌棚架 50 万平方米，恢复食用菌生产 200 万袋。整理加固覆冰和溶冰损坏的烟苗棚和受损烤房，及时对受冻烟苗进行查苗补苗，加强烟苗田间管理，确保当年烟苗的充足供应，抢晴移栽，全县 10082 亩翠碧一号烟叶至 2 月 20 日已全部移栽完毕。及时修复受损栏舍、池埂等养殖设施，抓好畜禽、鱼苗的补栏、增养，组织做好猪、禽苗的调剂和调运，做好灾后动物免疫和疫病监测。修复畜禽舍 140 间，增养生猪 3200 头，占损失的 156%，增养禽 6.5 万羽，占 315%，修复鳗鱼养殖保温棚 1.2 万平方米，占 60%，修复养殖进排水、池埂等设施 234 处、2420 米，占 60%。

水利方面：成立供水修复工作组，制定重建工作方案，倒计时安排好工作任务，全县组织了 14 支 1100 多人的抢修队伍，投入资金 1190 余万元，临时性修复水源设施 350 处，供水管道 180 千米，已修复城区供水水源点引水渠道 2.1 千米，修复城区供水管网 12 千米；灌溉排涝设施 16 座，渠道 59 千米，水文测站 10 个。有效保证全县的正常生活用水。

房屋恢复情况：全县受损较轻的房屋基本修复，占 80%，对重建的，选定 6 个灾后集中重建点，安排 150 户重建户；对 67 户分散重建户进行规划选址。

工矿企业：全县所有受损工矿企业均已恢复正常供电，除华峰矿业等个别因灾倒塌厂房的企业正在修建厂房外，其余企业均已恢复正常生产。

2008年2月26—27日，全县欢送参加抗灾救灾电力抢修队伍和参加抗灾救灾武警官兵。感谢关心支持并派出人力、物力帮助我县抗灾救灾的福建省电力公司和福州、厦门、漳州、龙岩、宁德、三明电业局，福建省水口发电有限公司，福建省第一、第二电力建设公司，福建亿力电力物资有限公司以及武警福建省总队直属支队、福州支队、三明支队，参加抗灾救灾的292支10867名电力抢修队员、参加抗灾救灾的全体官兵！感谢他们放弃春节假期，赶赴建宁灾区，顽强奋战在电网抢修重建第一线，为建宁提前实现全面恢复供电目标、加快灾后恢复生产步伐赢得了宝贵时间，做出了巨大贡献。

在这次抗击低温冰冻灾害中，全县各级各部门同心协力、不懈奋战，广大党员干部团结一心、顽强拼搏，涌现了一批抗击低温冰冻灾害的先进集体和先进个人。建宁县供电有限公司等5个单位和何启荣等11名同志分别被省委、省政府授予全省“抗击雨雪低温冰冻灾害”先进集体和先进个人称号，中共建宁县里心镇委员会等8个单位和路钢等28名同志分别被市委、市政府授予全市“抗击雨雪低温冰冻灾害”先进单位和先进个人称号。为表彰先进，弘扬抗击低温冰冻灾害精神，县委、县政府授予濉溪镇圳头村等49个集体“全县抗击低温冰冻灾害”先进集体称号，授予姜景亮等94名同志“全县抗击低温冰冻灾害”先进个人称号。

附录五　党史论文摘要

2008 年 8 月 27 日，中国中共党史学会、中共福建省委党史研究室、中共三明市委联合在福建省三明市建宁县举办“中央苏区历史地位与发展・建宁论坛”，研讨中央苏区创建发展、反“围剿”斗争、苏区各项建设的成就和经验教训，并汇编了《横扫千军如卷席——“中央苏区历史地位与发展・建宁论坛”论文集》（中共党史出版社 2009 年版）。其中，《闽西北——中央苏区的重要战略基地》《建宁——中央苏区东东北部的前进基地和屏障》《建宁在中央苏区中的独特作用》《横扫千军如卷席——喜读毛泽东在建宁所作诗〈渔家傲・反第二次大“围剿”〉》4 篇论文，论及建宁在中央苏区的历史地位和作用，摘要如下。

1.《闽西北——中央苏区的重要战略基地》

作者林强，中共福建省委党史研究室原副主任、研究员。论文从以建宁为中心的闽西北革命根据地是“被毛泽东称为‘好区域’，列为红军主要工作区及筹款区”、是“中央苏区反‘围剿’作战的主战场和重要指挥中心”、是“开展东方战局的战略要地”三个层面，论述了以建宁为中心的闽西北和闽赣边革命根据地在中央苏区的扩展巩固和反“围剿”军事斗争中的战略地位和作用。

2.《建宁——中央苏区东北部的前进基地和屏障》

作者王新生，中共中央党史研究室第二研究部处长、研究员。论文从建宁是中央苏区向东发展的必争之地，是中央苏区第五次反“围剿”东部战线的主要战场，以及建宁在第二、三、四、五次反“围剿”中的重大作用与贡献等方面展开论述，得出建宁是中央苏区东北部的前进基地和屏障的重要结论，突显出土地革命时期建宁苏区的重要的历史地位与贡献。

3.《建宁在中央苏区中的独特作用》

作者叶心瑜，中共中央党史研究室研究员。论文从建宁与中央苏区五次反“围剿”的关系，毛泽东军事战略战术思想与红军正确作战原则的形成、丰富、发展，无线电和炮兵军兵种在建宁的建立等角度论述了建宁革命根据地的创建发展对中央革命根据地的巩固发展、毛泽东战略战术思想与红军作战基本原则的形成、红军军兵种与装备的完善、中国革命的胜利所做出的独特历史作用和贡献。

4.《横扫千军如卷席——喜读毛泽东在建宁所作诗〈渔家傲·反第二次大“围剿”〉》

作者黄修荣，中共中央党史研究室第一研究部原主任。论文以“横扫千军如卷席”为题，从读毛主席诗词《渔家傲·反第二次大“围剿”》切入，全面分析第二次反“围剿”的背景和过程，热情讴歌红军第二次反“围剿”从江西富田到福建建宁“七百里驱十五日，横扫千军如卷席”的伟大胜利，毛泽东关于依靠群众、诱敌深入打歼灭战的伟大军事思想和建宁为中国革命做出的巨大贡献。

附录六　大事记(1924—2017年)

1924—1930年

1924年3月，建宁县伊家乡高岭村进步青年陈纲，报考国共两党在广州创办的“黄埔陆军军官学校”，被录取为第一期学员，编入第四队。

1925年7月，黄埔军校生上尉排长陈纲在广州“沙基惨案”中，为掩护“省港大罢工”的群众疏散时不幸中弹牺牲。建宁各界群众在明伦堂召开追悼陈纲烈士大会，声讨英帝国主义的罪行。

1926年10月，建宁进步人士张久祯(云松)、黄农、宁李泰赶赴江西南丰迎接北伐军——国民革命军十四军李昌明、邱云福2个支队1000余人进建宁，随即成立国民党建宁筹委会，在建宁城乡发行《向导》《新青年》《社会革命史》等进步书刊，传播马克思主义，宣传孙中山的“联俄、联共、扶助农工”三大政策。

1927年1月21日，实行新县制，改知事为县长，曾玉霖为第一任县长。

同年1—2月，建宁县工农群众举行各种活动，庆祝北伐胜利。宣传“打倒军国主义”“打倒列强”“打倒封建军伐”“打倒土豪劣绅”“推翻神权、族权、夫权，实行男女平等”等革命口号。

1929年春，建宁县发生严重饥荒。工农群众在赣南、闽西革命形势影响下，自发组织起来，与官府和豪绅开展斗争，要求开仓赈灾，反对派款、逼债、征兵、拉夫。九月，革命进步人士张久祯组织青年自卫武装，攻打县城，击溃国民党军马鸿兴的三个连，推翻反动政权，成立建宁县民主自治政府，废除苛捐杂税，将粮食平价售给饥民。10月，国民党马鸿兴卷土重来，攻占建宁城。张久祯率自卫团撤离县城，在里心西麓峰遭国民党军包围袭击。建宁民主自治政府消散。

同年6月，县城各界人士在南门民众教育馆集会，举行禁烟纪念日活动，并焚烧烟土烟具。

同年7月1日，县公署改称县政府，警备队改为公安局。

1930年1月，中国工农红军第四军第二纵队由闽西转战赣南，一部途经建宁西南的伊家湾、山下、中畲等地挺进赣南。

1931年

2月19日，中国工农红军第四军从江西广昌、南丰县进入建宁西北地区，打垮地方反动武装，建立革命根据地。

5月30日，毛泽东、朱德率领红一方面军抵达建宁里心，当晚在里心召开总前委第四次会议，研究部署攻打建宁县城作战方案。

5月31日，红三军团、红十二军分三路围攻建宁城，歼灭敌刘和鼎第五十六师7000余人，取得第二次反"围剿"最后一仗的胜利。

6月2日，在南门广场召开军民祝捷大会。毛泽东、朱德在大会上讲话。宣布成立建宁县人民革命委员会，聂景祥任主席。准许商业自由，扶持中小商人合法经营，发给工商业者执照，取消苛捐杂税。

6月中旬，建宁先后成立黄埠、里心、桂阳、渠村4个中心区人民革命委员会，组建中国共产党中心区委员会。同时成立农会、妇代会、游击队、赤卫队等组织。毛泽东、朱德在南门广场检阅了妇女赤卫队。下旬，红军总部将建宁、广昌、南丰三县游击队700余人合编为中国工农红军南广建独立团，下设7个连，建宁编成5个连。桂阳游击队编为第三连，连长张维国。

7月1日，红一方面军总部机关在建宁溪口总部会议室召开中国共产党成立十周年纪念会。

7月初，毛泽东、朱德在溪口红军总部召开军事会议，总结第一次、二次反"围剿"经验，研究第三次反"围剿"部署，制定"千里回师"

的决策。会后,毛泽东发出第三次反“围剿”动员令。

7 月 10 日,毛泽东、朱德率红一方面军从建宁启程“千里回师”赣南,12 日出建宁县境进入江西省广昌县。当天,建宁县党政机关人员编为建宁游击队,在县革命委员会主席聂景祥带领下,在建宁、泰宁边界开展游击活动,后编入南广建独立团。

11 月 7 日,建宁革命根据地派出代表,参加在瑞金召开的中华苏维埃共和国第一次工农兵代表大会。宣告成立中华苏维埃共和国临时中央政府。从此建宁成为中华苏维埃共和国所属 21 个县之一。

1932 年

5 月 7 日,红军击溃驻桂阳的国民党军周志群部第二营及地方团匪。

10 月 18 日,周恩来、朱德率红一方面军第一、三、五军团,红二十二军攻占建宁县城,歼敌周志群部 500 余人。

10 月底,建宁先后恢复和建立县、区、乡三级苏维埃政权。同时成立农会、贫农团、儿童团、工会、妇女会,组建赤卫军、少年先锋队,游击队等地方武装。由红五军团政治部负责组建中共建宁县委,余泽鸿任书记。

11 月,建宁农村全面开展土地革命。城区工人按照苏维埃劳动法,实行八小时工作制。同月,成立中国工农红军建宁独立团。并将建宁、泰宁边界游击队合编为中国工农红军建泰独立团。召开建宁县第一次苏维埃代表大会,成立县苏维埃政府,选举徐增林为主席。

12 月,中华苏维埃共和国国家银行设建宁分行,驻南门徐家屋。发行苏维埃纸币(红军票),开展“现洋换钞”业务。

1933 年

1 月中旬,中共建宁县委升格为建宁中心县委,亦称建黎泰中心县委。辖泰宁、黎川 2 个县委和建宁县各区委。中心县委书记余泽鸿。

2月10日，建宁城区工人在工会领导下，成立罢工委员会，宣布罢工。

2月19日，里心区工人举行罢工、反对资本家的压迫与剥削。

2月28日，江西省委调62名干部来建宁加强各级领导力量。

3月5日，建宁少年先锋队模范师成立，师长杨遇春，政治委员高传遴。

3月13日，建宁模范少先师进占梅口，击溃刘和鼎部。

4月4日，建宁模范少先师一部，将进犯均口之团匪、大刀会300余人击溃。

4月13日，江西军区司令员陈毅到建宁视察指挥地方武装工作，为建立闽赣省军区作准备。

4月21日，建宁模范少先师直接编入红军主力。

4月底，建宁中心县委宣传部长、妇委书记吴静焘，妇女部长刘志敏，从江西开会返回建宁途中，在双溪口黄泥潭遭大刀会团匪袭击，吴中弹牺牲，刘负重伤。

4月30日，共青团建宁中心县委共有团员948人。

5月，建宁选派张先发等为代表，出席在黎川湖坊召开的闽赣省工农兵临时代表大会，宣告闽赣省成立，邵式平任主席。

同月，中共建宁县委响应中央局号召，积极发展新党员，安寅区发展新党员151名，城市区发展党员22名。

5月14日，闽赣省委书记顾作霖，省革委主席邵式平来建宁指导工作。

5月21日，闽赣省委决定撤销建宁中心县委，恢复建宁县委。彭臬任中共建宁县委书记。

5月底，中国工农红军里心独立团成立，辖4个连，500余人。

6月1日，根据中央政府的训令，建宁各区、乡开展查田运动。

6月6日，根据中央局关于扩大红军的决议，建宁各区游击队、少先队踊跃参加红军和少共国际师。

6月28日，按照闽赣省关于征收土地税草案的规定，建宁开始征收土地税。

8月,建宁各级苏维埃政府,遵照《苏维埃暂行选举法》,普遍进行选民登记、发放选民证,开展普选。中旬,红军闽中独立团在建宁组建。下旬,建宁、泰宁边界的溪口(溪源)、大田、新桥游击队在溪口成立中国工农红军建泰独立团。

9月初,建宁查田运动结束。

9月5日,建宁县、区两级内务部长出席在江西瑞金召开的北部18县的选举会议。

9月中旬,建宁各区乡分别召开选民大会,选举区乡苏维埃政府组成人员和出席县代表大会的代表。

9月25—26日,建宁县第二次工农兵代表大会在中山堂召开。闽赣省派钟世斌到会祝贺。主席团主席做县苏维埃政府工作报告。大会选举孔士安为县苏维埃政府主席。

10月18日,中华苏维埃共和国中央政府为粉碎国民党军的第五次“围剿”,发出紧急动员令。建宁各级苏维埃政府积极响应。动员18～23岁青年踊跃参军参战,40岁以下的青壮年参加赤卫队。同时成立4000余人的担架队、运输队、救护队、妇女洗衣队等组织,支持主力红军开展第五次反“围剿”。

11月初,闽赣省委、革委会、军区机关迁驻建宁县城。省委驻城内天主堂,省革委会驻华美小学,省军区驻下丁家屋。

11月中旬,建宁城区工人购买建设公债9000余元。

12月4日,中国工农红军建宁警备区成立,任命叶剑英为司令员。

12月5日,闽赣省妇女,女工代表大会在建宁县城召开。

12月12—15日,闽赣省第一次工农兵代表大会在建宁文庙召开。中央政府代表周恩来、朱德在大会上讲话,邵式平做报告。宣告闽赣省苏维埃政府成立,选举邵式平为主席。

12月中旬末,红三军团指挥机关从黎川前线移驻建宁。

1934年

1月初，闽赣省黎南县在建宁溪口（溪源）区都团乡成立。辖建宁溪口区，泰宁新桥、大田和黎川南部部分地区。

1月21日，中华苏维埃第二次代表大会在瑞金召开。建宁县苏维埃主席孔士安当选为中华苏维埃共和国中央执行委员。

1月25日，敌七十九师向建宁毛坊的寨头隘进攻。红五军团奋起反攻。

1月26日，敌军占领邱家隘。

1月29日，建宁工人总同盟成立“罢工与战争动员委员会”。动员1000多人组成担架队、运输队，支持主力红军作战。

2月1日，山岬嶂（山隔段）战斗打响。

3月，建宁县苏维埃政府动员3600余名少先队员参加担架队。组织赤卫队抗击地方团匪。

4月，《红色中华》172期报导“建宁一个月内扩大赤卫军1140人”。中旬，组织赤卫队450多人帮助红军抢修工事。

4月23日，国民党军汤恩伯三个师兵力，由泰宁向建宁推进。

4月28日，敌汤恩伯纵队第八十八师占领挽舟岭。

5月2日，敌汤恩伯的第十、八十八师占领茅店。

5月9日，敌周浑元3个师的兵力，占领建宁北线勾桥（今芦岭）和将军殿（今将上）。

5月10日，敌汤恩伯部第十四师向洛阳堡（今大源）的雪山崇进攻，被我红军三十四师击溃。敌师长李默庵狼狈逃回茅店。

5月12日，敌周浑元纵队进占安寅。

5月13日，敌汤恩伯部向武镇岭进攻，次日武镇岭失守。

5月15日，敌周浑元第五、九十六、九十八师在飞机大炮的掩护下，向驻马寨进攻。红军战士血战一天两夜，退出驻马寨。

5月16日，建宁县城在第五次反“围剿”中失守。

同日，红七、红九军团掩护闽赣省党、政、军机关撤至伊家都上村。县委、县苏政府及地方武装撤到罗源、中畲一带。

5 月 17 日,各部主力红军分别撤到建宁西南的双溪口、汪家铺、均口、里心一带,准备作战略转移。闽赣军区奉命将所属地区划为第一、第二作战分区和军区直辖区。第二作战分区司令部驻建宁县客坊区水尾。

5 月下旬,中共建宁县委、县苏维埃机关和县游击队 400 余人,在建宁西南坚持游击战。县委、县苏协助闽间谍军区第二作战分区司令部在水尾设兵工厂、红军医院、苏区银行等机构。

7 月,黎南县委,县苏维埃机关和游击队在溪口双旻石突围后,转移到里心编入建宁县游击队。

7 月底,闽赣省委、省苏维埃、省军区机关从都上村迁至澎湃县李坑村。

8 月 6 日,闽赣战地委员会在建宁前线做出武装保卫秋收的决定。中旬都上、澜溪、罗源、客坊、均口等地游击队、赤卫军同群众开展武装保卫秋收。

9 月,均口游击司令部配合红军在均口、修竹、伊家一带打游击。

9 月,红军主力和闽赣省机关向建宁西南和宁化方向撤退,部分地方武装逐步向中央苏区中心区域集中后参加长征,另有部分地方武装则辗转闽赣边、闽西、闽中开展游击战争。

10 月,建宁独立团同康都游击队合编闽赣独立十七团。团长郭清义、政委周乐生。

11 月,建宁党、政、群团机关工作人员,游击队,广北游击队,宁化边界游击队在水尾合编为“闽赣基干游击队”,共有千余人。司令员黄学清。下辖 3 个大队,9 个中队,27 个小队,另设机枪连、通讯班、侦察队、卫生所、修械厂等单位。坚持在闽赣边界开展游击活动。

1935 年

1 月,均口特区游击队并入闽赣军区十八团。

2 月,闽赣基干游击队在边界开展分散的游击活动。

3 月,闽赣基干游击队突破敌人封锁线,向赣南方向转移。

6月，闽赣基干游击队一个小队在龙门山白云寺被国民党“清剿”军和保卫团包围。白云寺被烧毁，游击队员与重伤员壮烈牺牲。

1936—1948年

1936年，闽赣基干游击队一部与闽北游击队汇合，坚持在建宁、泰宁边界打游击。

同年9月，全县把6个区公所改划成3个区署，为县政府派出机构，共辖24个联保、113个保、1136个甲。

1937年1月，闽北游击队第二纵队在建宁、泰宁边界开辟游击根据地，袭击省驻建宁保安队一部。2月，袭击国民党建宁县第二区署(今溪源)，活抓区长等人，收缴区署枪支等物资。

同年7月，抗日战争暴发，县成立抗敌后援会，文化界成立抗日剧团，开展抗日救亡运动。

1938年2月，原闽赣省军区十七团政委周乐生(建宁籍)，在战斗中负伤，回家养伤。抗日战争爆发后，周乐生赴南昌新四军办事处，参加皖南云岭军部第一教导队任政治教导员。

1939年7月7日，县内各界人士为卢沟桥事变两周年举行抗日集会。

1941年6月，政府发行战时公债，发起捐献“合作号”飞机捐款活动。

同年7月，时任新四军十六旅四十七团政治部主任的周乐生，在江苏金坛县突围战斗中牺牲，时年27岁。

1942年8月，成立建宁县立简易师范学校。

1945年8月15日，日本宣布无条件投降后，建宁各界群众在文庙召开庆祝抗战胜利大会。

1946年2月，当时坚持隐蔽斗争的中共福建省委决定武装挺进闽赣边区，恢复建宁南部的岭腰等地的边界苏区。3月，闽北游击队在建宁、明溪、泰宁三县交界的俄坑、金铙山、袁庄等地开展游击活动。

同年8月27日，县举行孔子诞辰纪念，县长黄永滋到文庙主祭,各界人士参加,仪式隆重。

1947年7月,闽赣边界游击队率武工队深入建宁,发动群众,开展工作。

同年,县扩大税捐,开征竹、木、土纸和麻雀船等土特产税。

1948年11月,中国人民解放军热辽第二十一军分区教导大队教导员李林(建宁大源村人)在辽宁牺牲,时年32岁。

1949年

4月,县内若干青年秘密组织“青年联谊社”,准备迎接解放军解放建宁。

6月,国民党军七十三师残部和交通警察千余人及伤兵溃退广东,途经建宁。

8月,建宁、泰宁、宁化、清流、黎川、南丰、广昌、石城等8县国民党地方反动武装的头目,在里心朱家召开“联防会议”,策划应变,妄图负隅顽抗。

10月8日,人民解放军第四野战军某部经南丰傅坊兵分两路从甘家隘、桃窠夜袭匪徒窠穴,众匪不堪一击,在荒乱中四处逃散。解放军首战告捷,揭开了解放建宁的序幕。

10月27日,人民解放军四八一团三个连进军建宁县城,收缴了何树清、张祖义地方武装的枪支。

11月8日,解放军四十八军一部从广昌进入建宁桂阳,接受朱树棠、夏仕才、吴祖福、刘金标等匪部投诚,收缴枪支400余支。

1950—1970年

1950年2月11日,解放军第三野战军二五〇团七连护送江作宇等地方党政干部30余人抵达建宁。接收旧政权,宣告建宁正式解放。12日,成立建宁县人民政府。

1951年春,中央南方革命老根据地访问团来建宁访问,深入各区乡访问苏区干部群众。同年底,在华美小学召开建宁县第一次老苏区代表大会,选举朱培贵为出席全国老苏区代表大会代表。

1952年1月，参加过二万五千里长征的老红军张运贵同志回乡定居。同年春，朱培贵赴北京参加全国老苏区代表大会，受到毛泽东、刘少奇、周恩来、朱德等中央领导的亲切接见。2月，成立建宁县革命老根据地建设委员会及其办公室。

1953年12月，中央老苏区慰问团来建宁慰问老区干部群众。

1954年6月22—25日，县人民代表大会第一届第一次会议召开，选举出席省人民代表大会的代表。

1955年3月1日，县内发行新人民币，同时回收旧人民币。旧币一万元兑换新币一元。

1956年春，参加过二万五千里长征的老红军王玉祥同志离职休养，回乡探亲。

1957年成立建宁人民报社，次年6月《建宁人民》报创刊发行(1961年停刊)。6月，各级中共组织发动群众大鸣大放，帮助共产党整风。是月底，县属机关首先有计划、有步骤地开展反右斗争。

1958年7月，县委成立党史办公室。9月，成立溪口、均口、里心、黄坊4个公社，全县实现人民公社化。

同年，建宁初中增办高中部，改名建宁第一中学，为建宁第一所完全中学。

1959年5月，全国和福建省土壤普查会议同时在建宁召开。

同年7月，县革命纪念馆建成对外开放。

同年10月，县委根据《农村人民公社工作条例》和省、地委指示，将原来4个公社、74个大队、692个生产队调整为5个公社、82个大队、756个生产队。

1962年5月27日，建宁连日暴雨，引发特大洪水，最高水位9.4米，超过警戒线3.9米，县城街道低处水深1.7米，全县25.5%耕地被淹没，直接经济损失3000万元，死亡15人。

1963年9月3日，福州首批上山下乡知识青年175人到建宁，安置在国营综合农场。

1964年7月1日零时，全国进行第二次人口普查。据统计，建宁总人口71946人，其中男36988人，女34958人；农业人口61312

人,非农业人口 10634 人。

1968 年 10 月 19 日,县革命委员会(简称革委会)成立。

1969 年 10 月 1 日,红一方面军总司令部旧址和毛主席旧居经整修正式对外开放。

1970 年 7 月 1 日起,建宁县由南平地区划归三明地区管辖。

1971—1980 年

1971 年 4 月,建宁森工营组建历史上第一支女子水运队。

同年 10 月 22—28 日,全省"农业学大寨"经验交流会在建宁召开,与会代表 324 人。

1972 年 8 月,由均口划出 7 个大队,成立伊家人民公社。10 月,从黄坊划出 8 个大队,成立溪源人民公社。

1974 年 9 月,县教师训练班更名县教师进修学校。

同年 9 月,里心初级中学更名为建宁县里心中学,并开设高中班。

1976 年 1 月,从城关公社划出 5 个居委会成立城关镇,辖河东、溪口、民主、新生、复兴居委会。

同年 3 月,中央新闻电影制片厂摄制组到建宁拍摄《金溪女将》纪录片。

同年 8 月 12 日,建宁县林业女子水运队李国英出席中国共产党第十一次全国代表大会。

同年,恢复大、中专招生考试制度。建宁县考上大学本科与大专 24 人,中专(含师范)58 人。

1978 年 4 月,溪口公路大桥(青云岭通黄舟坊)动工兴建,次年 12 月竣工通车。

1979 年 1 月 1 日,周恩来同志旧居与红一方面军总政治部旧址经整修正式对外开放。

同年,县民政局抽调干部对全县革命烈士、烈属、"五老"人员进行普查。

同年,建宁县被列为省商品粮生产基地县之一。

1980年11月25日，县政协召开第一届第一次全体委员会议。县八届一次人民代表大会同时召开。

1981—2000年

1981年5月30日，在县影剧院召开建宁县革命老根据地创建50周年纪念大会。

同年12月，吴静焘烈士墓在青云岭建成。

1982年5月，参加过二万五千里长征的老红军潘峰同志(1965年5月离休)回乡探亲。

同年7月1日零时，全国进行第三次人口普查。据统计，建宁总人口23327户、122347人。

1983年1月28日，省老区慰问团到建宁向老区人民作春节慰问。

1984年6月，从客坊公社划出8个大队，成立黄埠公社。

同年9月9日起，改公社为乡(镇)建制。其中里心公社更名为里心镇，城关镇更名为濉城镇，城关公社更名为金溪乡。

同年9月30日，建宁县新建的革命纪念馆正式对外开放，郭化若为纪念馆题写馆名。

1985年5月，对全县“五老”人员进行复查登记，给健在“五老”人员颁发“五老荣誉证”。

同年10月，毛泽东同志、周恩来同志旧居列为省级文物保护单位。

1986年，省定建宁为老区贫困县。省委派出以省轻工厅副厅长王能光为队长的第一支扶贫工作队进驻建宁。省委安排时任副省长的陈明义挂帮建宁。

同年，县委、县政府决定在溪口青云岭新建烈士纪念碑。

1988年3月16日，建宁县均口至明溪县夏坊公路通车。从此，建宁至三明比原线路缩短58公里。

同年夏，时任全国政协副主席杨成武将军来建宁老区视察，参观县革命纪念馆，重访驻马寨阻击战旧址。

1990 年 7 月 1 日零时，第四次全国人口普查，建宁 32850 户，143911 人，男 74344 人，女 69567 人，男女性比例为 106∶100。

1991 年 5 月 30 日，召开建宁县革命老根据地创建 60 周年纪念大会。

1992 年 7 月 5—6 日，全县连降暴雨，仅 4 小时降雨量 85.6 mm，建宁城区进水，乡镇受灾，造成直接经济损失 1357 万多元。

同年 8 月 18—19 日，建宁县首届“中国建莲节”隆重举行，有省、市、周边县及友好县(市、区)的领导和新闻界、省外宾客 638 人，参加边界贸易交流会客商 600 人。节庆期间，举行了大型文艺踩街活动，参加开幕庆典总人数 3500 多人。

1994 年 6 月 15 日，建宁发生特大洪水灾害。城区降雨 235.5 毫米，中午 12 时城区水位 10.9 米，超警戒水位 5.4 米。全县 10 个乡镇 11.8 万人受灾，重灾 2.81 万人。洪灾造成人员受伤 248 人，死亡 17 人，全县直接经济损失 6 亿多元。

1995 年 3 月在北京人民大会堂首批百家中国特产之乡命名大会上，建宁县被命名为“中国建莲之乡”。

1996 年 10 月 14 日，原中央统战部部长童小鹏等一行 7 人莅县视察建宁老区。

1997 年 6 月，建宁县革命纪念馆、毛泽东同志旧居、周恩来同志旧居被省委列为爱国主义教育基地。

1998 年 2 月 17 日，时任省委副书记习近平一行到县考察调研，并参观毛泽东、周恩来旧居。

同年 3 月 5 日，县委、县政府召开周恩来同志诞辰 100 周年纪念大会。

1999 年，反映建宁革命斗争历史资料录像片《在红色土地上》录制完成。

2000 年 3 月，国家林业局、中国经济林协会授予建宁县为“中国黄花梨之乡”。

2001年

5月30日，县委、县政府召开建宁革命老根据地创建70周年纪念大会。同日，由县委宣传部、县老区建设促进会、县老区办编印的《革命老区——建宁》一书正式内部发行。

同年，建宁县首次开通无绳电话网络，首期投入无绳电话基站45个，覆盖建宁城区。

同年，建宁县被省政府确定为全省19个经济欠发达县之一。

2002年

3月7日，建宁县被国家环保总局命名为“第二批国家级生态示范区”。

6月13—16日，建宁连降暴雨，总雨量达541毫米，濉溪上游地区大于600毫米。16日上午洪水猛涨，洪峰水位299.12米，沿河两岸一片汪洋。交通、通讯、水、电中断。全县10个乡镇全部受灾，直接经济损失11.8亿元。23日，时任中共中央政治局委员、书记处书记、国务院副总理温家宝，代表党中央、国务院亲临建宁慰问灾区群众，视察灾情，指导抗洪救灾。时任福建省省委书记宋德福、省长习近平、三明市委书记苍震华等陪同视察建宁灾区，慰问灾区干部群众和前来参加抗洪救灾的解放军、武警、消防官兵，温家宝副总理对指导抗洪救灾做了重要讲话。

7月3日，县委、县政府召开全县抗洪抢险总结表彰暨灾后恢复生产重建家园动员大会。

7月16日，建宁县在城门楼前举行重建万安桥捐赠仪式。在重灾之下，全县干群慷慨解囊，共募得资金400余万元。

12月30日，建宁县殡仪馆建成，县殡葬管理监察大队成立。

2003年

6月2日，重建万安桥清基时，挖出南宋时期的古币、银锭和两头铸铁牛。

6 月,建宁县广播电视实现县乡(镇)光纤联网。

9 月,“入闽通道”明溪经建宁城关至甘家隘公路建设主体工程全面建成。这是全省十条入闽通道公路中一条重要的通道。

11 月 17 日,毛泽东的女儿、全国政协委员李敏莅县,瞻仰毛泽东、朱德、周恩来旧居和革命纪念馆。县四套班子领导洪明德、盛福江、李良臣、徐水泉陪同考察。

12 月 3 日,建宁万安大桥、下坊悬索桥重建工程举行竣工典礼。

2004 年

7 月 17—19 日,铁道部第四勘察设计院专家一行到建宁勘察江西抚州至莆田湄洲湾铁路建宁段走向,进城沿途受到老区群众热烈、隆重的欢迎。

12 月 13 日,县公安局实现“110”“119”“122”三警合一,增设“110 指挥中心”。

2005 年

1 月 14 日,中国老区建设促进会会长王作义(原北京军区副政委、中将)一行到县参观毛泽东、朱德、周恩来旧居和红一方面军总前委、总司令部旧址。

2 月 6 日,中共中央宣传部、国家发展改革委员会等 13 个部、委、局确定建宁县红一方面军总司令部、总前委、总政治部旧址为全国红色旅游经典景区。

12 月 8—9 日,省政协主席陈明义率省发改委、省经贸委、省水利厅、省交通厅及省政协办公厅负责人一行到县考察里心佳兴米业公司、饶山纸业集团、溪口栗树窠灾后集中重建点、县革命纪念馆。这是陈明义挂点建宁 21 年来第 22 次到建宁调研指导工作。

2006 年

2 月,经国务院批准,福建省闽江源自然保护区列入国家自然保护区名单,面积 13022 公顷。

3月29日，经国务院批准，建宁县红一方面军领导机关旧址被列为第六批全国重点文物保护单位。

4月，中央电视台第七套《红土地的记忆》专栏节目来建宁拍摄红一方面军第二、五次反“围剿”在建宁的历史资料。

9月4—8日，铁道部鉴定中心在南昌召开向莆铁路“工可研究”评审会，同意向莆铁路经南丰至建宁走向方案，并同意在建宁县黄坊乡武调新村设建宁县北站。

10月24日，参加二万五千里长征的老红军潘峰同志在湖南长沙五里牌干休所逝世，享年92岁。

2007年

6月，农业部确定建宁县为全国100个农业机械化示范区之一。

9月10—11日，由铁道部鉴定中心常务副主任周孝文带领向莆铁路初步设计审查组领导、专家一行到建宁现场踏勘向莆铁路建宁站址及武夷山隧道出口。

12月17日，泰宁到建宁高速公路项目获省发改委批复立项，该线与江西广昌高速公路相接，全长72.6公里，是海西高速公路网浦城至建宁联络线重要组成部分，沟通国家高速公路网济（南）广（州）线。

12月24日，闽江源森林公园通过国家林业局组织的专家评审。

12月29日，福建省政府公布第三批省级历史文化名镇（乡）、村，溪源乡上坪村被列为省级历史文化名村。

2008年

1月24日—2月8日，建宁县遭受57年来历史罕见的严重持续低温冰冻灾害，导致全县交通、供水、供电、通讯等不同程度中断，森林资源严重受损，造成直接经济损失11.68亿元。未造成人员伤亡。省委书记卢展工等省、市领导到县慰问，指导抗灾救灾工作，省武警总队派出官兵来县救灾，省电力、通讯等部门派出职工来县抢救电力、通讯等基础设施。

2月26日,建宁县举行欢送冰冻灾害抢险救灾官兵仪式,数千名干群夹道欢送援助灾区抗冰抢险救灾的武警官兵。此次抗冰冻灾害期间有省武警总队直属支队、福州支队、莆田支队、三明支队等共1438名指战员投入抢险救灾工作。

2月27日,建宁县举行欢送电力系统抗冰抢险参战队伍大会,数千名干群参加。此次抗冰复电期间,先后有三明、泉州、漳州、莆田、龙岩、厦门、宁德、福州等电业局和福建省第一电力建设公司、福建省第二电力建设公司、福建省水口发电有限公司等共292支抢修队伍10867人,援助建宁县抢险保电工作。

8月26日,中央苏区反"围剿"纪念园举行开园仪式。老一辈无产阶级革命家周恩来的侄女周秉德,朱德元帅的外甥刘康、彭德怀元帅的侄女彭钢、罗荣桓元帅的儿子罗进东、陈毅元帅的儿子陈丹维远道前来参加开园仪式。次日,中共党史协会、省党史研究室在建宁举办中央苏区历史地位与发展——建宁论坛。

11月9日,向莆铁路jx-4A标段暨武夷山隧道开工典礼在建宁县北站举行,标志着向莆铁路建宁段正式动工建设,建宁人民建设开通铁路的百年梦想开始实现。

2009年

5月21日,"建宁县红一方面军领导机关旧址暨反'围剿'纪念馆"被中宣部公布为第四批全国爱国主义教育示范基地。

6月20—22日,建宁县举办首届海峡两岸慈航文化论坛。

12月13日,建泰高速公路开工建设。

2010年

4月8日,建宁县举办中国驰名商标"建宁通心白莲"授牌仪式。

8月,中国经济林协会命名建宁县为"中国无患子之乡"。

9月30日,建宁县体育中心落成。

10月9—11日,全国政协港澳台侨委员会副主任陈明义一行在市委书记黄琪玉、市长刘道崎、市政协副主席刘邦澍,以及县领导盛福江、潘闽生、陈海涛、廖鲁言等陪同下到向莆铁路建宁站、建宁经济开发区、金铙山生态景区、铙纸集团新厂区视察。

11月18日至12月18日，建宁县举办首届运动会。省体育局局长徐正国、三明市副市长陈凤珠出席开幕式。各党委老体协共23支代表队700名运动员进行23个项目的比赛。

12月31日，建宁县举行建宁一中七十周年校庆，省教育厅副厅长薛卫民，省测绘局党组书记何清和，三明市教育局局长李建明，以及部分县副处领导出席。

2011年

6月22日，建宁县举办第二届海峡两岸慈航文化研讨交流活动，来自马来西亚、泰国以及内地佛教界知名人士、专家学者和居士信众上万人参与。

7月26—28日，建宁县承办全省青少年儿童(女子)举重锦标赛。

2012年

6月21日，建宁县举办“喜迎十八大·礼赞新莲乡”第四届端午龙舟赛，9个乡镇和县直有关单位、企业共16支代表队参赛。

9月5日，建宁县中央苏区反“围剿”纪念馆被国家国防教育办公室命名为第二批国家国防教育示范基地，也是全市首个国家国防教育示范基地。

10月，中国科学技术协会授予闽江源自然保护区“全国科普教育基地”称号。

2013年

3月31日，由香港福建希望工程基金会吴健南先生捐资45万港币兴建的芦田希望小学教学楼举行落成揭幕仪式，剪彩仪式上，县政协主席廖鲁言向吴健南先生颁发荣誉校长聘书。

5月16日，空军中将杨东明一行到建宁视察，参观了中央苏区反“围剿”纪念园等。

7月28—30日,首届建莲产业发展研讨会在建宁召开,来自湖北、湖南、江西、浙江、福建等地的专家、学者及新闻媒体记者等100余人参加会议。

9月26日,向莆铁路建宁县北站正式通车运行,建宁群众自发组织舞龙队迎接向莆铁路通车。三明段总里程223.52公里,建宁段总里程19.32公里,建宁是向莆铁路进入福建省的第一站。

9月28日,省老领导陈明义在市领导邓本元、杜源生、程立双陪同下到建宁视察。陈明义一行先后察看了华新笋业公司、建莲电子商务公司,建宁县北站、武调新村建设,到客坊乡及龙溪村慰问,并在龙溪村召开座谈会。县领导林守钦、潘闽生、廖鲁言、曾贤平等全程陪同。

11月8日,建宁县至泰宁县高速公路正式通车运行。

12月23—29日,中央电视台大型系列节目《远方的家》摄制组到县拍摄《江河万里行》开篇剧。

2014年

8月19日,建宁县举行新成立的城关中学、调整后的职业中学、第三中学(智华中学)挂牌仪式,标志着建宁县城区中学布局调整已基本到位。

11月2日,建宁县举行朝阳门楼的修建工程竣工揭牌仪式,三明市副市长林守钦、县长潘闽生出席,潘闽生、黄毅为朝阳门楼揭牌。

2015年

7月15日,“2015中国·建宁第十届海峡诗会”开幕,有40多位诗界名家和新华社、经济日报、中央电视台等多家媒体参加。

8月25—26日,由省扶贫“两会”与省社科联联合举办的全省科技与社会扶贫研讨会在建宁县召开。

10月27日,中国县域电商发展峰会暨“互联网+”农产品对接会在建宁县举行。

12 月 24 日，建宁县获得 2015 年全国“平安农机”示范县称号。

2016 年

1 月 15 日，浦梅铁路建宁至冠豸山段获批，经建宁、宁化、清流、连城，终点至赣龙铁路冠豸山站。正线长约 163 公里，新建建宁县南站。同时，修建建宁县北站疏解线 4.3 公里，设计行车速度为每小时 160 公里。

2 月 16 日，建宁县召开全县扶贫开发攻坚誓师大会，传达贯彻中央和省、市扶贫开发工作会议精神，安排部署 2016 年和今后一个时期全县扶贫开发工作，并向各乡（镇）颁发脱贫攻坚责任书。

7 月 15 日，建宁县“为荷而来”2016 首届中国建莲文化旅游嘉年华开幕式暨世瑜会启动仪式在建宁县修竹莲文化主题公园千亩莲田花海举行。

8 月 19 日，建宁县成立第二实验小学（原荷苑小学），并举行揭牌仪式。

9 月 10 日，中国林业产业联合会评定福建省建宁县为 2016 年度全国森林旅游示范县；评定福建闽江源国家级自然保护区为 2016 年“中国森林体验基地”。

9 月 30 日，建宁县举行烈士公祭活动，县副处级以上领导及全县各单位负责人参加。

10 月 19 日，建宁县顺利通过国家环保部组织的创建国家生态示范县考核验收。

11 月 23—25 日，闽西南五市（厦门、泉州、漳州、龙岩、三明）老促会第 22 次工作交流座谈会在建宁县召开。

12 月 21 日，央视七套相亲交友类大型户外访谈节目——《乡约》在建宁县体育场举行。

2017 年

1 月 7 日上午，县长陈显卿参加新建浦梅铁路（建宁段）开工建设动员大会。

3月14日,全国供销总社农资局局长李殿平一行到县调研春耕农资情况。

3月28日上午,中国绿化基金会、市旅游局、建宁县人民政府联合主办的“悠然三明四季行”“‘福源建宁·乐享森林’嘉年华——建宁花海跑”活动在溪口镇枫源桃梨观赏园举办。

4月5日上午,建宁籍老红军潘峰、老八路李枫夫妇骨灰安葬仪式在建宁县革命烈士陵园举行。

7月6日,建宁县举行县总医院成立暨揭牌仪式。

7月11日,建宁县举行“苏区胜地　红色之约——庆祝建军90周年走进建宁文化之旅系列活动”启动仪式。

7月15日,“为荷而来——第二届中国建莲文化旅游嘉年华”开幕式在建宁县修竹荷苑举行。

7月25日,三明市脱贫攻坚现场推进会在建宁县召开,与会代表实地察看了里心镇精准农机专业合作社量化折股+精准监督助推精准扶贫示范点,黄埠乡造福工程集中安置区易地搬迁扶贫、福建海宏达生态农业有限公司“公司+农户+贫困户”扶贫、福建文鑫莲业股份有限公司村企合作扶贫项目,市委书记杜源生出席会议并讲话,市长余红胜主持会议。

7月30日,建宁县举办“为荷而来　花海骑行——中国·建宁第二届国际自行车公开赛暨2017追FUN·中国自行车俱乐部联赛”,省体育局局长王维川,省政协教科文卫体委员会副主任徐正国,三明市副市长张文珍,三明市体育局局长张清水,福建省户外运动协会王建华莅临指导并出席启动仪式。县领导郑剑波、陈显卿、许家源、陈华伟、阴晓萍、吴碧英、孙元玲、陈华秀等出席。

9月8日,莆炎高速公路明溪枫溪至建宁里心段在均口镇举行开工动员会,市委常委、常务副市长、市高指总指挥黄建波出席动员会。

9月15日,县长陈显卿在均口镇主持召开浦梅铁路(建宁段)征迁工作现场推进会,进一步推进浦梅铁路(建宁段)的房屋拆迁、安置地建设和杆线迁改工作。

9 月 30 日,县委书记郑剑波参加烈士公祭活动,县副处以上领导及各乡(镇)、县直各部门负责人出席。

10 月 11 日,三明市第二批“中央红军村”命名大会暨授牌仪式在客坊乡水尾村举行。建宁县水尾村、桂阳村被授牌。省委党史研究室副主任汪一朝,市委常委、秘书长王刚,县领导郑剑波、许家源、陈一龙出席会议。

10 月 13 日,福建省农村电商助力精准扶贫推进会在建宁召开。

12 月 30 日,建宁县举办新能源纯电动公交车启用仪式。

后 记

根据中国老促会老促字[2017]15号《关于编纂全国1599个革命老区县发展史的安排意见》，建宁县老促会接到省老促会转发的该文件后，即向建宁县人民政府陈显卿县长做了专题汇报，经请示，于2017年9月成立了以县委常委、县委组织部长陈一龙、县老促会会长徐水泉为主任，相关部门领导为编委组成的《建宁县革命老区发展史》编纂委员会，开始着手本书的编纂工作。

本书编纂工作已历时两年，在中共建宁县委、县政府的高度重视与支持下，在县党史办、县志办及县直相关部门的积极配合下，特别是县直部门聘请撰稿的一大批退休老同志的热心参与下，我们的组稿工作进展顺利。在两年多的编纂进程中，我们更加深切地感受到中国老促会发起编纂全国1599个革命老区县发展史丛书向新中国成立七十周年献礼的决策是非常正确的。

本书收入的文字材料20余万字，反映战争年代建宁的革命遗址、伟人旧居以及建宁县旧貌换新颜的各类图片70幅左右，力图更多更好地体现新中国成立七十年来老区人民在中国共产党的领导下，发扬优良的革命传统、艰苦奋斗、拼搏争先、建设美好家园的历史进程。但由于篇幅的限制以及编者能力所限，我们收集的内容不一定能全面、完整地体现建宁县经济建设和各项社会事业发展所取得的成就，这个缺憾只能留待以后充实完善。

本书文字资料除在正文中随文注明的作者外，上篇第一章至第三章资料由党史办陈忠奋主任整理；大事记由县志办原主任肖建泰整理。另外还需说明的是，我们收入本书的图片，主要是从县党史办、县志办、县政协办、县文联、县革命纪念馆等部门提供的大量图片中精选的，其中个别图片联系不上作者，敬请谅解，我们衷心感谢他们为宣传老区建宁所做的无私奉献。

几分耕耘，几分收获。在此成书之际，我们再次感谢各级领导的重视与支持，感谢各作品作者的倾情奉献，感谢县老促会、县退休协会一大批老同志热情支持与参与，感谢厦门大学出版社编辑韩轲轲的精心校对，本书编委会的全体工作人员向各位领导、同志们致以热忱的敬意和衷心的感谢！

编委

2019 年 5 月